VENCENDO COM PROPÓSITO

Benvirá

VENCENDO COM PROPÓSITO

COMO O NPS PODE LEVAR SUA EMPRESA A UM NOVO PATAMAR DE SUCESSO

FRED REICHHELD
com Darci Darnell e Maureen Burns

Tradução
Cristina Yamagami

2022

BAIN & COMPANY

Copyright © 2021 Fred Reichheld and Bain & Company, Inc.
Título original: *Winning on purpose*

Direção executiva Flávia Alves Bravin
Direção editorial Ana Paula Santos Matos
Gerência editorial e de projetos Fernando Penteado
Edição Clarissa Oliveira
Produção Estela Janiski Zumbano

Tradução Cristina Yamagami
Revisão técnica Bain & Company Brasil
Revisão Maurício Katayama
Diagramação Lais Soriano / Claudirene de Moura Santos
Adaptação de capa Tiago Dela Rosa
Impressão e acabamento Bercrom Gráfica e Editora

Dados Internacionais de Catalogação na Publicação (CIP)
Vagner Rodolfo da Silva – CRB-8/9410

R351v   Reichheld, Fred

Vencendo com propósito: como o NPS pode levar sua empresa a um novo patamar de sucesso / Fred Reichheld, Darci Darnell, Maureen Burns ; tradução de Cristina Yamagami. – São Paulo : Benvirá, 2022.

336 p.

ISBN 978-65-5810-043-0 (Impresso)

Título original: *Winning on Purpose: The Unbeatable Strategy of Loving Customers*

1. Administração de empresas. 2. Negócios. 3. Estratégia. 4. Satisfação do Cliente. 5. Sucesso. 6. CRM. 7. Gestão de Relacionamento. I. Darnell, Darci. II. Burns, Maureen. III. Yamagami, Cristina. IV. Título.

2022-155   CDD 658.4012
                        CDU 65.011.4

Índices para catálogo sistemático:

1. Administração de empresas : Negócios		658.4012
2. Administração de empresas : Negócios		65.011.4

1ª edição, fevereiro de 2022

Nenhuma parte desta publicação poderá ser reproduzida por qualquer meio ou forma sem a prévia autorização da Saraiva Educação. A violação dos direitos autorais é crime estabelecido na Lei n. 9.610/98 e punido pelo artigo 184 do Código Penal.

Todos os direitos reservados à Benvirá, um selo da Saraiva Educação.
Av. Paulista, 901, 3º andar
Bela Vista - São Paulo - SP - CEP: 01311-100

SAC: sac.sets@saraivaeducacao.com.br

CÓDIGO DA OBRA   708611   CL   671054   CAE   794912

*Este livro é dedicado a
Adelaide, Clare, e à geração de netos por vir.
Que eles possam se reunir sempre para tocar
o Sino da Liberdade em Filadélfia, em
comemoração às gerações passadas e presentes,
honrando nosso legado compartilhado de amor e lealdade.*

Sumário

Apresentação	11
Prefácio	15
Introdução: Conheça o seu propósito	29
1. Lidere com amor: O propósito imbatível	45
O propósito no mundo digital	48
NPS (do jeito errado)	51
NPS (do jeito certo)	55
Vivendo do jeito certo: o Net Purpose Score	58
2. Almeje a grandeza: Todos podem ser grandes	61
O NPS como uma bússola moral	63
Redefinindo a grandeza	65
Lições aprendidas	71
Capitalismo de cliente: uma nova teoria da empresa	72
A Teoria F.R.E.D. do Investimento com Propósito	74
De volta à Apple Store: definindo uma grande liderança	76
3. Ame seus clientes: A quintessência do capitalismo de cliente	79
O amor na era digital	84
Amor ao estilo da Costco	88
Descobrindo o amor na Discover	92

O amor na era dos *smartphones*.. 98

O amor puro da PURE 103

Você está se sentindo amado? 108

4. Inspire suas equipes: Adotando uma vida de serviço e repleta de sentido 113

Bain: os anos (não tão) dourados 115

Insights e inovações.. 120

O poder de conduzir boas reuniões em pé 122

A importância dos líderes de equipes da linha de frente 126

Foco nos resultados 128

Para viabilizar uma recuperação, os líderes devem honrar suas equipes 130

Inspirando a equipe na Chick-fil-A.. 132

Inspirando as equipes na Discover... 135

O segredo para ser um líder inspirador... 140

5. Respeite seus investidores: Eles só ganham quando seus clientes são leais 141

Um novo padrão de respeito aos investidores.................................. 145

Amar os clientes é uma estratégia imbatível e vencedora para os investidores... 147

Onde eu posso encontrar essas pontuações? 154

Descobrindo a Taxa de Crescimento Conquistado.......................... 162

Contabilidade baseada no cliente.. 165

Os dois componentes do crescimento conquistado 168

Implicações para executivos, investidores e membros do conselho . 172

6. Honre a Regra de Ouro: Mas primeiro entenda o que é 175

Desafio n. 1: Um entendimento meramente superficial da Regra de Ouro... 179

Soluções que aprofundam o entendimento 181

Desafio n. 2: Sistema problemático de incentivo/recompensa........ 185

Soluções para garantir que os sistemas de incentivo/recompensa reforcem a Regra de Ouro 187

Desafio n. 3: Feedback/medição inadequada.............................. 192

Soluções para medir sinais com precisão e frequência 193

Desafio n. 4: Não disponibilizar um momento e um lugar seguros
para processar o feedback 196

Soluções para fornecer um momento e um lugar seguros para
processar o feedback 198

Desafio n. 5: Anonimato 199

Soluções para otimizar o anonimato 201

Desafio n. 6: Mau comportamento 202

Soluções para desestimular o mau comportamento 203

7. Seja extraordinário: Não meramente satisfatório 207

Amazon Prime 211

Satisfazer o cliente não é o bastante 215

A pergunta de Jenny 218

A Chick-fil-A só se contenta com o extraordinário 220

O poder da inovação digital 225

Derrotando os inimigos da inovação 229

Montando o encantamento com a BILT 232

8. Seja persistente: Construa sistemas de reforço da cultura 235

O poder das palavras reforçadas por ações 240

Os catorze princípios da Amazon 247

Mais do que palavras 255

Caminhos para a persistência 257

Amor e persistência 262

9. Seja humilde: O Net Promoter 3.0 e além 263

Abraçando o movimento 270

O serviço em primeiro lugar 274

O que o futuro nos reserva 282

Observações finais.. 286

Apêndice A. Checklist do Net Promoter 3.0................................. 291

Apêndice B. Calculando o crescimento conquistado.................... 301

Notas 309

Agradecimentos 327

Sobre os Autores 333

Apresentação

John Donahoe
CEO da Nike

Conheço Fred Reichheld há quase quarenta anos. Nós nos conhecemos no escritório da Bain em Boston, em meu primeiro emprego depois de formado. Minha mesa ficava perto da sala de Fred e volta e meia ele parava para bater um papo com a gente, o pessoal mais júnior da empresa. As conversas muitas vezes terminavam com ele exaltando o poder transformador da lealdade. Fred continua na Bain, ainda pregando sobre a lealdade – mas de um poço ainda mais profundo de experiência e insight. Na verdade, ao longo das décadas, ele praticamente inventou o campo da economia da lealdade e criou o hoje onipresente Net Promoter System. Sempre me referi a Fred como "padrinho" – o padrinho da lealdade. Agora que seu trabalho ganhou ainda mais relevância na era digital, eu diria que ele merece o título de Padrinho Digital da lealdade.

As ferramentas e modelos que Fred desenvolveu me ajudaram a alcançar resultados práticos ao longo de toda a minha carreira, desde o tempo que passei na Bain. Durante meu mandato como o CEO da Bain, nos tornamos a primeira empresa do mundo a implementar a invenção de Fred, o Net Promoter Score (NPS), e demos um apoio entusiástico ao desenvolvimento da ideia para se transformar em um sistema de gestão completo. E, quando atuei como o CEO do eBay, ServiceNow e Nike, os conceitos e inovações de Fred continuaram ajudando minhas equipes a vencer. Apesar de os argumentos e as histórias interessantes de Fred às vezes poderem soar mais morais do que gerenciais, seus insights sempre ajudaram minhas equipes a entregar resultados. Vou um pouco além para dizer que, em uma época na qual uma parcela tão significativa de nossa sociedade vê o capitalismo com suspeita, não podemos deixar de considerar com cuidado nossos deveres morais como líderes empresariais. A abordagem de Fred pode ajudar a colocar essa ambição em prática. Ao mesmo tempo, só porque alguns dos capítulos de Fred têm títulos que denotam altos princípios morais, como "Honre a Regra de Ouro",* não se engane achando que este livro não vai ajudar a impulsionar sua taxa de crescimento. O guia de Fred para navegar pelo novo capitalismo de cliente (*customer capitalism*) fornece as ferramentas, as métricas e os processos básicos que todo líder de negócios (e todo membro de equipe, membro do Conselho e investidor) precisará usar para vencer neste mundo cada vez mais centrado no cliente.

E não é só isso. Os aficionados por história dos negócios vão adorar as novas revelações deste livro, no qual Fred conta a história (nunca antes revelada com tantos detalhes) por trás do quase colapso da Bain no início dos anos 1990. Ele foi um dos cerca de doze sócios que assinaram um juramento para se unir em defesa da Bain e apoiar Mitt Romney no esforço de salvar a empresa do colapso financeiro. Nos 44 anos que passou na empresa, Fred viu de perto as inovações brilhantes com as quais os fundadores da Bain contribuíram no decorrer de seus dezessete anos na empresa, bem como os erros quase fatais que leva-

---

* Nota da Editora: A regra de ouro, também conhecida como regra áurea ou ética da reciprocidade, postula que devemos tratar os outros como gostaríamos de ser tratados.

ram anos de soluções inovadoras para reparar depois que eles saíram. Para que contar essas histórias agora? Acredito que elas nos ajudam a entender como a Bain se tornou um excelente lugar para se trabalhar – a melhor do mundo durante a última década, de acordo com o Glassdoor (site de avaliação de empresas alimentado anonimamente por funcionários) – em parte por trazer à tona e adotar os fundamentos que sustentam o NPS. A Bain é um lugar muito especial e vale muito a pena estudá-la porque sua história, que ainda está se desdobrando, pode ajudar todos os líderes a elevar e inspirar sua equipe para atingir a grandeza.

E estou falando da *verdadeira* grandeza. Como Fred explica em seu manifesto no fim do livro:

> As grandes empresas ajudam as pessoas a ter uma vida melhor – elas são uma força do bem. Os grandes líderes constroem e sustentam essas comunidades. Eles inspiram os membros de suas equipes a ter uma vida repleta de sentido e propósito por meio do serviço que prestam às pessoas – um serviço não só satisfatório, mas tão ponderado, criativo e atencioso que encanta os clientes e enriquece a vida deles.

O livro é ao mesmo tempo oportuno e atemporal. Fred começa atualizando as histórias de algumas grandes empresas – como a Apple, Enterprise Rent-A-Car e Chick-fil-A, que são empresas sobre as quais ele escreve há décadas –, explicando como elas conseguiram sustentar seu excelente desempenho ao longo do tempo. Essas atualizações fornecem evidências claras de que as empresas fundamentadas na virtude são resilientes. Elas são capazes de enfrentar os bandos de cisnes negros que insistem em pousar sobre os líderes empresariais.* Só no ano passado enfrentamos *lockdowns* pandêmicos, uma recessão mundial,

---

* Nota da Editora: No mundo dos negócios, o termo cisne negro se refere a um evento imprevisível e incomum que impacta o mercado de forma significativa.

manifestações contra o racismo e uma invasão armada ao Capitólio dos Estados Unidos. Você também lerá histórias inéditas de players digitais revolucionários que estão usando a abordagem e as ferramentas do Net Promoter para criar estratégias vencedoras, empresas como a Airbnb, Warby Parker, Peloton e Chewy. Quando terminar este livro, você sairá com uma nova visão do que é necessário fazer para criar uma excelente empresa.

Quero deixar claro que este livro não é uma mera recapitulação dos maiores sucessos de Fred. Considero *Vencendo com Propósito* sua obra mais importante até o momento. O livro revela novos insights revolucionários e esclarece as responsabilidades morais dos líderes à medida que o mundo faz a transição do capitalismo financeiro para o capitalismo de cliente. O livro também apresenta evidências profundas e convincentes de que o principal objetivo que orienta todas entre as melhores organizações é melhorar a vida dos clientes – daí "vencer com propósito". Se você não puder ler mais nada, não deixe de ler o "Manifesto do Net Promoter", que você encontrará na íntegra no Capítulo 9, destilando a essência dos argumentos de Fred. Não deixe de estudar os gráficos do Capítulo 5, que demonstram que só as empresas que conquistam o amor de seus clientes podem gerar, de maneira sustentável, retornos superiores aos investidores. E não deixe de se familiarizar com o Earned Growth Rate (ou "taxa de crescimento conquistado"), a nova e poderosa métrica criada por Fred que ajudará a desencadear a próxima grande onda de progresso na revolução do NPS.

Espero que você goste do livro e encontre em *Vencendo com Propósito* o mesmo valor prático que eu encontrei. É o livro certo na hora certa.

Prefácio

As origens do Net Promoter

Poucas semanas antes do meu sexagésimo quinto aniversário, acordei de um sono induzido pela anestesia e ouvi meu médico pronunciar seis temidas palavras: *"Você tem um grande tumor maligno"*.

Foi um verdadeiro choque de realidade. Naquele mesmo dia, prendi a respiração e fiquei deitado sem me mexer em um aparelho de tomografia computadorizada. Com o contraste de bário percorrendo as minhas veias para investigar até que ponto meu câncer tinha se espalhado, me ocorreu que, não importava o que o radiologista descobrisse, meu tempo neste planeta estava passando. Como sempre, minha cabeça estava cheia de ideias que eu queria compartilhar. Mas dessa vez era diferente. Se eu não conseguisse colocar esses pensamentos no papel e se eu chegasse ao fim da jornada antes do esperado, essas ideias desapareceriam comigo.

Foi assim que o diagnóstico de um câncer potencialmente fatal me levou a escrever este livro. Depois de uma semana fazendo incontáveis exames, minha equipe médica marcou uma consulta comigo e me explicou que meu tratamento levaria mais de um ano, incluindo várias cirurgias entre meses de quimio e radioterapia. Eles me apresentaram à noção de curvas de sobrevivência – ou seja, a porcentagem de pacientes no meu estado que poderiam esperar estar vivos em dois ou cinco anos. Esse tipo de conversa realmente foca uma pessoa no que ela quer fazer da vida. Você acaba levando muito a sério o que mais quer realizar enquanto ainda tem a chance. Quanto mais eu pensava a respeito, mais me convencia de que eu não tinha como deixar de escrever este livro.

Se você for como eu, é fácil procrastinar em circunstâncias normais – especialmente quando acha que tem mais uma ou duas décadas de vida saudável pela frente. Além disso, escrever não é a minha atividade favorita. É o equivalente mental de se matar fazendo exercícios repetitivos na academia – você sabe que é a coisa certa a fazer, mas não é nem um pouco divertido. Por sorte, o despertador tocou quando eu ainda tinha tempo para agir.

Você deve estar se perguntando quais ideias eram essas que me pareciam tão importantes – a ponto de eu me dispor a dedicar o resto do que poderia ser uma vida breve a uma tarefa que não me dá prazer algum. Espero que este livro deixe a resposta bem clara.

Passei a maior parte da minha carreira de 44 anos na Bain & Company focado em um único tema: entender o papel da lealdade na construção e sustentação de grandes organizações e desenvolver ferramentas e modelos para ajudar os líderes a manter esse foco. Nos meus vários livros publicados, dezenas de artigos e centenas de palestras – milhares, se você incluir os jantares aos quais minha pobre família foi submetida ao longo dos anos –, tive muitas oportunidades de esclarecer e compartilhar minhas ideias. Enquanto isso, o conceito do Net Promoter viralizou e espalhou minhas ideias a milhares de organizações ao redor do mundo. Maravilha! Seria de esperar que eu não tivesse muito mais a dizer sobre o assunto. Uma pessoa sensata na minha situação poderia optar por se submeter ao tratamento assustador que envolvia radiação, cirurgias e quimioterapia, e depois ir sentar no jardim, sabendo que as devidas sementes já tinham sido bem plantadas.

Então, por que escrever outro livro sobre o assunto? Bem, para começar, embora seja muito bom saber que tantas empresas adotaram o NPS, é muito preocupante ver que a maioria delas está implementando tão mal o conceito – atingindo apenas uma pequena fração de seu impacto potencial. Além disso, algumas pessoas presumem que, à medida que mais interações com o cliente são transferidas para soluções digitais, o NPS está perdendo a relevância. Na verdade, muitos dos revolucionários digitais de maior sucesso usam nosso modelo do NPS combinando o *digital signal analytics* com levantamentos para garantir que suas soluções digitais entreguem uma experiência que tenha tanto apelo (com o toque humano certo) que transformam clientes em Promotores.* Por fim, muitos profissionais estão corrompendo o NPS, transformando a pontuação em uma meta e não uma medida que leva ao aprendizado e ao crescimento. Espero que, ao repassar as origens do NPS – seus princípios básicos, seu propósito e algumas recomendações práticas –, eu possa ajudar a resolver esses mal-entendidos.

Dias especiais que me abriram os olhos

O NPS começou a germinar durante alguns poucos dias reveladores que mudaram tudo o que eu achava que sabia sobre o que significa vencer nos negócios, como medir o sucesso (nos negócios e na vida) e a relação entre amor e lealdade.

Um desses dias especiais foi quando viajei da sede da Bain, em Boston, para conversar com Andy Taylor na sede de sua empresa em Clayton, um subúrbio perto de St. Louis, no Missouri. A empresa era a Enterprise Rent-A-Car. Tenho certeza de que muitos de vocês já alugaram um carro em uma das 7.600 filiais da Enterprise nos Estados Unidos e no exterior.

---

* Via de regra, ao me referir aos componentes do NPS neste livro, usarei os termos Promotor, Passivo e Detrator com a inicial em maiúscula.

Eu já sabia que Andy e sua empresa tinham um quê de especial, mas ainda não sabia exatamente o que era – e foi principalmente por essa razão que fui a Clayton naquele dia. Na época eu já tinha algumas décadas de experiência em consultoria estratégica na Bain & Company e estava impressionado com a maneira metódica como Andy tinha expandido o negócio da família de uma empresa de leasing local para a maior locadora de automóveis do mundo. A Enterprise tinha conseguido ultrapassar seus rivais mais estabelecidos – como a Hertz e a Avis – apesar de operar em um setor de margens baixas, baixo crescimento e uso intensivo de capital. Como uma empresa de capital fechado, a Enterprise não precisava de capital de investidores externos, pondo por terra a maioria das regras sobre microeconomia e estratégia corporativa que eu tinha aprendido na faculdade de administração. Mas eu suspeitava que o segredo da empresa envolvia mais do que isso e eu queria saber o que era.

Na ocasião, Andy já era um multibilionário, com muito mais o que fazer além de falar com pessoas como eu, e seria fácil para ele negar meu pedido para uma conversa. Mas ele me recebeu de braços abertos e foi extremamente generoso com seu tempo. Diante das minhas perguntas voltadas a descobrir o segredo do sucesso notável de sua empresa, ele me explicou pacientemente que não havia nada de mágico por trás do crescimento da Enterprise. "Fred", ele me disse, "só tem um jeito de fazer um negócio crescer com lucro. Você dá um jeito de tratar os seus clientes tão bem que eles fazem questão de voltar e ainda trazem os amigos".[1]

Nos vinte anos que se seguiram, vi que Andy estava certo. Se você se preocupa com a sustentabilidade e com o que chamo de "bons lucros" – falarei mais a respeito adiante –, essa é a única maneira de fazer um negócio crescer.

Naturalmente, isso levanta a questão de *como* garantir que seus clientes sejam tratados tão bem. Quando perguntei a Andy do que ele mais se orgulhava em seu mandato liderando a empresa, ele apontou para uma grande pasta em uma estante. Ele explicou que era uma lista de todos os funcionários da Enterprise que tinham ganhado mais de US$ 200.000 naquele ano. Tenho certeza de que a pasta está muito mais grossa hoje, considerando o incrível sucesso continuado da empresa.

Outra coisa que Andy mencionou e eu nunca vou esquecer foi: "Fred, quando é o seu nome que está na porta como o líder ou o dono da empresa, se os clientes não forem bem tratados, você precisa levar para o lado pessoal – é a *sua reputação* que está em jogo. Quando ouço amigos e vizinhos conversando em jantares ou churrascos da vizinhança sobre suas experiências com a Enterprise, sei que na verdade eles estão falando sobre a minha grande família estendida e como afetamos a vida dos nossos vizinhos".

Você pode ter notado que, ao contrário de muitos concorrentes, a Enterprise costuma evitar taxas ocultas, como taxas de motorista adicional, taxas de atraso exorbitantes e preços abusivos da gasolina que eles usam para reabastecer o carro que você alugou. É verdade que esses truques podem melhorar os resultados financeiros da empresa no curto prazo. Mas, no longo prazo, eles com certeza reduzem a felicidade do cliente e desgastam a reputação da empresa.

Se Andy tinha uma arma secreta – se ele teve algum insight competitivo que os concorrentes ainda não tinham sacado – era a seguinte: "Essas conversas casuais nos jantares, as histórias contadas ao redor da churrasqueira têm o poder de criar ou destruir a sua reputação – e o seu negócio". Hoje em dia, com essas conversas se multiplicando nas redes sociais, a vantagem da Enterprise cresce exponencialmente.

• • •

Em outro dia especial, tive o privilégio de passar um tempo conversando com Bob Herres em seu escritório em San Antonio, no Texas. Depois de se formar na Academia Naval dos Estados Unidos, Bob subiu na hierarquia e se tornou o vice-presidente do Estado-Maior Conjunto (Joint Chiefs of Staff)* do presidente Ronald Reagan. Quando conheci Bob, ele era o CEO da USAA, a gigante de seguros e serviços financeiros que passou de um minúsculo nicho de seguros de automóveis reservados a oficiais militares a um membro da *Fortune* 200. Você deve ter visto anúncios da USAA na TV nos últimos anos, com famílias de militares – clientes reais – se rasgando em elogios à empresa.

Bob organizou uma visita para mim na enorme sede da USAA, um dos maiores prédios comerciais do mundo – tão grande que tivemos de usar um carrinho de golfe para conhecer as instalações. Uma cena inesquecível se desenrolou em um lugar improvável: a cozinha de um dos refeitórios da empresa, que, no fim da tarde, estava até o teto com refeições que tinham acabado de ser embaladas individualmente. O chef me explicou que os funcionários podiam levar o jantar para casa, para a família. As mães e os pais solteiros adoram poder passar mais tempo com a família em vez de ter que fazer compras e cozinhar. Tive uma conversa animada com o chef, que se orgulhava muito das refeições inovadoras que sua equipe tinha preparado e que, segundo ele, faziam sucesso com as crianças, além de ser nutritivas. Com base nessa e em várias outras conversas que tive naquele dia, me dei conta de que a USAA cuidava da felicidade e do bem-estar de seus funcionários da mesma forma como os melhores generais cuidam de seus soldados. Bob me ensinou que o trabalho de um líder é garantir que a equipe tenha a missão certa, que ela entenda a missão e tenha os recursos necessários para alcançar o sucesso e, o mais importante, que saiba que seu líder fará o possível para cuidar de sua segurança e bem-estar. Os grandes líderes acordam de manhã com isso em mente e vão dormir à noite com isso em mente.

Meu processo de aprendizagem na USAA não parou por aí. Em várias ocasiões depois daquela primeira visita, Bob se ofereceu para

---

* Nota da Editora: um conjunto de líderes do Departamento de Defesa dos Estados Unidos que assessora o presidente e o secretário da Defesa, entre outros, em assuntos militares.

ajudar. Tivemos muitas conversas ao telefone sobre sua filosofia de liderança e o papel da lealdade na construção de uma grande organização. Bob chegou a se oferecer para ir a Boston me ajudar a ministrar um seminário executivo sobre a lealdade no Centro Executivo de Convenções da Babson College. Em sua visita a Boston, ele me levou para jantar com nossas respectivas esposas. Notei que as perguntas que ele fazia e as respostas que ele dava, tanto no seminário quanto no jantar, pareciam destinadas a me ajudar no meu trabalho, e não a jogar confete em si mesmo e em sua empresa. Em uma ocasião, perguntei à sua secretária de longa data se Bob era generoso assim com todo mundo. "Nem todo mundo", ela respondeu sem hesitar. "Mas, quando Bob vê alguém fazendo um trabalho que ele acredita ser importante, ele dá um jeito de ajudar. Ele investe nessas pessoas."

Nunca me esqueci dessa lição. Quando encontra alguém que está trabalhando para fazer do mundo um lugar melhor ou encontra uma organização cheia de pessoas assim, você deve dar um jeito de ajudá-las a ter sucesso. Você investe nesses relacionamentos e, por meio desses investimentos, multiplica seu impacto pessoal. Isso tem uma relação fundamental com o conceito da *lealdade*. Bob via a lealdade não apenas no contexto de arriscar a vida em combate, mas também nas decisões e prioridades cotidianas que fazem a diferença no dia de seus clientes e colegas em uma empresa de serviços financeiros. Lealdade significa investir tempo e recursos nos relacionamentos. É assim que se promovem os princípios nos quais esses relacionamentos se baseiam. É assim que se faz do mundo um lugar melhor.

A USAA se destaca como uma pioneira na digitalização de episódios ao longo da jornada do cliente (o que não é surpresa, já que a empresa não possuiu filiais e tem uma carteira de clientes espalhada pelo mundo todo). Por exemplo, a equipe de *digital banking* da USAA simplesmente inventou os depósitos de cheques on-line pelo celular. Apesar de sua sofisticação digital, a USAA nunca usa algoritmos ou *bots* para extrair valor adicional dos clientes, só para atendê-los melhor.

E os clientes se encarregam de fazer o boca a boca. Sabe aqueles jantares e churrascos da vizinhança, que hoje são complementados pelas redes sociais, YouTube e sites de avaliação? Clientes e funcionários aprendem que a empresa sempre agirá de acordo com os interesses deles. A USAA precisa igualar ou superar os concorrentes com ferramentas analíticas sofisticadas e um conhecimento superior do setor de seguros. Mas a empresa está decidida a usar seus recursos humanos e digitais para enriquecer a vida dos clientes e inspirar seus funcionários a abraçar essa missão sagrada que fez da USAA uma verdadeira potência do setor.

• • •

Um terceiro dia especial, que ficou na minha memória como especialmente instrutivo, foi quando visitei a Chick-fil-A para ajudar a moderar uma discussão sobre a sucessão da liderança com a equipe executiva da empresa. Truett Cathy, o fundador da empresa, imediatamente deu o tom da visita, convidando-me para passar a noite em sua casa de campo e fazendo waffles para todos nós na manhã seguinte.

Quero deixar claro desde já que eu me preocupava com o posicionamento de Truett sobre a maneira como a Regra de Ouro se aplica aos direitos LGBTQ. Sou pai de quatro filhos, sendo que dois deles são gays e orgulhosamente casados. Truett estava entrando em sua nona década de vida, tinha raízes no Sul conservador dos Estados Unidos e era um evangélico devoto; eu, por minha parte, era um progressista de meia-idade do Norte e formado em Harvard. Sem dúvida não tínhamos a mesma visão de mundo. Confesso que, no voo de Boston a Atlanta, não pude deixar de me preocupar com essas diferenças.

Jamais me esquecerei do tour que Truett fez comigo, levando-me pela cidade para visitar algumas das dezenas de lares adotivos que ele patrocinava e visitava regularmente. (Comecei o tour com certa apreensão porque Truett já tinha os dois pés cravados na melhor idade, mas ele acabou se mostrando um motorista surpreendentemente habilidoso.) Ele foi recebido com muito carinho em cada parada e ficou claro que ele conhecia as famílias que patrocinava e tinha um profundo interesse por elas. Conversamos abertamente enquanto ele dirigia de um lugar ao outro e, a certa altura, ele me explicou a tradição evangélica dos batistas do sul dos Estados Unidos de adotar uma passagem da Bíblia como um lema para a vida. Para ele, esse versículo era Provérbios 22:1, que basicamente diz que ter um bom nome na praça vale mais do que prata ou ouro. Ele me disse que fez de tudo para viver de acordo com essa regra, tanto em sua vida pessoal quanto profissional.

Eu me lembro de ter pensado com meus botões: "Bem, esse pode ser o versículo certo para qualquer pessoa". E continuo pensando assim. A sua reputação de fato é o que você tem de mais valioso. Ela define os tipos de oportunidade que surgirão em seu caminho enquanto você estiver vivo e pode muito bem ser a única coisa que você deixará quando se for. A cada vez que você trata bem uma pessoa – da maneira como gostaria de ser tratado se estivesse no lugar dela –, está construindo sua reputação e fazendo do mundo um lugar melhor, tocando uma vida de cada vez. Como você já deve saber, essa é a Regra de Ouro, uma regra quase universal. Qualquer comportamento que viole a Regra de Ouro reduz sua reputação e faz do mundo um lugar um pouco pior.

Uma lição que aprendi naquele dia que passei com Truett foi que, quanto antes você descobrir o seu propósito, mais tempo terá para concretizá-lo e realmente deixar o mundo um lugar melhor do que o encontrou. Também me ocorreu que precisamos de uma maneira melhor de medir o progresso em direção a esse propósito, para você poder ver o quanto avançou, aprender com os acertos e erros e preparar o terreno para melhorar no futuro. Truett me contou que a coisa que mais o empolgava era transformar carinhas tristes (☹) em felizes (☺). É fácil ver como ele influenciou o NPS considerando a aritmética básica da pontuação (NPS = % de carinhas felizes ☺ − % de carinhas tristes ☹). Ao longo da última década, tive o prazer de ver a Chick-fil-A fazer avanços importantes, proporcionando à comunidade gay o amor que (na minha humilde opinião) está de acordo com um entendimento esclarecido da Regra de Ouro. Como resultado, ainda mais carrancas estão se transformando em sorrisos.

Como a Enterprise e a USAA, a Chick-fil-A continua crescendo e prosperando de uma forma quase milagrosa. Sem a necessidade de abrir o capital e atrair investidores externos, essa rede regional de lanchonetes especializadas em frango, antes de nicho, cresceu para se tornar a terceira maior rede de restaurantes do mundo em receita (atrás apenas do McDonald's e da Starbucks), com mais de 2.500 restaurantes no Estados Unidos e no Canadá. Financiar esse crescimento com fluxo de caixa gerado internamente – especialmente depois de doar uma parte considerável dos lucros para instituições de caridade todos os anos – parece quase um milagre, principalmente considerando que muitos franqueados fazem um investimento inicial de US$ 10.000 e não raro ganham várias centenas de milhares de dólares por ano – às vezes muito mais.

Penso na grande pasta de Andy Taylor, da qual ele tanto se orgulhava. Truett e Andy eram pessoas muito diferentes, mas tinham uma missão em comum: ajudar seus parceiros e colaboradores a ter sucesso e prosperar resolvendo os problemas dos clientes de maneira a transformar carinhas tristes em felizes.

● ● ●

Para mim, esses três episódios ensinaram e reforçaram várias lições de vital importância. Para começar, eu tinha uma ideia totalmente equivocada das forças econômicas que governam os negócios. O modelo financeiro que aprendi na faculdade de administração e que aprimorei nos meus primeiros anos na Bain simplesmente não conseguia explicar o surpreendente crescimento autofinanciado dessas três empresas. Para entender seus verdadeiros fatores econômicos, tivemos de revelar e quantificar uma força básica e incrivelmente poderosa: a *lealdade*.

Além disso, tínhamos de aceitar o fato de que os líderes dessas empresas – empreendedores de enorme sucesso – se viam como servos das equipes de linha de frente de suas empresas. Eles eram extremamente generosos com os líderes da organização (imagine um gerente de restaurante ganhando várias centenas de milhares de dólares por ano!) e celebravam os sucessos deles para todo mundo ver e com enorme satisfação. Eles se preocupavam com o bem-estar de seus líderes, garantindo que eles tivessem uma vida excelente e uma carreira próspera – *desde que suas equipes tratassem o cliente do jeito certo*.

E a terceira lição, intimamente relacionada com as outras, foi que essas empresas tinham um propósito muito mais inspirador do que lucros ou crescimento. Estes dois últimos fatores não passavam de subprodutos desejáveis. A missão principal era entregar felicidade a seus clientes – resolvendo seus problemas e transformando carinhas tristes em felizes. Ao cumprir essa missão, essas empresas não precisam comprar crescimento gastando fortunas em publicidade e truques de marketing. Em vez disso, elas conquistam seu crescimento garantindo que os membros da equipe tratem bem os clientes (e uns aos outros). Elas evitam taxas ocultas, pegadinhas nos preços, truques, armadilhas e letras miúdas porque esse tipo de coisa vai contra seu propósito. Quando os clientes sentem todo esse amor e carinho, eles voltam para buscar mais e ainda trazem os amigos. Isso, por sua vez, alimenta um crescimento sustentável e lucrativo.

Implicações pessoais

Este é um livro de negócios, mas as lições apresentadas aqui afetaram profundamente minha vida pessoal. Ao compartilhar algumas histórias pessoais, espero esclarecer sua relevância universal e espero que elas ajudem a orientar as pessoas – em todos os tipos de organização, bem como seus clientes, integrantes, funcionários e investidores – a tomar decisões melhores e a ter mais sucesso na vida.

Por exemplo, tento comprar de empresas com NPS (leia-se: amor pelo cliente) mais alto. A vida é muito mais *divertida* quando você escolhe trabalhar com fornecedores que amam seus clientes. Quando finalmente me livrei de meu banco depois de anos tolerando tarifas ocultas e serviços medíocres, mudei para o banco que possui algumas das melhores avaliações de clientes do setor: o First Republic Bank. Pode parecer mentira, mas chego a ter vontade de ir à minha agência, telefonar para o atendimento ao cliente ou mandar um e-mail para a minha gerente. No auge da crise da Covid-19, minha gerente se ofereceu para atravessar o estacionamento coberto de neve para autenticar documentos enquanto eu esperava (usando minha máscara e em segurança) no meu carro aquecido. Esses documentos, a propósito, não tinham nada a ver com o banco. Minha vida ficou *muito melhor* quando mudei para um banco que acredita que seu maior propósito é encantar os clientes.

Minha família também se beneficiou diretamente de identificar as empresas que mais amam seus clientes. Por exemplo, eu trabalho na Bain & Company desde 1977, onde muitas das práticas sobre as quais você vai ler neste livro foram inventadas. Segundo as análises da Bain, a Apple estava conquistando avaliações acima da média de clientes e funcionários. Quando meu filho Bill se formou na faculdade e começou a procurar seu primeiro emprego em tempo integral em meio a uma recessão, eu o encorajei a pensar em trabalhar na Apple Store mais próxima. Resumo da ópera: ele se candidatou e foi contratado. Não poderia ter sido melhor. No tempo em que passou na Apple, ele aprendeu uma cultura e um processo de gestão que leva muito a sério a missão de enriquecer a vida de clientes e funcionários. Na minha opinião, o valor da experiência que Bill teve naquela comunidade excede em muito o valor que teria obtido em qualquer curso de pós-graduação em administração ou economia.

Bill sentiu na pele como é trabalhar em uma empresa que se preocupa com o bem-estar de seus funcionários. Por exemplo, a Apple incentiva seus funcionários a poupar e investir, sabendo que a educação financeira é um conhecimento vital que muitos jovens ainda não têm. Para começar, a empresa oferece um generoso plano de aposentadoria. Na última década (quando Bill começou a trabalhar na loja), um funcionário que tivesse contribuído com o valor máximo todos os anos (para o Fundo Vanguard Total Stock Index) teria acumulado um saldo superior a US$ 100.000. Para aumentar ainda mais o apelo de poupar e investir, a Apple também oferece um plano de compra de ações da empresa que permite aos funcionários investir automaticamente até 10% do salário em ações da Apple a um preço equivalente a 85% do preço de fechamento no início ou no fim de cada semestre (o que for mais baixo). Se aquele vendedor hipotético que entrou na empresa com Bill tivesse optado pelo programa de compra de ações em sua totalidade, seu saldo de ações da Apple teria crescido para US$ 300.000. Somado ao plano de aposentadoria, ele teria acumulado nada menos que US$ 400.000 – um belo pé-de-meia para dez anos de trabalho em uma Apple Store!

É claro que nem todo funcionário tem como poupar 16% de seu salário, mas, com a ajuda desses programas, muitos funcionários economizaram muito mais do que fariam de outra forma. E, mais importante do que qualquer benefício financeiro, todos os funcionários se beneficiam da chance de conviver com pessoas boas – ou seja, o tipo de pessoa que a Apple tenta contratar e cuja bondade inerente é reforçada pelos sistemas de reconhecimento e recompensa da Apple, que celebram o enriquecimento das vidas que tocam. No caso de Bill, ele acabou se casando com uma maravilhosa colega de sua loja (obrigado, Apple!). A maioria de seus amigos são colegas da loja ou da faculdade. Não há dúvida de que as vidas dessas pessoas foram enriquecidas pelos relacionamentos construídos e pelas lições aprendidas no tempo que passaram na Apple.

É claro que, para um pai, poucas coisas são tão importantes quanto filhos felizes. Mas, no meu caso, tive outro benefício de ver a Apple de dentro: ver a empresa não pelos olhos de suas campanhas publicitárias ou de seus comunicados à imprensa, mas pelos olhos de seus funcionários. O que vi me levou a dobrar meu investimento nas ações da Apple – o que também acabou sendo uma excelente decisão.

A aprendizagem é uma jornada sem fim

Você deve ter visto na folha de rosto que Darci Darnell e Maureen Burns receberam os créditos de coautoras deste livro. O trabalho delas na edição e o fluxo constante de melhorias que sugeriram foram muito além dos bastidores e foi uma enorme satisfação compartilhar o palco com elas, em um papel mais público. Em uma das nossas sessões para desenvolver este livro, Maureen me lembrou de que, quando criei o NPS originalmente, a sigla significava "Net Promoter Score", referindo-se apenas à pontuação. Quando o conceito evoluiu para um conjunto de soluções, passamos a chamá-lo de "Net Promoter System". Enquanto discutíamos um dos capítulos deste livro, ela observou que desta vez estamos falando da alma ("soul") do NPS. Ela propôs que nos referíssemos a ele como *Net Purpose Score / System*. Darci concordou, observando que o NPS, quando corretamente implementado, revela a extensão na qual uma empresa cumpre sistematicamente seu propósito de amar os clientes. Obrigado, Maureen e Darci.

Introdução

Conheça o seu propósito

E não deixe de colocá-lo em prática

Qual é o meu propósito?

Para praticamente qualquer pessoa ou empresa, essa não é uma pergunta fácil. Para nós, individualmente, ela tem conotações filosóficas e religiosas e nos leva a investigar nossa própria razão de ser. Cada pessoa precisa encontrar a própria resposta e, se tudo der certo, viver sua vida de acordo.

Mas, quando se trata de uma empresa, este livro apresenta um argumento ousado: só existe um propósito que sempre vence. Naturalmente, muitos propósitos são possíveis e podem ter seu apelo: tornar-se uma força para o bem, ser o fornecedor mais eficiente e de custo mais baixo, ser o maior do setor, ser o líder em tecnologia, ser um excelente lugar para se trabalhar, entregar felicidade aos nossos clientes, reduzir a poluição, nos tornar um modelo de boa governança, maximizar o valor dos acionistas, promover a equidade e a justiça social e assim por diante. Mas as empresas mais resilientes e que conseguem um sucesso sustentável sempre escolhem como seu propósito central *enriquecer a vida de seus clientes*. Feito isso, elas conduzem seus negócios de acordo.

Nem todas as empresas compartilham dessa visão. De acordo com um levantamento da Bain & Company, apenas 10% dos líderes de empresas acreditam que o propósito central de sua empresa seja maximizar o valor para os clientes.[1] Muitas empresas ainda atuam de acordo com a antiga mentalidade do capitalismo financeiro, que prioriza a maximização do valor para o acionista. Nos últimos anos, um número ainda maior de empresas vem tentando adotar um *balanced scorecard* de prestação de contas a diversos stakeholders: clientes, funcionários, fornecedores, investidores, meio ambiente e sociedade. Mas, nas últimas quatro décadas, observei que as empresas que colocam os clientes em primeiro lugar conseguem entregar resultados superiores – não só para os clientes, mas também para todos esses outros grupos de interesse.

Você verá, nos Capítulos 2 e 5, evidências convincentes de que as empresas que mais amam seus clientes também proporcionam os melhores retornos aos acionistas. Ao deixar os clientes felizes, elas conseguem deixar os investidores felizes. A estratégia oposta é uma garantia de fracasso porque, quando as empresas colocam os interesses dos investidores em primeiro lugar, é comum fazerem coisas que afastam os clientes (como taxas abusivas de atraso, de cheque especial, de mudança de voo e por aí vai).

Muitas empresas dizem querer se tornar mais centradas no cliente, de modo que não há nada de radical nessa ideia. Mas, como não se dispõem a colocar a felicidade do cliente no topo de sua lista de propósitos, elas não conseguem progredir muito. A verdade é que, apesar de todo o discurso sobre suas empresas serem centradas no cliente, a maioria dos líderes ainda acredita que o propósito central dos negócios é o lucro. Não é de surpreender, visto que medimos o sucesso da empresa, pagamos bônus e decidimos promoções com base principalmente nos resultados financeiros. Fazemos isso porque, como os indicadores financeiros fornecem as informações mais confiáveis e auditáveis, eles orientam o planejamento, a tomada de decisões e a prestação de contas, chamando a atenção do investidor. Apesar de muitos líderes já reconhecerem que vivemos em um mundo que gira em torno de clientes e não de investidores, suas organizações, sistemas de controle e processos de governança foram todos criados para operar no antigo mundo centrado no lucro.

Os vencedores de hoje – incluindo gigantes como a Apple, Amazon, T-Mobile, Enterprise Rent-A-Car e Costco e revolucionários digitais como a Warby Parker, Peloton e Chewy – conseguiram adotar uma mentalidade centrada no cliente. Seus líderes inspiraram as equipes a colocar os interesses do cliente em primeiro lugar, acima de todos os outros stakeholders.

O Net Promoter lança uma luz que revela as forças que separam os vencedores da multidão. Com o NPS, as empresas podem avaliar seu progresso em relação ao propósito do cliente. Centrar-se no cliente leva a empresa a ir além dos discursos para inglês ver e a entrar na esfera do rigor científico da quantificação. Vimos, no prefácio, que Truett Cathy sabia intuitivamente que sua maior inspiração (e de sua organização) era transformar carinhas tristes em felizes. O NPS eleva isso a um processo mensurável e gerenciável – na verdade, uma ciência. Como você verá, o NPS pode não só ajudar os clientes a escolher os fornecedores certos como também ajudar candidatos a emprego a encontrar o melhor lugar para trabalhar. E o NPS pode ajudar os investidores a bater o mercado – de longe.

O temido telefonema inesperado

Quando estava fazendo o MBA, eu morria de medo de ser chamado do nada por um professor para responder uma pergunta.[2] Décadas depois, senti a mesma onda de adrenalina quando recebi um telefonema inesperado de um professor da Harvard Business School (HBS), a Faculdade de Administração da Harvard, chamado Boris Groysberg. Depois de se apresentar, ele explicou que participava do conselho da escola de seus filhos e parecia que o diretor da escola estava usando muito bem o NPS. Groysberg também era um diretor do First Republic Bank, que tinha começado a implantar o NPS. Ele explicou que, com base nessas duas experiências, ele queria conhecer outros exemplos de aplicação do NPS. Onde o NPS estava tendo mais sucesso e onde era menos eficaz? Marcamos um almoço no clube dos professores da HBS vários dias depois.

No almoço, comparamos experiências de vida e Groysberg disse que ficou surpreso ao ver que, apesar da ampla adoção do NPS no mundo dos negócios e de minhas conexões com a faculdade e seu braço editorial, a HBS nunca tinha publicado um estudo de caso sobre o NPS. Na verdade, a maioria dos membros do corpo docente preferia manter uma distância segura do meu trabalho. Ele queria saber por quê. Eu disse a Groysberg que o corpo docente devia ter rotulado o NPS como uma ferramenta de marketing – uma medida marginalmente melhorada da satisfação do cliente que não interessaria aos executivos de alto escalão.[3] Mas Groysberg, que se concentrava em liderança e estratégia organizacional, acreditava que o NPS tinha o potencial de ter um impacto muito maior e me perguntei em voz alta se eu poderia sugerir uma empresa que estava extraindo o máximo potencial do NPS.

Falei sobre a FirstService Corporation, uma prestadora de serviços imobiliários sediada em Toronto, com cerca de US$ 3 bilhões em vendas anuais e em cujo conselho eu atuo. Essa conversa levou ao primeiro estudo de caso da HBS sobre o NPS. O estudo se concentrou na California Closets, uma subsidiária da FirstService que usa o NPS de várias maneiras. O estudo de caso mostrou várias aplicações inovadoras do NPS para a segmentação e a estratégia de marketing e você lerá algumas delas nos próximos capítulos. Mas, em sua essência, o caso é sobre a *missão* – como inspirar seus funcionários a tratar os clientes do jeito certo.

Assisti a uma das primeiras aulas que Groysberg dedicou a ensinar o novo caso. Ele foi espetacular ajudando a turma a reconhecer

32   Vencendo com Propósito

os vários desafios a serem considerados ao implementar o NPS, levando a uma discussão acalorada entre os alunos. Perto do fim da aula, Groysberg me pediu para falar um pouco sobre as origens do NPS e terminamos com uma animada sessão de perguntas e respostas. Em seguida, Groysberg me levou a um estúdio de gravação no andar de baixo, onde conduziu uma entrevista comigo para criar conteúdo para um vídeo didático complementar. Uma das perguntas foi se tinha sido sensato tornar o NPS uma solução de código aberto. Expliquei como essa decisão ajudou a acelerar a adoção e a inovação, mas também criou alguma confusão sobre sua aplicação mais eficaz. Atualmente o NPS é usado por empresas para medir o *brand equity* (valor da marca), reduzir o *churn rate* (o índice de clientes que cancelam o produto ou serviço), testar inovações digitais, segmentar mercados e avaliar canais. Mas, como já vimos, a função mais importante do NPS é o quadro de referência que ele fornece (junto com um kit de ferramentas em constante expansão) para ajudar os líderes a criar e cultivar uma cultura centrada no cliente na qual o progresso é medido em relação ao propósito central da empresa: *enriquecer a vida do cliente*. Eu disse a Groysberg que acreditava que é nesse ponto que o NPS pode ajudar as empresas a resolver algumas séries deficiências do nosso sistema capitalista e forjar seu próximo estágio de evolução.

O fim do capitalismo como nós o conhecemos

Já está claro que o capitalismo tradicional, que chamo de capitalismo financeiro, vem gerando muita insatisfação. Nos últimos anos, essa insatisfação tem sido expressa não apenas pelos radicais anticorporativos de sempre, mas também por grupos menos radicais. Uma pesquisa conduzida pela Gallup em 2018 descobriu que o número de americanos com uma visão positiva do capitalismo tinha caído para 56% (e 47% entre os eleitores democratas). A maioria dos entrevistados com menos de 30 anos disse preferir o socialismo ao capitalismo.[4] Até as celebridades do capitalismo que participaram do Fórum Econômico Mundial em Davos, na Suíça, expressaram preocupação com o sistema atual. Michael Bloomberg ecoou essa angústia em seu discurso de abertura das aulas de 2019 na Faculdade de Administração da Harvard.[5] Os CEOs de primeira linha que compõem a venerável Business Roundtable clamavam por mudanças. Parece haver uma demanda crescente por CEOs esclarecidos dispostos a prestar contas pela criação de valor a *todos* os stakeholders: clientes, funcionários, comunidades, meio ambiente, sociedade e assim por diante.

É verdade que argumentos como esses têm um grande apelo emocional, mas o problema é que *prestar contas a todos significa que você não precisa prestar contas a ninguém*. É praticamente impossível prestar contas igualmente a todos, da mesma maneira que otimizar o valor em várias dimensões ao mesmo tempo leva ao caos matemático. Até o mais potente dos supercomputadores trava quando recebe o comando de maximizar as múltiplas dimensões de um sistema complexo, como uma organização empresarial. Eles cospem alguma versão da mensagem de erro "*solução indeterminada*". Algoritmos de programação linear não conseguem resolver o problema a menos que todas as variáveis, exceto uma, sejam tratadas como restrições para as quais obstáculos mínimos podem ser especificados; em outras palavras, apenas *uma única* dimensão pode ser maximizada.[6]

Não são só os modelos de computador que tropeçam diante de vários objetivos de maximização. A complexidade também confunde os humanos. É por isso que os grandes líderes se empenham para simplificar os objetivos da equipe para que os funcionários possam concentrar seus esforços criativos de maneira produtiva.[7] Isso levanta a questão natural: qual é a única dimensão que uma empresa deve otimizar em sua busca pela grandeza? Eu até me disponho a considerar o argumento de que, em algum momento da história, talvez até por volta do início do século 20, maximizar o valor para o acionista (a abordagem notoriamente promovida por Milton Friedman) era a teoria correta e o objetivo legítimo das empresas. Mas hoje, com oceanos de capital circulando ao redor do globo em busca de um retorno ligeiramente acima da média, o capital deixou de ser o recurso mais precioso e limitado.

Hoje em dia, visar à maximização dos retornos para os acionistas, especialmente os retornos de curto prazo, leva rapidamente à mediocridade e ao declínio. Afinal, os clientes só são leais quando se sentem amados. Além disso, funcionários talentosos são um recurso verdadeiramente precioso e limitado e hoje em dia poucos trabalhadores querem dedicar a vida a enriquecer os acionistas da empresa. Quase todas as empresas estão desesperadas em busca dos talentos necessários para levar mais processos a plataformas digitais e se beneficiar da computação em nuvem – e já vimos evidências suficientes de que as pessoas deste pool de talentos composto de Millennials e Gen Zs só querem trabalhar em empresas que tenham um propósito inspirador.

Será que isso quer dizer que deveríamos adotar como nosso principal objetivo a felicidade dos funcionários e nos alinhar com o propósito de preferência deles conforme o novo modismo do dia? É natural que esse ponto de vista seja endossado pelos sindicatos e muitos políticos progressistas. O problema é que muitas das coisas que deixam os funcionários felizes – poder tirar muitos dias de férias, evitar os clientes exigentes que insistem em obter soluções inovadoras, esquivar-se do estresse de ter de competir e assumir riscos, evitar a chateação de fazer mudanças e adotar processos melhores – são as mesmas coisas que deixam os clientes *infelizes*, o que elimina rapidamente a lealdade e, com o tempo, destrói o crescimento e a prosperidade das empresas. E, verdade seja dita, essas coisas não deixam os funcionários felizes por muito tempo e não conseguem gerar o tipo de lealdade da qual os empregadores precisam.

Dê uma olhada em qualquer lista de "Melhores Empresas para Trabalhar". Elas raramente mencionam "entregar excelentes experiências ao cliente" como um critério das avaliações do ambiente de trabalho. Em vez disso, elas se concentram em mordomias como refeitórios gourmet, mesas de pingue-pongue, lanches grátis e por aí vai. Mas a verdade nua e crua é que esses benefícios não passam de fatores, na melhor das hipóteses, secundários na vida profissional dos funcionários. Eu defendo que, além de salários e benefícios competitivos, o que faz com que uma empresa seja um dos melhores lugar para se trabalhar é ela dar aos funcionários condições de fazer grandes coisas para os clientes – ou seja, dá sentido e propósito à vida de seus colaboradores.

Qual será o próximo estágio de evolução do capitalismo? Acredito que já entramos na era do "capitalismo de cliente" (*customer capitalism*). Estou longe de ser a primeira pessoa a usar esse termo, mas tenho razões para acreditar que este livro apresenta a primeira explicação abrangente do sistema como um todo, incluindo sua filosofia, fatores econômicos e as métricas e processos gerenciais necessários para vencer neste mundo centrado no cliente.[8] Você encontrará meu Manifesto do Net Promoter no Capítulo 9, que destila o livro até sua quintessência, detalhando os sete princípios fundamentais que os líderes de negócios devem seguir para construir um negócio próspero e sustentável na presente era do capitalismo de cliente. Como já vimos, os melhores exemplos do capitalismo de cliente não tentam extrair o máximo de lucros de cada cliente e funcionário para aumentar os preços das ações e os fluxos de dividendos. Pelo contrário, eles se concentram no papel vital da gentileza, generosidade e amor ao lidar com seus clientes e funcionários.

Você virou os olhos ao ler essas três palavras? Então vou repetir: *gentileza, generosidade* e *amor*.

Incontáveis livros de autoajuda foram publicados para ensinar os leitores a ser mais felizes e ter mais sucesso. Mas, em grande parte, eles ignoram a pergunta mais importante que você precisa responder para conquistar a felicidade e o sucesso: *Qual é o propósito central da sua vida?* Se a sua resposta for parecida com a minha – ou seja, enriquecer a vida das pessoas e fazer do mundo um lugar melhor –, você precisa ponderar com cuidado quais relacionamentos (com pessoas e organizações) merecem o investimento de seu precioso tempo e recursos – ou seja, *sua lealdade*. Você precisa garantir que essas pessoas e organizações incluam e incorporem um propósito alinhado com o seu. Se for o caso, você pode concentrar sua energia em ajudá-las a prosperar. E pode medir seu progresso verificando se você de fato está vivendo de acordo com a Regra de Ouro, que é o indicador mais seguro para ter uma vida com sentido e propósito.

Esta é uma das lições mais importantes que eu gostaria de transmitir por meio das histórias e argumentos deste livro: *certifique-se de investir sua lealdade com sabedoria*. Nas páginas a seguir, explicarei como identificar as empresas certas, as que fizeram por merecer o investimento de seu tempo, sua energia, seus recursos e sua reputação – em outras palavras, sua lealdade. As regras práticas, ferramentas e modelos que desenvolvi – com a ajuda inestimável dos meus colegas da Bain – poderão ajudar você a fazer escolhas melhores identificando as melhores organizações de quem comprar, para quem trabalhar e em quem investir.

A evolução do Net Promoter

Comecei meu trabalho me concentrando em quantificar os indicadores da lealdade, mas meu foco logo passou para descobrir como as empresas conquistam a lealdade. Eu já estava começando a pensar e falar em termos de *enriquecer a vida dos clientes* como o propósito mais importante de uma empresa. Mas, para testar os resultados da adoção desse propósito, precisávamos de um método prático para avaliar o sucesso e o fracasso. Em 2002, comecei a desenvolver o Net Promoter tendo em vista preencher essa lacuna. Uma das minhas maiores fontes de inspiração foi o processo de feedback do cliente que Andy Taylor usava na Enterprise, que ele generosamente me explicou em detalhes e que adaptei (reduzindo suas duas perguntas sobre satisfação e as chances de voltar a fazer negócios com a empresa a apenas uma pergunta sobre as chances de recomendar a empresa) para que pudesse ser aplicado a empresas de qualquer setor para aumentar a lealdade do cliente.

À medida que o Net Promoter cresceu e evoluiu – acelerado pela inovação do código aberto –, uma consequência negativa foi a confusão sobre o que ele realmente representa. Muitas pessoas presumem que o componente central do NPS é uma métrica específica baseada em uma pergunta sobre a probabilidade de recomendação. Não foi essa a minha intenção quando criei o NPS. De jeito nenhum. Como discutirei mais adiante neste capítulo, o primeiro nome que considerei para o sistema foi "Net Lives Enriched" (isto é, Saldo de Vidas Enriquecidas). Ainda acredito que esse nome descreve melhor o sistema. O Net Promoter é basicamente uma filosofia que postula que nosso sucesso deve ser medido pelo impacto que temos sobre os clientes. Nós enriquecemos a vida deles? Em outras palavras, nós alegramos o dia deles, aliviamos seu fardo, amenizamos seu sofrimento e fazemos com que eles se sintam amados? Nós reduzimos o número de carinhas tristes e aumentamos o número de carinhas felizes?

O NPS divide esses resultados em três categorias: Promotores (felizes), Passivos (indiferentes) e Detratores (tristes). Os *Promotores* são clientes que ficam tão satisfeitos com a experiência que voltam para comprar mais e recomendam a marca para parentes, amigos e colegas. Eles acreditam que receberam mais do que pagaram, o que, no fundo, é uma definição para "ter a vida enriquecida". A lealdade entusiástica desses clientes faz com que eles sejam recursos extremamente valiosos que ajudam a desenvolver o negócio e sua reputação. Os *Passivos* são clientes que acham que receberam o que pagaram, mas nada mais. Eles estão meramente satisfeitos e não foram convertidos em clientes leais com valor duradouro. Por fim, os *Detratores* são clientes que ficaram decepcionados com a experiência e sentem que receberam menos do que pagaram. A vida deles foi empobrecida pela experiência com a sua empresa e eles se transformam em riscos, com o poder de reduzir seu crescimento e reputação.

Lançamos o Net Promoter usando uma pesquisa baseada em uma única pergunta atrelada a um sistema de pontuação (probabilidade de recomendação) seguida de uma ou duas perguntas para entender as razões da pontuação e como melhorar. As vantagens da simplicidade superaram em muito as desvantagens. Essa pontuação (que indica o sucesso ou o fracasso em concretizar o propósito central da empresa) e o sistema de gestão em torno dela germinaram e se desenvolveram. O mundo está cansado de pesquisas, de modo que as melhores empresas extraem muitos insights relativos ao Net Promoter por meio de avanços das análises de big data. Observar o comportamento do cliente em tempo real (sinais digitais) possibilita uma identificação mais atual e precisa de Promotores, Passivos e Detratores. Mas as pesquisas continuam tendo uma função importantíssima para investigar as causas com mais profundidade e testar alternativas; tanto que os resultados das pesquisas são usados para treinar modelos matemáticos para separar os sinais do ruído.

Uma coisa que *não* mudou com a revolução digital é que, quando você realmente enriquece a vida dos clientes, eles querem que seus amigos e conhecidos também tenham a experiência e recomendam sua empresa. Esse insight, por si só, ajuda a esclarecer se você atingiu seu propósito do Net Promoter.

O poder da recomendação

Originalmente, escolhemos a pergunta "Qual a probabilidade de você nos recomendar a um amigo?" porque a resposta a essa questão previa os comportamentos de lealdade subsequentes de clientes individuais (comportamentos como recompra, aumento de *share of wallet* – participação de carteira –, indicações e assim por diante).[9] Estamos falando dos fatores que impulsionam a economia da lealdade. Com o tempo, fui aprendendo por que a *probabilidade de recomendação* diz tanto. Quando as pessoas recomendam um produto ou serviço, elas, na prática, estão fazendo um *cobranding* da própria reputação com a empresa recomendada (i.e., atrelando sua marca pessoal à empresa em questão). Se um amigo aceita a recomendação e fica insatisfeito, a capacidade de julgamento e a confiabilidade da pessoa que fez a recomendação saem prejudicados. O CEO de uma empresa da *Fortune* 100 me contou o que aconteceu quando seus vizinhos aceitaram sua recomendação e decidiram se hospedar em seu resort favorito no Caribe. O CEO passou a semana inteira ansioso, querendo saber se os vizinhos estavam gostando. (Ele chegou a entrar na internet todos os dias para ver como estava o tempo no resort.) Imagine como ele ficou aliviado quando os filhos dos vizinhos contaram que tinham adorado as férias.

Mas uma recomendação vai ainda mais fundo do que isso. É basicamente um ato de amor para melhorar a vida de um amigo. Pessoas boas não recomendam uma empresa que polui o meio ambiente, abusa dos funcionários ou maltrata os fornecedores. Uma recomendação entusiasmada não reflete apenas a qualidade ou o valor de uma marca, mas se aprofunda no coração e na alma de uma empresa e seu propósito central, refletindo verdades importantes sobre como nos sentimos em relação à governança de uma organização e como ela afeta a comunidade, o meio ambiente e a justiça social. Talvez seja por isso que a gigante industrial alemã Siemens incluiu o NPS como uma métrica explícita de sustentabilidade e ESG.[*10]

Como já vimos, eu originalmente pensei em chamar esse sistema de "Net Lives Enriched" (Saldo de Vidas Enriquecidas), já que esse é o propósito central que nosso sistema mede, analisando todas as vidas que você toca, quantas são enriquecidas e quantas são empobrecidas. Mas mudei de ideia no meio do caminho. Optei por uma terminologia

---

* Nota da Editora: A sigla ESG, do inglês "Environmental, Social and Governance", se refere a práticas ambientais, sociais e de governança de uma empresa.

que achei que teria mais apelo aos líderes de negócios práticos, focados nos resultados financeiros. Eles sem dúvida entenderiam o enorme valor dos Promotores – que impulsionam o crescimento lucrativo – e o custo paralisante dos Detratores. Pensando assim, decidi chamar o sistema de Net Promoter e, com a ajuda dos meus colegas da Bain, apresentei ao mundo esse processo de gestão centrado no cliente.

Deu certo. A taxa de adoção foi surpreendente. Desde seu advento, em 2002, o Net Promoter System – especialmente sua pontuação para medir o progresso – tornou-se o sistema de gestão mais importante do mundo para colocar os clientes em primeiro lugar e medir o progresso com base no sucesso do cliente. Em 2020, a *Fortune* publicou um artigo especial sobre o NPS com a seguinte conclusão do editor sênior da revista, Geoff Colvin:

> O que explica essa devoção toda a uma medida específica do sentimento do cliente? Pode causar estranheza, mas o fenômeno é real e está crescendo. Pelo menos dois terços das empresas da *Fortune 1000* usam o Net Promoter Score, incluindo a maioria ou todas as empresas de serviços financeiros, companhias aéreas, empresas de telecomunicações, varejistas e outras. Sem fazer alarde e devagar e sempre, sem ninguém se dar muita conta, o NPS entrou no vocabulário da diretoria da maioria das grandes empresas e dos proprietários de milhares de pequenas empresas – estendendo seu alcance profunda e amplamente por toda a economia global. Céticos e oponentes foram, em grande parte, derrotados. Hoje, a abordagem é usada em todas as economias desenvolvidas e em muitas emergentes. A métrica é analisada em todos os tipos de organização, não só empresas. Na Grã-Bretanha, por exemplo, ela é usada pelo Serviço Nacional de Saúde. Com organizações cada vez mais obcecadas com a experiência do cliente, o avanço do NPS em todos os setores e países está se acelerando.[11]

O fenômeno do NPS também se espalhou para além das empresas da *Fortune 1000*, ganhando força entre startups, pequenas e médias empresas e organizações sem fins lucrativos.[12] E os líderes de amanhã também estão prestando atenção. Um professor sênior da Faculdade de Administração da Universidade de Stanford me contou que 60% dos alunos de Stanford já conhecem o NPS na primeira aula de MBA; quando se formam, esse número sobe para quase 100%.

Um roteiro para a leitura deste livro

Um dos principais fatores que colaboraram para a rápida e ampla disseminação do NPS foi nossa decisão de fazer dele um código aberto, permitindo às organizações fazer experimentos e adaptá-lo às suas necessidades específicas de feedback dos clientes e dos funcionários. Como resultado, nossas ideias foram moldadas, refinadas e personalizadas para se adequar aos desafios cada vez mais digitais de milhares de organizações ao redor do mundo, tornando o NPS o modelo predominante para medir a experiência do cliente.[13] Mas, como acontece com qualquer sistema de código aberto, algumas inovações acabam mais atrapalhando do que ajudando. Nos próximos capítulos, tentarei resolver a confusão em torno do propósito central do Net Promoter e mostrar algumas dessas abordagens destrutivas – principalmente as que corrompem a métrica convertendo uma *medida* útil em uma *meta* não tão útil (e não tão confiável). Também ilustrarei as melhores práticas em uma variedade de dimensões apresentando exemplos práticos de empresas. No apítulo final, resumirei o sistema atual de última geração, o Net Promoter 3.0 (e apresentarei um checklist detalhado dos componentes do NPS 3.0 no apêndice A).

Os dois primeiros capítulos ilustram o que significa ter um propósito vencedor e como a busca por concretizar o propósito certo pode levar à grandeza. Os Capítulos 3 e 4 exploram o que significa amar os clientes e como os grandes líderes inspiram suas equipes a abraçar essa missão. O Capítulo 5 explica por que amar os clientes leva aos melhores resultados para os investidores e apresenta evidências de que os melhores investidores devem insistir para que as equipes de liderança priorizem o propósito de amar os clientes e adotem métricas baseadas no cliente para poder relatar dados confiáveis sobre o progresso. Apresentarei uma nova métrica que chamei de "Earned Growth Rate" (Taxa de Crescimento Conquistado) como um indicador complementar para sustentar o Net Promoter (e incluirei mais questões técnicas sobre essa métrica no apêndice B). O Capítulo 6 explica como a Regra de Ouro fornece a base moral e fundamenta a abordagem de comunidades empresariais de sucesso e ilustra como os líderes podem cultivar essas comunidades. No Capítulo 7, veremos como as empresas inovam e vão além da mera satisfação para fornecer um fluxo de experiências notáveis para o cliente. O Capítulo 8 ilustra sistemas práticos que podem reforçar as culturas centradas no cliente e colocar os princípios à frente dos lucros. O Capítulo 9 recomenda que a maioria dos líderes de negócios aprenda a cultivar a humildade – porque eles ainda têm muito trabalho a fazer antes de poderem começar a pensar em abordar toda a gama de melhores práticas definidas no Net Promoter 3.0 – e que a principal missão de sua organização deve ser amar os clientes.

Lucros bons

Eu costumava achar que amar os clientes e conquistar sua lealdade era uma estratégia de nicho funcional, que só seria útil para algumas poucas empresas (a maioria de capital fechado) atuando em um subconjunto limitado de setores, principalmente setores com altos custos de aquisição de clientes. Bem, eu estava errado.

A montanha de feedbacks do NPS na última década revela que, no mundo de hoje, as organizações que não se limitam à satisfação, mas, além disso, tratam os clientes com amor, estão construindo os únicos motores de crescimento capazes de garantir o sucesso sustentável em setores altamente competitivos.

É verdade que os livres mercados e o capitalismo financeiro contribuíram enormemente para o avanço dos ideais democráticos e para elevar os padrões de vida em todo o mundo. Mas as deficiências do antigo capitalismo estão cada vez mais claras. Nos próximos capítulos, falarei de "lucros bons" e "lucros ruins". Os lucros ruins estão destruindo a reputação das empresas, pois resultam da exploração de clientes e, portanto, enfraquecem os argumentos em prol do capitalismo. Já os lucros bons são conquistados por meio da criação de Promotores. Uma empresa não precisa pedir desculpas por gerar um considerável patrimônio líquido quando isso é feito aplicando a Regra de Ouro e enriquecendo a vida dos clientes. A riqueza conquistada pela criação de Promotores é uma fórmula que faz do mundo um lugar melhor.

O fundador bilionário de uma empresa bilionária, que você conhecerá nas páginas a seguir, me disse que "só merecemos ter lucro se deixarmos nossos clientes felizes". Consigo imaginar o mercado financeiro se encolhendo horrorizado. Mas, como tentarei demonstrar nas páginas a seguir, essa abordagem radicalmente moral proporciona uma estratégia imbatível que ajuda todas as partes interessadas, incluindo os investidores, a vencer. O capitalismo de cliente vence porque tenta concretizar o propósito certo. Ele obriga os líderes de negócios e suas equipes a seguir os padrões mais elevados no que diz respeito ao bem-estar da humanidade: *ama o teu próximo como a ti mesmo*.

CAPÍTULO 1

Lidere com amor

O propósito imbatível

Quando Steve Grimshaw entrou na Caliber Collision para atuar como o CEO em 2009, a rede de 68 oficinas de funilaria automotiva tinha operações em apenas dois estados. No início de 2020, a empresa já tinha se expandido por todos os Estados Unidos, para mais de 1.200 localidades, e suas receitas dispararam de US$ 284 milhões para quase US$ 5 bilhões, tornando-a, de longe, a líder do setor no país.

Então, em março de 2020, o cisne negro conhecido como a pandemia da Covid-19 chegou voando, deixando os carros parados em garagens e calçadas – onde, é claro, eles tendem a sofrer muito menos colisões. As receitas do setor despencaram 55% e muitos concorrentes fecharam oficinas para conseguir pagar as dívidas. A Caliber decidiu navegar diretamente em direção à tempestade. Ela não fechou nenhuma oficina e encontrou uma maneira de enfrentar a crise apesar das receitas em queda livre.

Steve me explicou a decisão. "Na Caliber", ele disse, "não colocamos os lucros em primeiro lugar; colocamos as pessoas em primeiro lugar". Em vez de fechar oficinas em resposta à desaceleração do setor, a empresa usou parte de sua linha de crédito de US$ 300 milhões e o excesso de capacidade das oficinas para melhorar o atendimento e encantar mais clientes. Como resultado, seus Net Promoter Scores saltaram para níveis sem precedentes, muito acima dos padrões do setor. As seguradoras perceberam e passaram a indicar a Caliber.

O que explica toda essa resiliência e performance? Steve explicou: "Fred, as pessoas se empenham por um salário, se empenham mais por um bom chefe e se empenham ainda mais por um propósito que faz sentido para elas". Pedi que ele me descrevesse o propósito da Caliber. Ele me contou que sua equipe passou muito tempo pensando sobre o propósito da empresa e incorporou a resposta na declaração de missão:

> Quando nossos clientes nos procuram, sua vida foi abalada. Eles sofreram um acidente de carro, o que é uma experiência terrível. Depois eles ainda precisam passar pela angústia de encontrar uma oficina honesta e eficiente. Eles não sabem se o seguro vai cobrir a despesa nem quanto vão ter de pagar de franquia. Eles vão ter de faltar ao trabalho e precisam encontrar um meio de transporte alternativo enquanto seu carro ficar na oficina. A vida deles está um caos. Por isso decidimos que o nosso propósito deve ser ajudar a *colocar a vida de cada cliente de volta aos trilhos*.

Steve e sua equipe de liderança procuraram maneiras de aumentar o volume de vendas das oficinas para ajudar a colocar a vida dos clientes de volta aos trilhos e, ao mesmo tempo, inspirar os funcionários. A Caliber anunciou que, durante a pandemia da Covid-19, a empresa cobriria a franquia dos seguros (até US$ 500) para todos os socorristas e profissionais de saúde que atuassem na linha de frente. Com isso, todo policial, bombeiro, motorista de ambulância, médico e enfermeiro que sofresse uma colisão e precisasse de um serviço de funilaria poderia ter um bom desconto. Que maneira incrível de dizer "obrigado", de inspirar os funcionários e, ao mesmo tempo, aproveitar o excesso de capacidade!

Fica claro que, quando uma empresa mantém as equipes empregadas de maneira lucrativa durante uma recessão, ajudando-as a encantar os clientes, o resultado são clientes e funcionários satisfeitos. Mas e os investidores? A empresa de private equity que contratou Steve como o CEO da Caliber pagou US$ 165 milhões pela aquisição da empresa. Hoje, pouco mais de dez anos depois, Steve estima que o valor de mercado da Caliber está se aproximando dos US$ 10 bilhões, o que representa algo como um retorno de 52 vezes sobre o investimento da empresa de private equity, ou um retorno anual composto de quase 50% ao longo de uma década. Maravilha!

Steve criou na Caliber uma cultura baseada em sempre fazer a coisa certa, o que significava, entre outras coisas, sempre tratar as pessoas da maneira certa. "Nossos funcionários tratam os clientes por fora", diz ele, "da maneira como eles se sentem por dentro". Assim, os líderes fazem treinamentos para garantir que cada membro de sua equipe saiba qual é a sensação de tratar os clientes (e os colegas) da maneira certa. Gostei muito do nome de um dos programas avançados de desenvolvimento de lideranças da Caliber: "Liderando com propósito".

A Caliber também desenvolveu métricas e sistemas para reforçar os valores culturais que são ensinados nos cursos de liderança. Para garantir que o pessoal da linha de frente tivesse um gostinho de como suas ações afetavam os clientes, os executivos da Caliber começaram a fazer toda semana reuniões em pé nas quais cada filial analisa suas métricas. Nessas reuniões, Steve contou, "a equipe analisa o punhado de métricas que avaliam até que ponto a filial cumpriu nosso propósito. A mais importante dessas métricas, de longe, é o Net Promoter Score". E, durante a reunião, membros individuais da equipe recebem agradecimentos por "ter sido pegos fazendo a coisa certa".

A história da Caliber demonstra um padrão clássico que você verá repetido ao longo deste livro: há um (e apenas um) propósito que resulta na prosperidade sustentável para uma empresa e beneficia todos os seus stakeholders. Esse propósito é *enriquecer a vida dos clientes*. Lembrando que apenas 10% dos líderes de negócios acreditam que o principal propósito de sua empresa seja enriquecer a vida de seus clientes.[1] Ainda mais desanimador é saber que 90% dos executivos não dão a devida importância às vantagens imbatíveis de um propósito centrado no cliente.

Mas a fórmula para vencer é relativamente simples. As empresas líderes que vencem com propósito atraem e inspiram bons funcionários, ajudando-os a encontrar sentido e propósito ao alegrar o dia dos clientes. Quando os funcionários e suas equipes são reconhecidos e recompensados por enriquecer a vida dos clientes, eles se voltam ainda mais ao propósito, acelerando o crescimento sustentável e a prosperidade econômica da empresa. Esse é o caminho para o sucesso pessoal e organizacional. E, como você verá nos capítulos a seguir, essa estratégia baseada no propósito é capaz de resistir aos cisnes negros, pandemias e recessões cada vez mais frequentes que expõem a fragilidade de abordagens menos eficazes.

O propósito no mundo digital

A abordagem de vencer com propósito se aplica perfeitamente ao difícil negócio de funilaria automotiva da Caliber, apesar de não ser o primeiro setor no qual você esperaria encontrar um exemplo de funcionários virtuosos cuidando dos clientes com amor. (Basta pensar nas experiências que você já teve em outras funilarias!) Será que essa mesma abordagem também funcionaria em um negócio digital do século 21, baseado principalmente no trabalho de engenheiros de software, codificadores e designers de sistemas, sendo que muitos deles quase nunca interagem diretamente com os clientes? A resposta é um veemente "sim", o que ficou claro para mim quando analisei a evolução de uma das empresas mais admiradas da indústria de software.

Scott Cook e eu entramos na Bain na mesma época, no fim dos anos 1970. Eu permaneci na empresa prestando consultaria e escrevendo livros, enquanto ele partiu para fundar a gigante de softwares financeiros Intuit, que hoje conta com uma espetacular lealdade do cliente e um valor de mercado de mais de US$ 100 bilhões. A resiliência da Intuit é ainda mais impressionante considerando que poucas empresas de software conseguiram fazer a transição da era do software vendido em mídias físicas pelo correio ou em lojas de informática para a era do download digital e aplicativos baseados na nuvem. Lembro-me de um bate-papo que tive com Scott na sede da Intuit em Mountain View, na Califórnia – mais ou menos no coração do Vale do Silício – pouco depois de eu ter criado o Net Promoter. Ele ficou tão animado que insistiu que fôssemos até o outro prédio (cruzando o estacionamento a pé no meio de uma tempestade) para explicar meu novo conceito a seu CEO.

Não sei se o Net Promoter System teria decolado como decolou se não fosse pelo entusiasmo inicial de Scott e seu compromisso em encontrar maneiras inovadoras de integrar o sistema aos processos centrais da Intuit. A Intuit foi uma pioneira na utilização do Net Promoter para orientar os processos anuais de alocação de capital e orçamentação. Além disso, a Intuit foi a primeira empresa que conheço a reportar regularmente aos investidores seu NPS para cada linha de negócios e, ainda por cima, *em comparação com seus principais concorrentes.* Scott compartilhou sua meta ousada: que todas as linhas de negócios superassem os concorrentes em pelo menos dez pontos do NPS. No universo do NPS, dez pontos são *muitos* pontos.

Acho que Scott foi um dos primeiros a adotar o Net Promoter porque viu o potencial do sistema de ajudá-lo a gerenciar um elemento central do propósito de sua empresa: resolver os problemas dos clientes e deixá-los felizes. Nunca me esquecerei de como Scott descreveu o principal propósito de sua organização, que já citei na Introdução: "Só merecemos ter lucro se deixarmos nossos clientes felizes". Quando a Intuit ainda estava crescendo, ele já acreditava que o Net Promoter poderia ajudar a empresa a viver de acordo com esse credo. E até hoje, no mundo digital, ele continua convencido do valor do NPS e a Intuit continua tendo um importante papel em sua indústria e na comunidade do Net Promoter.

O credo da Intuit representa um afastamento notável da noção capitalista tradicional do *caveat emptor* – o risco é de quem compra –, que coloca os lucros dos investidores muito acima dos interesses dos clientes. É claro que é importante ter lucros suficientes para atrair investidores se você quiser ter uma empresa sustentável, mas os lucros medem o *valor extraído*, de modo que, para clientes e funcionários, eles são inerentemente egoístas e pouco inspiradores, o que acaba criando outros problemas. Por exemplo, o capitalismo tradicional coloca os funcionários de uma empresa em uma saia justa. Eles são orientados a se importar mais com os lucros do que em tratar clientes e colegas da maneira certa. Eles são orientados a endossar a ideia de que é menos importante cuidar dos clientes do que alimentar o apetite (insaciável) dos investidores. E, em geral, eles sabem que isso não faz sentido, principalmente no longo prazo.

Qual é a alternativa? Um novo foco: enriquecer a vida dos clientes oferecendo produtos, serviços e experiências tão notáveis que darão aos funcionários uma vida repleta de sentido e propósito. Quando os líderes decidem que seu principal propósito é colocar os funcionários em posição de enriquecer a vida dos clientes, eles alinham as ambições da empresa com as de suas equipes. Quando Scott diz: "Só merecemos ter lucro se deixarmos nossos clientes felizes", ele está apontando um novo caminho, uma nova maneira de definir um rumo. Especialmente no caso de empresas de capital aberto que sempre navegaram principalmente em direção aos lucros, estamos falando de uma mudança verdadeiramente radical.

Não é uma transição fácil nem simples e não acontecerá sem uma determinação implacável por parte da alta liderança. Os líderes que decidirem dar esse salto terão de combater uma infinidade de ferramentas e práticas que se baseiam no antigo paradigma dos lucros acima de tudo (e o reforçam). Esse paradigma infecta e reinfecta continuamente as empresas, inclusive as lideradas por pessoas determinadas, como Scott Cook. São várias as razões que levam a isso. A antiga mentalidade reincidente é viralizada por faculdades de administração ultrapassadas, jornalistas que não fazem seu dever de casa e a entrada de funcionários que só trabalharam em empresas que operavam segundo os princípios tradicionais centrados no lucro. Novos funcionários (e novos membros do conselho) entram nas Intuits do mundo e sem perceber disseminam práticas e processos que engessam a liderança centrada no cliente. O clamor insistente dos relatórios financeiros – e prestação de contas restritas aos fatores financeiros – pode facilmente afastar as empresas do propósito de *fazer a coisa certa para clientes e colegas*.

Em outras palavras, não é fácil viver a vida do jeito certo. Mas, como veremos nas duas histórias a seguir – posicionadas nos extremos opostos do espectro do NPS –, vale muito a pena fazer esse investimento.

NPS (do jeito errado)

Vamos começar com a história menos animadora. Quando resolvi trocar de carro, visitei várias concessionárias. Na primeira parada da minha jornada, fiquei impressionado com o showroom chique e recém-reformado: um palácio de vidro com elegantes sofás de couro e até uma lanchonete. Eu já sabia que aquela fabricante de automóveis e suas concessionárias se gabavam de ter adotado o Net Promoter. Para tanto, elas tinham implementado uma plataforma de última geração de tecnologias de feedback do cliente fornecida pela empresa de software Medallia, que é usada pela Apple e outras praticantes líderes do Net Promoter. O sistema apresenta pontuações relevantes de feedback e comentários dos clientes diretamente no smartphone de cada funcionário para possibilitar o aprendizado e melhorias em tempo real. Em vista disso, tudo indicava que eu sairia satisfeito daquela concessionária.

Ledo engano. Na verdade, minha experiência foi irritantemente tradicional, me remetendo mais a um tratamento de canal no dentista do que a uma experiência encantadora que enriqueceria a minha vida. Na primeira oportunidade, o vendedor – vamos chamá-lo de Joe – falou mal do site que usei para pesquisar um preço justo pelo carro novo. Ele fez uma oferta pelo meu carro usado muito abaixo da estimativa que o site fazia de seu verdadeiro valor. Mantive a calma e disse que, nas duas pontas do negócio – a avaliação do meu carro usado e o preço do novo carro –, eu só estava querendo um acordo razoável. (Na minha juventude, teria insistido em um fechar o melhor negócio possível, mas acho que amoleci com a idade.) Mesmo assim, passamos a próxima hora em uma batalha exaustiva. As táticas de negociação que Joe usou foram desonestas e manipuladoras, na tentativa de me ludibriar e me forçar a pagar o preço mais alto possível ("Espere um minuto que vou ver com o meu gerente") enquanto me pagava o mínimo possível pelo meu carro usado ("bem, agora que estamos na luz do dia, dá para ver que seu carro está mesmo em condições razoáveis").

Foi um processo irritante e demorado que exauriu a minha paciência e a dignidade dele. Acabamos chegando a um acordo e a próxima coisa que Joe disse quase me fez cair de costas. "Certo, sr. Reichheld", ele começou com uma cara séria. "O senhor receberá uma pesquisa sobre a sua experiência hoje. E, na *nossa* concessionária, a nota mínima para passar é 10". Ele deve ter me flagrado revirando os olhos, porque alguns minutos depois a funcionária do guichê, que ouviu a conversa, reforçou o ponto. "Espero que o senhor saiba que a gerência leva essa pesquisa muito a sério", ela disse. "Joe vai ficar em maus lençóis se o senhor lhe der menos que 10."

Em alguns dias, recebi um questionário não do fabricante, como eu esperava, mas da concessionária. Acontece que muitas concessionárias tentam se adiantar à pesquisa da fabricante fazendo a própria pesquisa preliminar de "teste" para garantir que seus clientes só lhes darão notas 10 quando a "verdadeira" pesquisa chegar. Apesar da minha irritação com o processo todo, eu não queria colocar Joe em apuros lhe dando notas baixas – afinal, a maioria dos problemas que encontrei resultavam dos sistemas e incentivos impostos pela gerência e, portanto, estavam além do controle dele –, de modo que simplesmente ignorei a pesquisa da concessionária. Mas, como você deve ter imaginado, esse não foi o fim da história. Recebi uma enxurrada de mensagens por telefone e SMS implorando que eu respondesse à pesquisa e retornasse *imediatamente* se achasse que não poderia lhes dar a nota 10 em todas as perguntas.

Como valorizo o meu tempo, ignorei essas mensagens, que não passavam de uma tentativa de burlar o sistema. Estava claro que a concessionária não tinha o mínimo interesse em obter o feedback sincero dos clientes e aprender como melhorar. Eles só queriam se certificar de que, se eu me desse ao trabalho de responder à pesquisa *real*, do fabricante, eu lhes daria uma nota 10 em tudo. E, como seria de se esperar, recebi a verdadeira pesquisa alguns dias depois, que também ignorei. A experiência toda – principalmente as chateações envolvendo a pesquisa – foi exaustiva e eu não tinha energia para continuar no jogo.

Depois disso tudo, me arrependi de nunca ter perguntado a Joe como ele se sente quando recebe uma nota 10 de um cliente. Será que é de alguma forma gratificante ou ele só fica aliviado? Curioso, perguntei ao executivo sênior do grupo de concessionárias que na época era responsável pela loja onde comprei o carro o que Joe teria dito se tivesse a coragem de ser totalmente sincero. O executivo sênior explicou que, como eu suspeitava, as concessionárias só estão seguindo as instruções das fabricantes, que não acreditam muito em ferramentas como o feedback de circuito fechado, diagnósticos de causa raiz ou sistemas de teste e aprendizagem, que são os tipos de ferramenta que possibilitam o Net Promoter. Ele me confidenciou que a maioria dos gerentes de concessionárias analisa as pontuações, mas nem se dá ao trabalho de ler os comentários dos clientes. As fabricantes só querem ganhar um prêmio da J. D. Power – uma empresa de pesquisas para avaliar a satisfação dos consumidores –, principalmente pelo reconhecido valor publicitário. E, para essa finalidade, elas criaram um sistema voltado a punir as concessionárias que recebessem notas baixas, o que desqualificaria a marca para receber um prêmio.

Depois de dar essa explicação, o executivo sênior respondeu à minha pergunta. "Fred", ele disse, "aquele vendedor certamente não teria dito nada sobre satisfação ou contentamento. É mais provável que ele teria dito algo como 'Graças a Deus escapei de novo e não vou ser despedido desta vez'".

Em outras palavras, a resposta é "não". Receber uma nota 10 naquela concessionária não gera qualquer energia positiva entre os funcionários; basicamente reduz o medo. A administração divulga as notas de cada vendedor na parede da sala de reuniões da equipe. Nas avaliações semanais, quem recebe uma nota baixa fica na berlinda. Qualquer vendedor que recebe duas ou mais notas baixas em uma semana corre o risco de ser demitido. É verdade que a maioria das notas que os vendedores recebem é 10, mas o sistema é burlado com os vendedores implorando por perdão, suplicando e intimidando os clientes e até dando subornos na forma de trocas de óleo ou tapetes grátis – e pode ter certeza de que nenhum cliente se deixa enganar por esse tipo de coisa.

Em outras palavras, as pesquisas do Net Promoter, mesmo quando a empresa usa uma plataforma de tecnologia de última geração, não têm como transformar em um passe de mágica o inferno na Terra que todos nós já vivemos em nossas visitas às concessionárias. Para isso, a liderança precisaria fazer uma mudança radical em sua atitude e adotar uma nova maneira de pensar sobre o que o Net Promoter realmente tenta medir e por quê.

NPS (do jeito certo)

Agora vamos nos voltar à segunda e mais inspiradora história. Estamos falando da Apple Retail, que hoje opera mais de quinhentas lojas ao redor do mundo e foi uma das primeiras a adotar o Net Promoter System. Fiz alguns favores à Apple ao longo dos anos, incluindo dar palestras em alguns de seus encontros de gerentes de loja do mundo todo. Em troca, a Apple me convidou para visitar sua loja-âncora na Boylston Street, em Boston, em uma manhã de filmagens e entrevistas. Poucas pessoas têm esse privilégio. Afinal, as lojas de varejo da Apple, tal qual sua empresa-mãe, operam sob um véu de grande sigilo. Você pode imaginar a minha empolgação quando recebi a rara oportunidade de observar, nos bastidores, as equipes da Apple colocando o Net Promoter na prática.

Cheguei uma hora antes do horário de abertura da loja, às 10 da manhã. A equipe começou o dia com uma reunião em pé apelidada de "download diário". Foi uma discussão cheia de energia, focada quase inteiramente em ideias para enriquecer a vida de clientes e funcionários, que é a missão central explícita da Apple Retail. O líder da equipe não falou sobre metas de vendas nem sobre o que a loja precisava fazer para atingi-las. Ele focou a análise do feedback do Net Promoter recebido dos clientes do dia anterior. Os membros da equipe trocaram ideias para resolver uma série de problemas dos clientes e o líder resumiu algumas ideias que tinham o potencial de encantar ainda mais clientes naquele dia. Ele lembrou a equipe de alguns princípios básicos do varejo – olhar os clientes nos olhos, apertar as mãos quando apropriado e assim por diante. Antes de concluir a reunião, o líder passou vários minutos reconhecendo formalmente os membros da equipe que receberam elogios de clientes encantados no dia anterior e foram convertidos em "Promotores". Como a reunião foi feita em pé, os aplausos foram ovações de pé.

Essa descrição pode soar um pouco piegas, roteirizada ou forçada. Mas, para mim, que vi tudo acontecer diante dos meus olhos, não foi

Lidere com amor 55

nada disso. Os membros da equipe que receberam elogios ficaram verdadeiramente energizados e inspirados pelo reconhecimento. E não é um grande salto inferir que esses funcionários também foram inspirados por sua missão: *enriquecer vidas.*

Depois da reunião, os membros da equipe se dispersaram para se encarregar de suas várias atribuições. Desci à sala da equipe, no subsolo da loja, para entrevistar a associada que tinha o Net Promoter Score mais alto da loja de Boston, que na época tinha alguns dos Net Promoter Scores mais altos dentre todas as lojas-âncora da Apple.

Essa jovem – vamos chamá-la de Alice – me pareceu o arquétipo de tudo o que a geração dos millenials tem de melhor. Por exemplo, parecia muito mais interessada na missão do que em seu salário e mais focada no propósito do que em uma possível promoção. Ela trabalhava como uma "Apple Creative" – em outras palavras, uma instrutora dedicada a ajudar os clientes a aprender como extrair o máximo de seus produtos da Apple. Ela começou descrevendo sua criação, enfatizando a importância de ter estudado em uma escola quaker na cidade de Cambridge. Disse que aprendeu que a Regra de Ouro – trate os outros como você gostaria de ser tratado – é a melhor base para uma comunidade saudável e uma vida correta. Pedi que me desse um exemplo de como colocava essa regra na prática. Ela pensou por um momento antes de responder. "Tive muita dificuldade com o TDAH na escola", ela disse, "e achava difícil me concentrar em aulas chatas. Pensando nisso, acho importante encontrar maneiras de fazer com que aprender seja um processo empolgante e divertido para todos os meus alunos".

Por "alunos", Alice se referia a seus clientes. Ela disse que ouvia com atenção o que seus clientes diziam para se colocar na pele deles. Logo de cara ela percebeu que muitos clientes ficavam intimidados com a tecnologia e descobriu maneiras de fazer esses clientes se sentirem seguros e deixá-los à vontade. Ela fazia questão de lhes dizer que não existem perguntas erradas. Quando acontecia de eles fazerem uma pergunta que ela não sabia responder, costumava dizer algo como:

"Excelente pergunta! Vamos descobrir isso juntos". Em seguida, ela e o cliente iam consultar outro funcionário da loja que tinha mais conhecimento sobre aquele assunto específico.

Alice me contou que a maior parte de sua satisfação no trabalho resultava de ver o impacto positivo que ela tinha na vida de seus clientes. Ela explicou que uma grande vantagem do Net Promoter System da Apple era que o sistema monitorava seu desempenho, *a cada dia*, na tarefa de enriquecer a vida dos clientes. O Net Promoter lhe permitia avaliar se ela estava conseguindo seguir a Regra Áurea que havia adotado anos antes como um padrão de vida. Ela não tinha medo de receber essa espécie de "boletim escolar" de alta visibilidade e atualizado em tempo real. Pelo contrário, recebia o feedback de braços abertos. Ela se enchia de orgulho quando os comentários dos Promotores eram passados nos monitores da sala de descanso, mostrando seu impacto positivo a todos os membros da equipe. (Àquela altura, a loja da Boylston Street tinha mais de quinhentos funcionários, sendo que poucos tinham a chance de ver em primeira mão o sorriso no rosto dos clientes.) E Alice sabia que os líderes de sua loja analisavam essas pontuações – assim como seu gerente de vendas e os executivos da Apple, na distante Cupertino, na Califórnia.

Perguntei a Alice como ela se sentia quando recebia uma nota 10 de um cliente. Ela pensou e disse algo que nunca vou esquecer: "Sinto que estou vivendo do jeito certo".

Minha reação inicial foi a esperada de alguém mais de quarenta anos mais velho do que Alice: uma mistura de ceticismo, empatia e talvez até uma pitada de frustração ("Ah, Alice... você logo vai aprender que o mundo nem sempre recompensa esse tipo de idealismo!"). Mas então me dei conta de que, embora eu pudesse ter usado palavras diferentes, *eu me sentia exatamente da mesma maneira*. Quando a pergunta é autêntica e, em resposta a essa pergunta, alguém decidir lhe dar um 10 – em outras palavras, uma recomendação sem ressalvas de que a pessoa gostaria que seus amigos tivessem uma experiência semelhante

–, essa é uma evidência incontestável de que você alegrou a existência dessa pessoa. E vou ainda mais longe. Não é exagero dizer que, ao ganhar sua nota 10, você encontrou e incorporou um pouco de grandeza – no sentido que Martin Luther King Jr. quis dizer quando observou que *todos podem ser grandes porque todos podem servir*.

Vivendo do jeito certo: o Net Purpose Score

Algo que muitos de nós, seres humanos, parecemos ter em comum é o desejo de viver com sentido e propósito: fazer deste mundo um lugar melhor. Com um pouco de reflexão, e mesmo sem o "benefício" do foco proporcionado por um diagnóstico de câncer, a maioria de nós percebe que o caminho mais seguro em direção a esse objetivo é enriquecer a vida das pessoas com quem cruzamos. O problema é que esse objetivo parece tão difícil de definir – tão amorfo, vago, pouco urgente e geralmente impossível de medir... a menos que você trabalhe em uma empresa que usa o Net Promoter System para registrar rigorosamente a cada dia o número de vidas que cada funcionário enriquece (Promotores) e subtrair o número de vidas que cada funcionário empobrece (Detratores).

Quando entro em uma loja da Apple, posso sentir a energia positiva e a vibração daquela comunidade de funcionários. Eles não estão só tentando me vender outro iPhone, apesar de fazerem isso muito bem (a Apple tem muito mais vendas por metro quadrado de varejo do que qualquer concorrente).[2] Eles também estão empenhados em alegrar o dia dos clientes – e, em consequência, viver a vida do jeito certo.

Até certo ponto, o argumento de que a felicidade do cliente e a felicidade do funcionário estão inextricavelmente entrelaçadas e atreladas ao sucesso da organização parece óbvio. Afinal, como elas podem *não* se reforçar mutuamente? Mesmo assim, muitas empresas deixam de ligar os pontos ou o fazem muito mal. Pela minha experiência, uma loja da Apple (junto com seus clientes e funcionários) se beneficia muito mais do Net Promoter System do que as concessionárias de automóveis em geral. Isso não acontece por acaso, mas é resultado de muita ponderação. A Apple criou seu sistema para energizar os funcionários da linha de frente e ajudá-los a aprender a inovar para enriquecer a vida dos clientes. (Alice recebia um feedback digital diário vindo do smartphone dos clientes, não apenas notas, como também comentários e sugestões que a ajudavam a monitorar e administrar seu progresso.) Por outro lado, a maioria das fabricantes de automóveis não pensa no design de seus sistemas para ajudar os vendedores da linha de frente a aprender como enriquecer a vida dos clientes, mas para ajudar sua equipe corporativa a ter mais controle sobre as concessionárias insubordinadas.

É uma pena, mas na maioria das empresas o Net Promoter System é mais parecido com o daquela concessionária do que com o da Apple. Os líderes dessas empresas estão perdendo uma oportunidade de ouro. Mas elas ainda podem acertar. Nos próximos capítulos, apresentarei as melhores práticas que inspiram as equipes a encantar os clientes. Muitas das decisões envolvidas no design de um Net Promoter System eficaz dependem das respostas a perguntas aparentemente pequenas. Por exemplo, os funcionários devem informar que os clientes vão receber uma pesquisa e quais são as notas desejadas? Os resultados individuais dos funcionários devem ser compartilhados com os colegas? As notas dos funcionários devem afetar decisões de reconhecimento, remuneração ou promoção? Quem deve ser o responsável por fechar o ciclo com os clientes insatisfeitos? Podemos substituir pesquisas irritantes por dados de comportamento dos clientes que indicam se eles são Promotores, Passivos ou Detratores? Devemos ter uma meta de pontuação ou usar benchmarks para melhorar a pontuação? Quem, no fim, deve responder pelas pontuações dadas pelos clientes?

As respostas a essas perguntas aparentemente pequenas se acumulam para levar a *enormes diferenças* nos resultados. Mas a decisão mais importante de todas é a seguinte: qual é a principal missão que os líderes buscam concretizar através do NPS? O NPS deve ajudar os funcionários a enriquecer sistematicamente as vidas que tocam – em outras palavras, a viver a vida do jeito certo. Esse é o propósito das grandes organizações. Se bem projetado e implantado, o NPS pode se tornar o Net Purpose Score – em outras palavras, a pontuação líquida do propósito – de uma organização e medir o progresso em direção a esse propósito.

CAPÍTULO 2

Almeje a grandeza

Todos podem ser grandes

Estávamos na ampla sala de estar de uma suíte na cobertura do Four Seasons Hotel em Palo Alto, na Califórnia.

Tínhamos contratado uma equipe de filmagem para gravar uma mesa-redonda composta de conceituados CEOs de empresas pioneiras no Net Promoter: eBay, Charles Schwab, Bain & Company, Intuit e Rackspace.[1] Eu estava preocupado porque todos nós usávamos microfones e víamos câmeras se esquivando entre os abajures na busca de ângulos melhores. Será que isso não afetaria a dinâmica da conversa?

Minha preocupação foi em vão. Os integrantes desse grupo autoconfiante ignoraram as intrusões tecnológicas e se puseram imediatamente a compartilhar suas experiências.

A discussão que se seguiu envolveu vários temas e deixou claro para mim que esses líderes estavam usando o NPS não apenas como uma ferramenta para medir a lealdade do cliente, mas também como uma bússola moral para orientar as decisões de sua organização. No meu último livro, descrevi a recuperação quase milagrosa baseada no

NPS liderada por Charles Schwab (que saiu da aposentadoria) para colocar sua corretora homônima de volta aos trilhos. Quando Walt Bettinger foi escolhido para ser o próximo CEO, ele continuou utilizando com eficácia a abordagem do NPS. Naquela mesa-redonda no Four Seasons, Walt nos contou como o NPS evoluiu em sua empresa, concluindo que a abordagem garantia que seu pessoal sempre faria a coisa certa.

Em outras palavras, Bettinger via o feedback do NPS como um robusto ponto de referência – uma espécie de mureta de proteção moral – que suas equipes podiam usar para orientar suas ações e decisões. O CEO da Rackspace, Lanham Napier, fez outro comentário que ficou gravado no meu cérebro. "Eu vejo o NPS como um GPS para navegar em direção à grandeza", ele disse. "Com ele, nossas equipes podem saber com que frequência estão alcançando grandes resultados para os nossos clientes."

Todos assentiram, porque aqueles CEOs sabiam do que ele estava falando. Ajudar os funcionários a saber quando alcançaram a grandeza – ao fornecer um serviço extraordinário, inserido em um processo que os ajuda a aprender como repetir a façanha – é uma das coisas mais importantes que um líder pode dar a suas equipes. Gostei muito da comparação que Napier fez do NPS com o GPS, porque o GPS indica nossa posição atual e – combinado com apps em rede baseados na nuvem que integram o feedback de outros motoristas – pode nos mostrar o melhor caminho a seguir. Metaforicamente, o NPS também pode revelar nossa posição atual em relação à grandeza. E, com algoritmos preditivos que integram dados de feedback de clientes semelhantes, o NPS pode apontar nosso melhor caminho rumo à grandeza – que definimos como "enriquecer a vida do cliente".

Neste ponto, gostaria de retomar um assunto que mencionei no Capítulo 1. Em 2003, quando apresentei o NPS em um artigo da *Harvard Business Review*, achei que fazia sentido enfatizar as vantagens econômicas e financeiras quantitativas possibilitadas pelo NPS. Afinal, eu era formado em economia e, àquela altura, tinha mais de 25 anos de experiência na Bain, que se orgulha de entregar resultados financeiros mensuráveis para os clientes. Pensando assim, os Promotores representam os ativos mais importantes da empresa, exibindo comportamentos leais que geram fluxo de caixa: eles voltam, compram mais, recomendam a empresa aos amigos e dão um feedback construtivo. Confesso que em 2003 tratei o lado inspirador do Net Promoter apenas como um bônus – a cereja do bolo corporativo, por assim dizer – porque me preocupava com a possibilidade de muitos líderes empresariais rejeitarem essa dimensão inspiradora como uma frescura ou até uma ingenuidade da minha parte. Pensando assim, posicionei o Net Promoter como uma maneira de aumentar o patrimônio líquido *financeiro* da organização, achando que isso teria mais apelo e seria mais acessível para os executivos.

O NPS como uma bússola moral

Esse meu posicionamento se mostrou limitado demais, desnecessariamente. Líderes como Walt Bettinger e Lanham Napier valorizavam o Net Promoter não apenas porque ele ajuda uma organização a permanecer centrada em seu principal propósito – enriquecer a vida do cliente –, mas também porque serve como uma bússola moral para os funcionários. Esse movimento centrado no cliente poderia ter tido um avanço mais rápido se eu tivesse sido mais ousado ao posicionar o NPS, com menos ênfase na construção do patrimônio líquido financeiro e mais no objetivo mais fundamental de construir o patrimônio líquido humano.

Lembre-se do que Martin Luther King Jr. disse: "Todos podem ser grandes porque todos podem servir". Pensando assim, fica mais do que claro que fazer uma diferença na vida das pessoas deve ser a verdadeira medida de grandeza e nosso objetivo final. Mas, como "fazer uma diferença na vida das pessoas" é algo terrivelmente difícil de medir, tendemos a recorrer a métricas financeiras, de mensuração mais fácil, para avaliar a grandeza.

Isso acontece tanto no nível individual quanto no corporativo. Vamos começar com o nível individual. A lista anual de bilionários da *Forbes* passou um bom tempo sendo um verdadeiro compêndio de exemplos de enorme sucesso na nossa sociedade. Mas será que esses magnatas de fato são os melhores modelos de comportamento da humanidade? Eu diria que não. O patrimônio líquido financeiro é uma medida muito pouco confiável da grandeza pessoal. Basta dar uma olhada no exemplo de pessoas como Abraham Lincoln, Clara Barton, Mahatma Gandhi, Nelson Mandela, Madre Teresa, Martin Luther King Jr., Jonas Salk e Albert Einstein. Essas pessoas ficaram longe de acumular um patrimônio líquido financeiro excepcional e ainda assim criaram um enorme patrimônio líquido humano.

Por outro lado, infelizmente, muitas pessoas acumularam um enorme patrimônio líquido financeiro abusando de seus clientes, funcionários e parceiros. Estou pensando, para citar apenas alguns exemplos, em Al Dunlap, Jeffrey Epstein, Harvey Weinstein, Elizabeth Holmes (fundadora da Theranos) e a família Sackler (cujo império da Purdue Pharma promoveu descaradamente o vício em opioides, resultando em muitas mortes); a lista de intimidadores e trapaceiros não tem fim. Todas essas pessoas são mestres na extração de valor, não na criação de valor. Esse é um ponto importante. Usar os lucros como nosso indicador de grandeza costuma ser um equívoco porque os lucros quantificam o valor extraído dos clientes e funcionários, não o valor criado para eles. Se o nosso principal objetivo é criar clientes Promotores, não podemos usar os lucros para nos orientar.

A busca do sucesso financeiro como o objetivo final da organização não costuma levar à grandeza, mas a práticas abusivas e manipuladoras que reduzem a dignidade e o bem-estar de clientes e funcionários. Pense nas práticas legais, porém moralmente questionáveis, das empresas tradicionais do capitalismo financeiro que têm o lucro como seu principal objetivo. Você não vai precisar pensar muito para se sair com a sua própria lista: locadoras de veículos cobrando multas abusivas por atraso, instituições financeiras de crédito consignado se aproveitando de populações financeiramente vulneráveis, corretores empurrando investimentos complexos e arriscados para aposentados, alguns hospitais triplicando os preços para pacientes que não têm um plano de saúde e academias de ginástica vendendo planos difíceis de cancelar sabendo que os clientes não os usarão.

Redefinindo a grandeza

A maior parte da literatura de negócios sobre "excelência" ou "grandeza" trata o patrimônio líquido financeiro como o único e verdadeiro objetivo – o alfa e o ômega do capitalismo. A análise contemporânea mais celebrada da grandeza corporativa é, sem dúvida, *Empresas feitas para vencer*, de Jim Collins.[2] O livro vendeu mais de cinco milhões de exemplares e continua marcando presença como um item indispensável nas estantes dos executivos. Collins identificou suas "grandes" empresas com base puramente em critérios financeiros. Seus onze exemplares da grandeza nos negócios, listados na Figura 2-1, foram escolhidos sem levar em conta o principal propósito da empresa nem o patrimônio líquido humano criado, mas apenas através das lentes do capitalismo financeiro. Essas empresas geraram retornos superiores aos acionistas depois de períodos anteriores de desempenho mediano.

Mas, quando examinamos seu desempenho nos anos que se *seguiram* à publicação do livro, vemos que essas empresas ficaram longe de ser excelentes. O que explica essa virada dramática do destino? A resposta é complexa e varia de uma empresa a outra. O próprio Collins estudou esse declínio e publicou suas descobertas em um livro subsequente; ele atribuiu a decadência dessas empresas à arrogância e à mentalidade de comprar crescimento a qualquer custo.[3] Mas acredito que a resposta não se limita a isso. O problema é que essas empresas (como a maioria das empresas hoje) mediram seu sucesso usando as métricas do capitalismo financeiro – principalmente os lucros.

FIGURA 2-1
Empresas exemplares

Empresas feitas para vencer	A pergunta definitiva 2.0 (os líderes em NPS)	
• Abbott	• Amazon	• MetroPCS (atual T-Mobile)
• Circuit City	• American Express	• Southwest
• Fannie Mae	• Apple	• State Farm* (seguro de vida)
• Gillette	• Chick-fil-A*	• Symantec (atual Norton)
• Kimberly-Clark	• Costco	• Trader Joe's*
• Kroger	• Facebook	• USAA* (seguro de propriedades)
• Nucor	• Google	• Vanguard*
• Philip Morris	• JetBlue	• Verizon (internet)
• Pitney Bowes	• Kaiser Permanente*	
• Walgreens		
• Wells Fargo		

* Empresas de capital fechado

Quando os lucros são o principal propósito da organização, as empresas grandes e poderosas tendem a impulsionar seu desempenho financeiro enganando clientes e funcionários. Isso é extração de valor, não criação de valor, e, como a extração de valor não é revelada nas demonstrações financeiras auditadas, esse tipo de abuso pode passar meses ou até anos despercebido, pelo menos pela comunidade de investidores.

Os clientes e funcionários notam imediatamente, mas podem demorar um tempo para reagir. Uma vez que os clientes se comprometem com uma empresa – por exemplo, colocando todas as contas no débito automático de um banco –, eles ficam bastante vulneráveis à extração de valor por essa empresa. Enquanto isso, funcionários que investiram muitos anos trabalhando em uma empresa podem descobrir que mudar de empresa acarreta custos consideráveis, o que também pode ser explorado por gestores que só pensam nos lucros.

Sou um grande fã do livro de Jim Collins e me lembro de ter concordado com a maior parte do que ele escreveu em *Empresas feitas para vencer*. Mas o fato é que as "empresas feitas para vencer" não eram

66   Vencendo com Propósito

resilientes e começaram a tropeçar pouco depois de receber a bênção de Collins. As equipes da Bain examinaram o retorno total para o acionista (TSR) dessas empresas na década seguinte à publicação do livro. Não usamos o "benchmark preguiçoso" – o prontamente disponível S&P 500 – porque esse índice não engloba sempre as mesmas empresas, usa um índice ponderado por valor de mercado e ignora os dividendos. Para criar um padrão mais preciso, reunimos dados sobre a valorização do preço das ações mais os dividendos pagos por todas as empresas de capital aberto dos Estados Unidos.[4] Em seguida, fizemos a mesma análise para as empresas líderes em NPS, do nosso livro *A pergunta definitiva 2.0*, na década que se seguiu à publicação do livro de Collins. Veja as listas de empresas exemplares usadas em cada livro na Figura 2-1.

FIGURA 2-2
Retorno total para o acionista (TSR) versus mediana nos Estados Unidos

Retorno acumulado total indexado para o acionista versus empresas de capital aberto dos Estados Unidos (mediana) na década que começa em 1º de janeiro do ano da publicação de cada livro

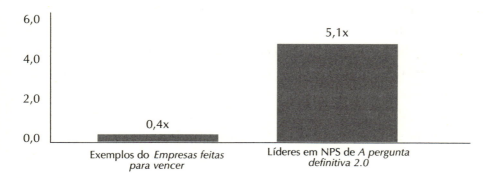

Fonte: CapIQ
Observação: O TSR acumulado representa o retorno total presumindo um investimento de 1/1/2001-31/12/2010 para empresas do *Empresas feitas para vencer* e de 1/1/2011--31/12/2020 para as empresas líderes em NPS; Altria e Philip Morris: a partir da se-

paração em 28/04/2008, com reinvestimento presumido proporcional aos prazos do acordo; Gillette: a P&G adquiriu a Gillette em 2005 por US$ 57 bilhões – o TSR reflete o reinvestimento na nova P&G; em 2019 a P&G fez o *write-off* de US$ 8 bilhões do valor da Gillette; Facebook: TSR desde o IPO para o período de 18/05/2012-31/12/2020; MetroPCS: presume o TSR para a MetroPCS por meio da aquisição da TMUS em 30/04/2013 e reavalia o TSR da TMUS desde o IPO para o período de 01/05/2013--31/12/2020; "empresas de capital aberto" se refere às ~1.400 e ~1.600 empresas de capital aberto dos Estados Unidos com receita > US$ 500 milhões listadas no início de cada respectivo período.

Na Figura 2-2, comparamos o desempenho do TSR das *Empresas feitas para vencer* com o TSR dos líderes em NPS identificados em *A pergunta definitiva 2.0*. Nos dois casos, quantificamos o TSR de cada grupo em relação ao retorno mediano do mercado de ações na década seguinte à publicação de cada livro.

Como você pode ver, as *Empresas feitas para vencer* entregaram apenas 40% do desempenho mediano do mercado, enquanto os líderes em NPS de *A pergunta definitiva 2.0* forneceram 510% do retorno mediano. Em outras palavras, as empresas que pareciam excelentes através das lentes do capitalismo financeiro deixaram seus acionistas muito insatisfeitos na década que se seguiu à benção recebida por Collins, enquanto os investidores em empresas que pareciam excelentes através das lentes do capitalismo de cliente encantaram seus investidores na década subsequente à revelação de sua superioridade no NPS.

Enquanto isso, não vamos esquecer que seis líderes em NPS são de capital fechado, subsidiárias ou cooperativas e, portanto, não podemos usar o mercado de ações como uma medida. Essas empresas estão apresentando indicativos de um desempenho igualmente impressionante (e talvez até melhor). Por exemplo, a Chick-fil-A se expandiu para 2.500 restaurantes e se tornou a terceira maior rede de restaurantes dos Estados Unidos, a Vanguard cresceu rapidamente para US$ 7 trilhões em ativos sob sua administração e a Trader Joe's é tão popular que, pelo menos na loja do meu bairro, normalmente há uma fila de carros esperando para entrar no estacionamento. Todos os líderes em NPS, sem exceção, têm um desempenho extraordinário.

Nas Figuras 2-3 e 2-4, segmentamos o desempenho de nossos dois grupos para apresentar os resultados das empresas individuais. E, como você pode ver, apenas três das onze empresas da coleção de *Empresas feitas para vencer* conseguiram bater a mediana do mercado de ações. Escolhi as medianas como o benchmark para evitar dar um peso excessivo aos desempenhos desastrosos da Circuit City (falida) e da Fannie Mae (basicamente falida, sob intervenção do governo).[5] Vários outros exemplos de *Empresas feitas para vencer* tiveram de pagar enormes multas do governo por maltratar seus clientes. Duas ou três das empresas de fato são excelentes, mas, em geral, será que os exemplos de *Empresas feitas para vencer* realmente acabaram sendo uma coletânea de empresas admiráveis e resilientes? Eu sei em quais delas eu não investi.

FIGURA 2-3
Oito das onze *Empresas feitas para vencer* ficaram abaixo da mediana dos Estados Unidos (1/1/2001-31/12/2010)

Retorno acumulado total indexado para o acionista versus empresas de capital aberto dos Estados Unidos (mediana) (1/1/2001-31/12/2010)

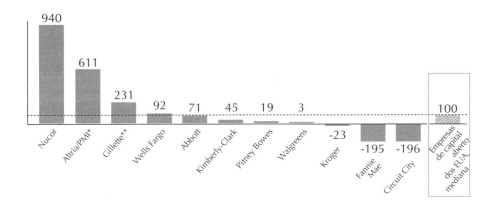

Fonte: CapIQ
Observação: O TSR cumulativo representa o retorno total presumindo um investimento de 1/1/2001-31/12/2010; todas as empresas dos Estados Unidos representam

Almeje a grandeza 69

todas as empresas de capital aberto com receita inferior a US$ 500 milhões em 1/1/2001 (N = 1407).
* Altria e Philip Morris: após a separação em 28/04/2008 presumimos um reinvestimento proporcional aos termos do acordo.
** Gillette: a P&G adquiriu a Gillette em 2005 por US$ 57 bilhões – o TSR reflete o reinvestimento na nova P&G; em 2019 a P&G fez o *write-off* de US$ 8 bilhões do valor da Gillette.

FIGURA 2-4
Todos os onze líderes em NPS superaram a mediana dos Estados Unidos (1/1/2011-31/12/2020)

Retorno acumulado total indexado para o acionista versus empresas de capital aberto dos Estados Unidos (mediana) (1/1/2011-31/12/2020)

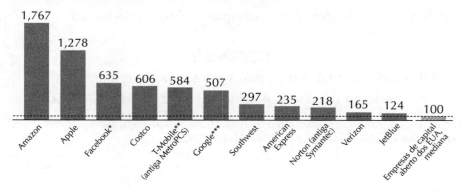

Fonte: CapIQ, relatórios anuais da T-Mobile
Observação: O TSR cumulativo representa o retorno total presumindo um investimento de 1/1/2001-31/12/2010; todas as empresas dos Estados Unidos são empresas de capital aberto com receita > US$ 500 milhões em 1/1/2001 (N = 1.594).
* Facebook: TSR desde a IPO para o período de 18/05/2012-31/12/2020.
** MetroPCS: presume o TSR para a MetroPCS com base na aquisição pela TMUS em 30/04/2013 e reavalia o TSR da TMUS desde a IPO para o período de 1/5/2013--31/12/2020.
*** Utilizamos dados da Alphabet, a empresa controladora do Google.

Compare o desempenho da coleção de empresas de *A pergunta definitiva 2.0*. Todas as onze empresas superaram a mediana do mercado de ações na década que se seguiu à publicação do livro. Naturalmente, é fácil ver isso em retrospecto, mas não tínhamos uma bola de cristal para selecionar a lista de líderes em NPS em 2010. Tudo o que sabíamos era que essas empresas amavam tanto seus clientes que eles se transformaram em promotores leais das empresas, o que serviu de base para esses Net Promoter Scores superiores. E esse insight foi um prenúncio preciso do desempenho futuro dessas organizações.

Lições aprendidas

Como eu já disse, *Empresas feitas para vencer* apresentou muitos insights. Jim Collins usou seu brilhantismo para extrair lições importantes até de exemplos de grandeza que logo seriam destituídos. Muitas dessas lições ficaram gravadas para sempre nas crenças do mundo dos negócios e nos programas de MBA dos dias de hoje, e com razão. Atrair as pessoas certas, concentrar-se nos pontos fortes para sua empresa ser a melhor do mundo, fazer o *flywheel* estratégico girar, buscar Metas Ambiciosas, Complexas e Audaciosas, tornar-se um Líder Nível 5 e assim por diante – todas ideias excelentes. Mas nem a análise perspicaz de Collins e a articulação eloquente de suas descobertas ajudaram seus exemplos a ter sucesso por mais tempo. A fórmula dessas empresas se provou frágil e falhou no teste de resiliência.

Você já deve imaginar a lição que tirei disso: uma empresa não tem como ser grande sem abraçar um grande propósito. Dessa maneira, acredito que o modelo do Net Promoter complementa as lições de *Empresas feitas para vencer* – e talvez até resolva alguns pontos fracos. *Empresas feitas para vencer* empregou uma mentalidade do capitalismo financeiro, definindo a grandeza em termos de resultados financeiros. Recomendo avaliar a grandeza em termos de um propósito vencedor. Enquanto Collins enfatizava que os líderes devem se concentrar em sua paixão, o Net Promoter postula que o principal propósito apaixonante – e o que sempre vence – centra-se em enriquecer a vida do cliente. Um insight importante que *Empresas feitas para vencer* deixou passar é que o famoso *flywheel* de Collins só tem como continuar girando se for movido pela economia da lealdade. Ao longo deste livro, você verá evidências que confirmam esse argumento.

Infelizmente, tenho quase certeza de que alguns dos líderes em NPS que identificamos em 2010 não conseguirão se manter no topo. Os concorrentes criarão soluções melhores para enriquecer a vida dos clientes e tomarão sua liderança. Mas nós – e eles – *veremos essa transição chegando* à medida que seus resultados relativos do NPS vão enfraquecendo. Ao focar esse indicador de grandeza, medindo o sucesso dessas empresas com base em seu Net Promoter Score relativo, espero que algumas delas consigam reverter seu declínio antes que seja tarde demais. Os investidores que monitorarem o NPS também conseguirão se adiantar a essas quedas e agir. A Amazon, por exemplo, compara regularmente seu NPS com seus concorrentes em todas as categorias nas quais a empresa compete – e sempre inclui os novos entrantes. O fundador e presidente do conselho Jeff Bezos vive lembrando sua equipe de nunca ignorar os players pequenos e aparentemente insignificantes. Uma das razões foi que a grande rede de livrarias Barnes & Noble ignorou a Amazon por vê-la como um player pequeno e insignificante – e você já sabe no que deu.

Capitalismo de cliente: uma nova teoria da empresa

O que devemos fazer quando uma métrica financeira, como lucros ou TSR, não é capaz de identificar corretamente as grandes empresas? Pode ser hora de repensar nossos conceitos sobre o papel da empresa e o tipo de resultados corporativos que exemplificariam o que chamamos de "grandeza".

Acredito que as empresas que praticam o capitalismo de cliente – colocando os interesses do cliente em primeiro lugar – têm mais chances de alcançar a grandeza sustentável. Quando os funcionários percebem que o caminho mais seguro para sua felicidade e realização contínua com a vida está em enriquecer a vida do cliente (e de ajudar os colegas a fazer o mesmo), temos uma teoria da firma que se sustenta no mundo de hoje. E não estamos falando de uma mera proposição teórica; temos abundantes evidências diante de nós. As empresas que fazem os clientes se sentirem amados estão vencendo; elas estão ultrapassando e crescendo mais do que os concorrentes.

Dê mais uma olhada na lista de líderes em NPS no lado direito da Figura 2-1. Quase sem exceção, essas empresas nasceram como players de nicho e cresceram para se transformar em grandes potências. Como e por que você acha que isso aconteceu? Muitos jornalistas e analistas interpretam o sucesso dessas empresas através das antigas lentes do capitalismo financeiro. Pouco depois de o valor de mercado da Apple ultrapassar a marca de um trilhão de dólares, por exemplo, o *Wall Street Journal* publicou um artigo explicando que o segredo do sucesso da Apple era sua estrutura financeira e gestão da cadeia de suprimentos. Nada – literalmente *nada* – foi dito sobre seu espetacular motor de crescimento centrado no cliente, que conquistou para a empresa milhões de Promotores. Quando a avaliação da empresa ultrapassou os US$ 2 trilhões em meados de 2020, as páginas das publicações financeiras se encheram de explicações financeiras, como as recompras de ações da Apple. Mas não vi absolutamente nenhuma palavra sobre os esforços da empresa para proteger os dados dos clientes ou tratar os funcionários da linha de frente com dignidade e respeito.

Esse tipo de miopia é tão frequente que chega a parecer proposital. Em março de 2019, no fim de seu anúncio transmitido ao vivo sobre os novos serviços da Apple – e logo depois de dar um abraço em Oprah Winfrey –, o CEO da Apple, Tim Cook, lembrou o público de que a Apple não era especial por causa do esplendor ou do glamour. "Na Apple", disse Cook, "o cliente está e sempre estará no centro de tudo o que fazemos".

No dia seguinte, o *Wall Street Journal* publicou um artigo sobre as novas ofertas da Apple intitulado "Apple tenta vender seus valores corporativos ao lado do Cartão de Crédito, Apple News e TV Plus – mas será que as pessoas vão querer comprar?" O subtítulo ferino contestava a noção de que os valores corporativos podem criar um valor real perguntando: "Como ser um farol de responsabilidade social ajudaria a fabricante de iPhones e o maior exemplo de capitalismo que conhecemos?" O artigo fazia pouco caso da ideia de que a inovação implacável da Apple, seu zelo na proteção da privacidade do consumidor, seu compromisso com a inclusão, igualdade, ambientalismo e sua missão de sempre colocar os clientes em primeiro lugar poderiam fornecer uma plataforma robusta para o futuro econômico da empresa. Para esses jornalistas e analistas, o futuro de qualquer empresa só pode estar em fatores quantitativos, como finanças e processo de compras – certo?[6]

Nada a ver. É hora de tirar a venda dos nossos olhos e reconhecer que o capitalismo financeiro está dando lugar à nova era do capitalismo de cliente, na qual o propósito da empresa é enriquecer a vida dos clientes e a principal responsabilidade do líder é ajudar os funcionários a concretizar esse propósito e, como resultado, ter uma grande vida.

E, repito, os investidores de longo prazo também têm muito a ganhar com o capitalismo do cliente. Sei disso por experiência própria, porque passei mais de uma década investindo em empresas que colocam os clientes em primeiro lugar. E, como você verá, meus resultados são impressionantes por qualquer critério.

A Teoria *F.R.E.D.* do Investimento com Propósito

Com base na minha teoria de que a lealdade do cliente é o combustível dos melhores motores de crescimento, há muitos anos invisto em empresas líderes em NPS. Essas organizações seguem o princípio *F.R.E.D.* (do inglês "Foster Recommendation, Eliminate Detraction" ou "fomentar recomendação, eliminar detração"). Para demonstrar os resultados dessa estratégia de investimento, criei o Índice de Ações Fred (IFRED), que acompanha o TSR da carteira de empresas que alcançam o NPS mais alto em seu setor de atuação – em outras palavras, os vencedores do amor pelo cliente. Comecei o índice com os onze líderes em NPS identificados na pesquisa que fizemos para escrever *A pergunta definitiva 2.0*, listadas na Figura 2-1.[7]

74   Vencendo com Propósito

À medida que a Bain examinava outros setores e encontrava líderes claros do NPS, incluí essas empresas no índice no dia 1º de janeiro do ano seguinte. A Texas Roadhouse entrou no índice em 2010 e tanto a Discover Financial quanto a FirstService foram incluídas em 2015. Em 2019, a Bain fez um raio X do NPS em toda a indústria automobilística e descobriu que a Tesla tinha aberto uma liderança de quase dez pontos em relação ao segundo colocado, a Subaru. No setor de pet shops, a Chewy ultrapassou a concorrência em 28 pontos. Em vista disso, adicionamos as duas empresas em janeiro de 2020. A ideia é retirar as empresas do índice caso seu NPS caia e fique muito abaixo do primeiro colocado, mas isso ainda está para acontecer.

FIGURA 2-5
O IFRED bate o mercado de ações

Retorno total acumulado para o acionista (mostrado como um múltiplo do investimento original)

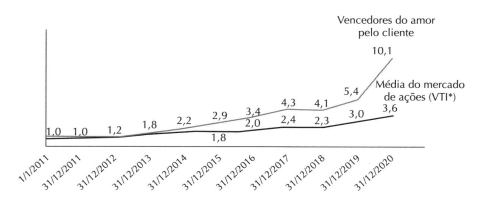

Fonte: CapIQ
Observação: O IFRED inclui todas as empresas líderes em NPS para o período de 1/1/2011-31/12/2020; além disso, o IFRED também inclui Texas Roadhouse (1/1/2011--31/12/2020), Discover e FirstService (1/1/2015-31/12/2020) e Tesla e Chewy (1/1/2020--31/12/2020). O IFRED é calculado como o retorno acumulado médio para cada ano (calculado utilizando média simples).
* VTI = Vanguard Total Stock Market Index

Reavaliamos a carteira todo mês de janeiro para dar o mesmo peso a cada empresa, de modo que o índice não seja dominado por histórias de sucesso meteóricas, como Amazon e Apple. Na Figura 2-5, você pode ver por que digo com tanta certeza que colocar os clientes em primeiro lugar não prejudica em nada os investidores.

O IFRED bateu repetidamente o mercado de ações (usando o Van-guard Total Stock Market Index como referência).[8] Os retornos anuais ultrapassaram 26%, o que, com a capitalização, quase triplicou o TSR acumulado no mercado de ações ao longo da década. Para ter uma ideia mais concreta da performance espetacular do IFRED, considere o seguinte: o melhor retorno em todo o universo de fundos mútuos e ETFs monitorados pela Morningstar mal atingiu os 19% ao longo da década, sete pontos abaixo do IFRED. Perguntei ao respeitado especialista em private equity Steven Kaplan, professor da faculdade de administração da Universidade de Chicago, como o IFRED se compara aos fundos do setor. Ele confirmou que meu retorno anual de 26% bateu o desempenho da grande maioria dos fundos de private equity naquela década, além de evitar os riscos de alavancagem e os problemas de liquidez inerentes a esses fundos.[9]

Lembrando que não criamos esse índice depois que os resultados do TSR já estavam claros, olhando para o desempenho passado. Identificamos os vencedores do amor pelo cliente com base em seu NPS. O desempenho extraordinário do IFRED sugere que os investidores deveriam receber o capitalismo do cliente de braços abertos. Você verá ainda mais evidências disso no Capítulo 5.

De volta à Apple Store: definindo uma grande liderança

Agora, vamos sair do mundo dos investimentos financeiros e voltar para nosso mundo cotidiano. Eu gostaria de contar uma última história antes de entramos no Capítulo 3, que se concentrará na interação com os clientes. Vamos continuar de onde parei, depois da entrevista que fiz com Alice no subsolo da Apple Store em Boston. Subi para a loja, onde uma integrante da equipe estava sendo entrevistada para um vídeo de treinamento da Apple. O entrevistador perguntou à entrevistada, que chamarei de Janine, por que ela gostava de trabalhar na Apple.

"Sei que vai parecer meio forçado", Janine respondeu. "Eu gosto de enriquecer a vida dos clientes com produtos tecnológicos. Afinal, é o que fazemos aqui." Ela contou uma história sobre uma cliente idosa a quem ela ensinou como montar um site de vendas para que pudesse exibir suas obras de arte e processar vendas em feiras de arte. A cliente, claramente atordoada com todas as novas tecnologias confusas que os jovens como Janine pareciam já ter nascido dominando, teve sua primeira aula na Apple Store. Mas as duas – Janine e a artista – persistiram. E, nas semanas e meses que se seguiram àquela primeira aula, a cliente não só descobriu que era possível ganhar a vida com sua arte como também ensinou outros artistas, jovens e idosos, a vender suas obras na internet. Ela voltou à loja para contar a Janine o que tinha acontecido e Janine contou a história para nós.

Eu estava assistindo à entrevista atrás da câmera ao lado do gerente da loja de Boston. Quando Janine concluiu sua história inspiradora, o gerente se inclinou para mim e confidenciou: "É por isso que adoro o meu trabalho. Quando vejo meu pessoal sendo reconhecido por enriquecer a vida dos clientes, me pergunto: que presente melhor eu poderia dar à minha equipe e o que poderia ser mais gratificante para mim, como um líder?"

Isso resume à perfeição o insight deste capítulo e o principal foco deste livro: grandes líderes e grandes organizações ajudam suas equipes a ter uma grande vida. Esse é o propósito que energiza *todas as pessoas* da organização.

CAPÍTULO 3

Ame seus clientes

A quintessência do capitalismo de cliente

Na reta final do meu tratamento contra o câncer, reparei num cartaz da American Express afixado no caixa do hospital perto da saída. Ele dizia: "Nós amamos os nossos clientes".

Amar? *Sério mesmo?* É isso que uma empresa deve sentir em relação a seus clientes?

Minha reação inicial foi achar que algum publicitário estava com um parafuso solto. Mas, depois de pensar melhor, passei a acreditar que é exatamente assim que uma empresa deve se sentir em relação a seus clientes. Até as empresas mais obstinadas – que atuam em setores de margens baixas enfrentando uma concorrência feroz – precisam amar seus clientes, porque, na presente era do capitalismo do cliente, o amor oferece a estratégia vencedora mais resistente.

Sou o primeiro a admitir que o amor pode parecer uma ideia bastante vaga, abstrata e imprecisa. Por exemplo, as pessoas usam a mesma palavra, *amor*, para descrever o que sentem sobre seu sorvete favorito, seu país, seu cachorro, sua mãe e seu cônjuge. Então, para os fins deste livro, acho interessante definir o termo: *amor é se importar tanto com alguém a ponto de reconhecer que a sua própria felicidade no relacionamento, em grande parte, provém de aumentar a felicidade e o bem-estar dessa pessoa.*

Esse tipo de amor fundamenta a Regra de Ouro – "amar o próximo como a si mesmo" –, que, por sua vez, é a base para todos os bons relacionamentos e todas as boas sociedades. Meu argumento é que esse tipo de amor também forma as bases para uma boa empresa. Quando você prioriza a missão de enriquecer a vida de seus clientes, eles passarão a confiar que você agirá de acordo com os interesses deles. Quando você conquista a confiança de seus clientes, eles compartilham abertamente suas necessidades e vulnerabilidades. Eles lhe dão um feedback sincero, que você pode usar para criar e oferecer as melhores experiências. Seus clientes integram seus produtos e serviços a seu dia a dia e torcem para que você continue tendo sucesso (além de contribuir para esse sucesso). Eles tratam seus funcionários com dignidade e respeito. Esses fatores turbinam seu motor de crescimento alimentado pela lealdade, levando sua empresa a ultrapassar a concorrência ao usar o combustível mais eficiente e sustentável já inventado: clientes satisfeitos voltando para comprar mais e indicando seus produtos e serviços aos amigos.

No caso da American Express, não é difícil demonstrar isso. Seus clientes sentem-se amados pela empresa, o que explica por que a American Express tem conquistado Net Promoter Scores tão espetaculares ao longo dos anos. Sou um cliente da American Express e posso dizer que a minha experiência com a empresa tem sido fantástica. Quando penso em todas as vantagens que recebo da American Express – como me dar um limite de cartão de crédito mais do que suficiente para cobrir minhas viagens internacionais, me proteger de locadoras de veículos sedentas de lucros ruins (a American Express cobre o seguro completo e posso recusar todas as ofertas superfaturadas das locadoras), me proteger de cobranças não autorizadas no meu cartão de crédito e me ajudar a conseguir uma reserva nos restaurantes mais badalados –, posso dizer que a empresa definitivamente enriqueceu minha vida.

A Southwest Airlines é uma companhia aérea que não hesita em expressar abertamente seu amor. A empresa pinta seu logo de coração em todas as suas aeronaves e adotou, na Bolsa de Valores de Nova York, o ticker LUV – além de ser a abreviatura de "amor" em inglês, é um jogo de palavras, já que a companhia aérea foi fundada no aeroporto Love Field, de Dallas. Mas, como a então presidente da Southwest, Colleen Barrett, me explicou um dia em um almoço, esse compromisso com o que ela chamou abertamente de "amor" não era um mero truque de marketing. Na verdade, ele refletia a filosofia central da empresa de viver de acordo com a Regra de Ouro. Para me demonstrar esse ponto, Colleen fez questão de me dar um grande beijo de avó na frente de todo mundo no nosso Fórum de Lealdade NPS.[1] E, para demonstrar esse ponto a todos os seus passageiros, a Southwest evita cobrar taxas de bagagem, taxas de mudança de voo e todas as outras armadilhas criativas inventadas por seus concorrentes menos amorosos.

E pense no evangelho do amor demonstrado nas lojas da Apple, como vimos no Capítulo 2. Quando o fundador da Apple Store, Ron Johnson, criou o design dessas lojas de varejo de sucesso invejável, ele se inspirou no conselho de Jesus para "amar o próximo como a si mesmo", que Johnson considera a mensagem mais importante da Bíblia. Ele explicou que seu objetivo foi "criar uma loja com base no amor". E proclamou esse propósito incluindo-o no crachá de cada funcionário: "Enriquecer a vida dos funcionários para que eles possam enriquecer a vida dos clientes". Feito isso, montou a arquitetura das operações para enfatizar, instruir e prestar um excelente serviço aos clientes acima das vendas. Para garantir que os clientes se sentissem amados, investiu no feedback dos clientes em tempo real e evitou a remuneração comissionada dos funcionários, uma prática comum no varejo de eletrônicos.

A grande potência hoteleira Marriott International veicula anúncios na TV afirmando que "Sempre nos orientamos pelo princípio de tratar os outros como gostaríamos de ser tratados". Quando pedi a alguns executivos seniores da Marriott que apresentassem evidências de que a empresa realmente levava esse compromisso a sério, eles deram vários exemplos de como a Regra de Ouro era aplicada na prática. Por exemplo, quando o volume de negócios despencou em vários hotéis da Marriott após os ataques terroristas de 11 de setembro, muitos funcionários não tiveram como trabalhar o mínimo de horas para se qualificar para receber o plano de saúde. Os executivos da Marriott estenderam a cobertura a esses funcionários com base na ideia de que eles fazem parte da família – e você não deixaria seus familiares perderem o plano de saúde por razões totalmente fora do controle deles, não é mesmo? Os executivos tomaram uma decisão parecida depois que dois furacões devastadores – Irma e Maria – atingiram Porto Rico em 2017. Como os fundos de auxílio aos funcionários se esgotaram rapidamente, a empresa fez questão de intervir e cobrir o déficit.

A Regra de Ouro e o amor pelo cliente não se aplicam só na eventualidade de um desastre. Longe das manchetes e dos olhos do público, por exemplo, a Marriott usa a Regra de Ouro para criar seus programas de treinamento. Os funcionários da linha de frente encenam uma variedade de situações difíceis, como o dilema de ver uma hóspede na piscina cujos filhos estão se comportando mal e incomodando os outros hóspedes. O instrutor pede aos funcionários que imaginem como seria estar no lugar de uma mãe estressada. O que poderia ser feito além de exigir que a hóspede mantenha seus filhos sob controle ou, pior, pedir para a família infratora sair da piscina? Juntos, os funcionários pensam em soluções que poderiam resolver o problema de maneira a deixar a mãe e os filhos sentindo-se bem consigo mesmos. As melhores sugestões incluíram dar um livro de colorir e uma caixa de giz de cera à criança entediada ou se oferecer para segurar o bebê, dando à mãe a chance de dar mais atenção aos filhos maiores.

Mas não é fácil viver sempre de acordo com a Regra de Ouro, especialmente no caso de uma empresa de capital aberto que precisa divulgar relatórios de lucros trimestrais cada vez melhores. A Marriott é um bom exemplo disso. Enquanto escrevo estas palavras, a empresa, juntamente com outras marcas hoteleiras, está envolvida em uma disputa com um grupo de procuradores de justiça estaduais, sendo que um deles entrou com uma ação acusando o setor de cobrar taxas abusivas de resort e amenidades. Uma lei federal foi promulgada para banir essas taxas abusivas, que ficaram tão comuns que até hotéis que não tinham nada de resort e não ofereciam nenhuma comodidade especial estavam cobrando por elas.

Deparei-me com essas tarifas irritantes (e, a meu ver, enganosas) em um dos hotéis da Marriott quando fiz uma reserva pela internet para passar as férias com a minha família no Caribe. Segundo o site, as tarifas seriam de US$ 1.500 por semana. Depois que os quartos foram reservados, contudo, as taxas adicionais inflacionaram o preço para nada menos que US$ 2.300. Posso dizer que não me senti muito amado naquele momento!

Um dos executivos seniores da Marriott disse a um entrevistador do LinkedIn que não era um problema fácil de resolver: "Ninguém gosta [de pagar tarifas extras]... mas não acho que essa prática um dia vai ser abandonada".

Bem, na verdade, elas podem, sim, ser descontinuadas e às vezes até são. Erin Wallace, que atua comigo no conselho da FirstService, comandou as operações da Disney World em Orlando. Perguntei a ela se a Disney cobra essas taxas de resort desprezíveis. Afinal, a Disney World de fato se qualifica como um resort, certo? Ela respondeu que não, que suas operações em Orlando não cobravam as taxas. Ela também contou que os hotéis da Disneyland Resort na Califórnia passaram anos cobrando taxas de resort, mas que uma nova equipe de liderança descontinuou a prática. Erin aprovou a medida por acreditar que a prática manchava a marca e a reputação da Disney.

Eis a verdade inconveniente que aprendi: quando até empresas excepcionais como a Marriott e a Disney acham difícil não cair nesse tipo de armadilha – ou seja, estratégias para aumentar os lucros mesmo às custas do cliente –, deve ser impossível para as outras empresas viver de acordo com os padrões da Regra de Ouro e sempre amar seus clientes. Afinal, a maioria das empresas utiliza algoritmos de precificação que otimizam cientificamente as receitas sem fazer qualquer distinção entre lucros bons e ruins. O problema é que esses modelos de inteligência artificial desconhecem o amor – de qualquer natureza. Eles nunca incorporam os custos no longo prazo do desgaste da confiança e da lealdade do cliente quando esses clientes não se sentem amados. Nem levam em consideração os efeitos de longo prazo sobre funcionários desmotivados que são forçados a pôr em prática essas políticas frias e calculistas. Seria deprimente se o avanço acelerado em direção às interações digitais fosse um prenúncio de uma era mais sombria, um inverno digital no qual o amor perderá a relevância.

O amor na era digital

Por sorte, como demonstrarei a seguir, a Regra de Ouro e o amor pelo cliente permanecem de vital importância, mesmo com a automação ameaçando dominar o mundo. Mas, na correria insana para digitalizar as interações com o cliente e substituir funcionários dispendiosos por robôs eficientes, algumas empresas estão direcionando seus clientes a uma jornada digital lúgubre e desalmada.

Imagine uma distopia comandada por drones, bots, algoritmos e modelos preditivos em busca de lucros. Conforme o atendimento humano é substituído por linhas de frente digitais, como os líderes poderão garantir que seus clientes se sintam amados? Dados do NPS Prism da Bain indicam que 80% das transações bancárias nos Estados Unidos são automatizadas ou digitais, isolando ainda mais os executivos dos clientes. A teoria é que as ferramentas analíticas de big data ajudam os executivos a entender seus clientes – com efeito, algumas dessas ferramentas de dados ajudam a prever por que um cliente está se comportando como um Promotor, um Passivo ou um Detrator.

Mas eis a triste verdade: se esses dados não forem efetivamente complementados com a voz do cliente e a voz dos funcionários da linha de frente, os líderes, mesmo amando o cliente, não têm como criar soluções vencedoras. Desse modo, a questão passa a ser como integrar melhor o feedback do NPS ao big data para manter os líderes em contato com as necessidades e os interesses dos clientes. Podemos aprender com algumas empresas que se destacaram na tarefa de combinar os melhores elementos do mundo digital com calor humano, empatia e personalização, empresas como Warby Parker, Chewy, Peloton e Airbnb. São empresas de ponta e ricas em tecnologia que ainda cultivam comunidades com compaixão e nas quais o amor pelo cliente e a Regra de Ouro ainda orientam a tomada de decisão.

A Warby Parker, a varejista on-line de óculos personalizados (e que também tem 120 lojas físicas destinadas a melhorar ainda mais a experiência digital de seus clientes), coloca a Regra de Ouro no topo de sua lista de prioridades: "Tratamos os clientes como eles gostariam de ser tratados – com calor humano, prestatividade, empatia e um atendimento espetacular". Perguntei ao co-CEO (e cofundador) Dave Gilboa como a empresa mede o progresso em relação a esse ambicioso padrão. Ele concordou com minha noção de que, para dar vida a um propósito, você deve ser capaz de medir o progresso em direção a ele e explicou como eles fazem isso na Warby Parker: "Nós medimos o nosso Net Promoter Score. Queremos construir uma marca que os clientes amem e o NPS nos ajuda a conhecer a saúde de longo prazo de nossa marca – e da empresa".

Outro elemento da estratégia amorosa da empresa é dar óculos de graça para quem precisa. A empresa distribui gratuitamente um par de óculos novos para cada par comprado por um cliente pagante – já são mais de oito milhões de pares até o momento, que estão ajudando crianças em idade escolar a ler livros e enxergar quadros-negros e possibilitando a algumas pessoas entrar no mercado de trabalho pela primeira vez. A estratégia de amor e caridade da Warby – à qual voltarei em capítulos subsequentes – resultou em uma notável história de sucesso na era digital. Apenas dez anos depois de sua fundação, investidores atribuem a essa empresa de capital fechado um valor de US$ 3 bilhões.

E esse não é o único exemplo de empresas digitais construindo com seus clientes relacionamentos repletos de sentido e engajamento. Vejamos o exemplo da Chewy, a rede on-line de produtos para animais de estimação, que proclama: "Na Chewy, nós amamos os pets e os pais dos pets. Vemos os pets como parte da família e somos obcecados em ajudar os pais dos pets, satisfazendo todas as suas necessidades e superando as expectativas em cada interação".

Sem qualquer loja física – e, portanto, sem interações presenciais com o cliente –, a Chewy precisou ser criativa. A conexão emocional começa na barra de pesquisa do site da Chewy, que dizia: "Encontre o que há de melhor para o seu pet". Para garantir a pronta entrega "do que há de melhor para o seu pet", a Chewy construiu e abasteceu oito centros de distribuição espalhados pelos Estados Unidos. As interações da Chewy com os clientes ao telefone e na internet não são vistas como custos a ser eliminados, mas como oportunidades de impressionar. Por isso, a empresa mantém centros de atendimento abertos 24 horas por dia, sete dias por semana e 365 dias por ano, com atendentes que amam animais de estimação. A Chewy chegou a montar uma grande equipe interna dedicada a inventar e executar soluções extraordinariamente atenciosas e gentis. Só para dar um exemplo, a equipe chega a mandar flores ao pai ou mãe de um pet que faleceu.

A empresa não faz segredo de sua estratégia de amor pelo cliente. Pelo contrário, a Chewy fez questão de divulgar essa estratégia para todo mundo ver em seu prospecto de abertura de capital em 2019.[2] "Nós nos esforçamos para fornecer um serviço excepcional sempre que (*os clientes*) interagem conosco", dizia o prospecto. "Nossos representantes de atendimento ao cliente altamente treinados e apaixonados estão disponíveis para fornecer o tipo de atendimento personalizado e qualificado e a orientação que os clientes normalmente só encontram nos melhores pet shops de bairro. Nosso serviço de alta qualidade e a satisfação dos nossos cliente são demonstrados por nosso Net Promoter Score, que foi de 86 no ano fiscal de 2018."[3] O NPS superior da Chewy evidencia que os clientes de fato se sentem amados – além de abastecer o rápido crescimento da empresa, que resultou em um valor de mercado que já ultrapassa os US$ 30 bilhões.

A Peloton nos dá outro excelente exemplo de como uma plataforma digital pode amar e ser amada pelo cliente. A missão da Peloton é aplicar a tecnologia e o design para "usar o condicionamento físico para conectar o mundo, empoderando as pessoas para ser a melhor versão de si mesmas em qualquer lugar, a qualquer hora". Bem, se isso não for um ato de amor, eu não sei o que é. No topo de sua lista de valores centrais está *colocar os assinantes em primeiro lugar*. Quando o *New York Times* pediu para explicar como a empresa conseguiu acumular legiões de fãs leais com tamanha rapidez, o CEO e cofundador John Foley respondeu: "Criamos uma experiência que as pessoas amam de paixão".[4]

O *New York Times* fez a seguinte análise: "A Peloton não se limita a vender um hardware. A empresa gastou dezenas de milhões de dólares criando uma experiência convidativa, incluindo celebridades que atuam como embaixadores da marca e elegantes pontos de varejo".[5] Ouvi de um número surpreendente de membros da comunidade da Peloton que, mais do que enriquecer sua vida, a experiência que eles tiveram com a empresa *transformou* sua vida. E, a propósito, o valor de mercado da empresa já ultrapassou os US$ 25 bilhões, apesar dos dispendiosos recalls de segurança da esteira ergométrica da empresa.

Por fim, a Airbnb fornece outro exemplo convincente de como uma plataforma digital meticulosamente pensada pode empoderar uma comunidade global – no caso, hóspedes e anfitriões. Para enfatizar o papel central do amor e da prática da Regra de Ouro, os fundadores da Airbnb incluíram o tema do amor no logotipo em forma de coração da empresa. Fundada por Brian Chesky, Nathan Blecharczyk e Joe Gebbia em 2008, a plataforma on-line transformou a indústria de viagens (hoje, as ofertas da Airbnb nos Estados Unidos respondem por cerca de 20% da capacidade do setor de hospedagem). É claro que a Airbnb utiliza bots e algoritmos, mas a tecnologia é usada para contribuir para a criação de uma comunidade de anfitriões que tratam seus hóspedes com amor. Tanto que, antes da pandemia da Covid-19, a empresa organizava encontros de anfitriões locais com o objetivo de ajudá-los a trocar ideias para encantar os hóspedes – por exemplo, o cheirinho apetitoso de biscoitos recém-assados sempre faz os hóspedes se sentirem bem-vindos.

A plataforma conta com mais de quatro milhões de anfitriões e 150 milhões de usuários.[6] Esse amor todo também impressionou os investidores; o valor de mercado da Airbnb ultrapassa os US$ 90 bilhões, apesar da queda do volume de viagens devido à pandemia.

Amor ao estilo da Costco

Agora, vamos passar um dia em outra empresa que me abriu os olhos: a Costco Wholesale Corporation, a rede de clubes de atacado de enorme sucesso sediada em Washington.

Zeynep Ton, professora da MIT Sloan, ofereceu seu escritório na universidade para que eu pudesse conversar com Jim Sinegal, cofundador da Costco e CEO de longa data. Em seguida, fomos assistir a uma aula de Ton, que naquele dia incluiria uma conversa com Jim, que foi acompanhado do gerente da loja e do supervisor do açougue da loja da Costco em Waltham, no Massachusetts. Depois da aula, fomos com os alunos em uma excursão à loja de Waltham, onde Sinegal nos conduziu em uma visita guiada.

Em preparação para as conversas com Jim, analisei alguns antigos relatórios de analistas financeiros, que eu tinha guardado na época em que ficamos sabendo que a Costco havia conquistado a maior pontuação de NPS do varejo. Os analistas criticaram duramente a Costco por pagar demais aos funcionários da linha de frente e por vender produtos a preços baixos demais. Parecia razoável perguntar a Jim o que ele achava dessas críticas e, em termos mais gerais, o que ele tinha a dizer sobre o foco implacável do mercado financeiro nos lucros. "Fred", ele disse, "se você tentar comandar uma empresa seguindo os conselhos do mercado financeiro, não conseguirá ficar de portas abertas por muito tempo". Jim explicou: "Nossa primeira responsabilidade é obedecer à lei. Nossa próxima responsabilidade é com nossos clientes. Depois disso, cuidamos dos nossos funcionários e respeitamos nossos fornecedores". Foi só quando chegou ao fim da lista que ele mencionou seus acionistas. "Os acionistas são os últimos da fila?", perguntei, intrigado. "Sim", Jim respondeu sem hesitar. "Mas não esqueça que, desde que abrimos o capital em 1985, nosso retorno total para o acionista superou em muito o S&P 500."[7] "Nossa cultura é o nosso ativo mais importante", continuou ele. "É baseado em fazer a coisa certa. Coloque-se no lugar do cliente. A ideia é sermos *justos*."

Como a Costco consegue ir tão longe fazendo a coisa certa? Parte da resposta está no modelo de assinatura da empresa. As anuidades pagas pelos associados basicamente garantem os lucros da empresa no início de cada ano. Contando com essa base, todas as decisões podem ser tomadas com o objetivo de maximizar o amor pelos clientes. Sinegal observou que a Amazon, vizinha da Costco em Washington, copiou a abordagem de assinatura da Costco com a Amazon Prime: um dos maiores sucessos da história espetacular da Amazon.

Veja uma das histórias que Jim contou na sala de aula de Ton. A história tem duas partes. Primeiro, a Costco negociou um grande acordo com a marca de jeans Calvin Klein. O varejista seguiu sua histórica política de preços, precificando tudo a 14% sobre o preço de compra, exceto sua marca própria, Kirkland, que é vendida com uma margem de lucro de 15%. Essa política não apenas reduz a complexidade das operações das lojas como também conquista a confiança dos clientes, que sabem que a Costco nunca tenta enganá-los oferecendo grandes liquidações em alguns produtos, mas cobrando preços altíssimos em outros produtos ou usando outros truques promocionais. O preço que a Costco negociou para os jeans da Calvin Klein era tão baixo que a margem de lucro padrão de 14% resultou em um preço de varejo de apenas US$ 29,99. Como os mesmos jeans custavam US$ 59,99 nas principais varejistas, os jeans da Costco venderam como banana na feira e desapareceram rapidamente das prateleiras.

Então, a Costco ficou sabendo que um milhão de jeans adicionais estavam disponíveis porque um comprador estrangeiro ficou sem crédito e a Calvin Klein estava em busca de outro comprador. Dessa vez, a Costco negociou um preço ainda mais baixo, o que possibilitou um preço de varejo de US$ 22,99, incluindo a margem de lucro padrão de 14%. Os gurus do mercado financeiro ficaram sabendo e começaram a reclamar que a administração da Costco estava sendo irresponsável. O produto já tinha esgotado nas lojas por US$ 29,99. Então, por que não vender esse novo lote por *pelo menos* US$ 29,99 e manter os US$ 7 a mais por unidade para aumentar os lucros? Os gurus reclamaram que a política de precificação automática de 14% estava jogando pelo menos US$ 7 milhões na lata de lixo.

Jim não arredou o pé. Naquela sala de aula do MIT, ele deu a seguinte explicação: "Nossos clientes confiam que vamos repassar todas as economias a eles", Jim disse. "Qualquer exceção... bem, seria como usar heroína. Uma vez que você começa, não consegue parar. E isso mudaria toda a natureza da empresa".

Então, a professora Ton, cujo livro *The Good Jobs Strategy* se alinha com as minhas próprias crenças, perguntou a Jim: "Por que vocês não pegaram esses US$ 7 milhões a mais e aumentaram a remuneração dos funcionários?"[8]

Sinegal respondeu que a Costco já tem um dos melhores programas de remuneração do varejo, com um salário médio por hora em torno de US$ 24.[9] Se os funcionários vissem a empresa desrespeitando a regra da margem de lucro de 14%, ele disse, eles saberiam que a Costco não estava verdadeiramente comprometida com sempre fazer o melhor por seus clientes. A consultoria financeira e de investimento The Motley Fool certa vez pediu a Jim que definisse "vantagem competitiva" e dissesse qual é a maior vantagem competitiva da Costco. A resposta dele foi: "Bem, vantagem competitiva é ter clientes leais que acreditam em você".[10] E – eu acrescentaria, por extensão – ter funcionários que acreditam em sua missão centrada no cliente.

Eu e minha família adoramos comprar na Costco. É divertido encontrar pechinchas na loja. A política de devoluções da Costco é de uma generosidade absurda. Certa vez minha filha comprou um kit com duas escovas de dente elétricas. Uma das escovas não funcionou, e ela foi à loja para ver se conseguiria uma troca. Ela não estava levando muita fé porque tinha jogado fora o recibo. A mulher do balcão de atendimento disse para ela não se preocupar porque a Costco mantém registros das compras de todos os associados. Ela encontrou a transação no computador, devolveu o preço total da compra e disse à minha filha para ficar com a segunda escova de dente.

Com isso, acredito que a Costco ganhou uma cliente fiel para a vida inteira. Comprei uma mesa com lareira na Costco.com para receber visitas ao ar livre durante o inverno, já que, durante a pandemia da Covid-19, estávamos evitando aglomerações em ambientes externos. Quando vi que o preço tinha caído US$ 150 um mês depois, entrei na internet e pedi um crédito de US$ 150... que a Costco emitiu em questão de dias. Quando viajamos, usamos o serviço de viagens da Costco porque não só temos a garantia dos melhores preços como também evitamos aquelas tarifas chatas, como taxas de condutor adicional na locação de um carro. Nossa filha escolheu a Costco para comprar sua viagem de lua de mel em Bora Bora. Por último, e não menos importante, também investimos em ações da Costco muitos anos atrás, o que acabou sendo uma decisão muito acertada.

Jim Sinegal se aposentou como CEO em 2012. Faz sentido perguntar se a Costco continua praticando a mesma filosofia moral. Um relatório anual recente nos dá uma atualização: "Nossa filosofia inabalável de 'fazer a coisa certa' resultou em mais um bom ano para a Costco". Devo dizer que não me surpreendi. Se você somar todas as compras que nossa família faz na Costco e na Amazon, as líderes em NPS no varejo, verá que não sobra muita coisa para os concorrentes do setor – um setor no qual, infelizmente, costuma ser difícil encontrar amor.

Descobrindo o amor na Discover

A Discover Financial Services chamou inesperadamente a minha atenção quando ultrapassou a American Express na liderança do NPS no setor de cartões de crédito – não só uma vez, mas em vários anos seguidos.

Por que isso me pegou de surpresa? Bem, eu era cliente da American Express há mais de quarenta anos. Eu sabia que a American Express era uma empresa formidável, com um histórico estelar de fidelização de clientes. Como ela pôde ter ficado alguns pontos atrás dessa relativa novata no setor, a Discover?

Eu não era cliente da Discover, mas já tinha visto seus anúncios na TV. As propagandas retratavam uma conversa engraçada entre um dos atendentes do SAC da empresa e um cliente, com os papéis sendo representados por atores muito parecidos. O slogan – *tratamos você como você se trataria*– praticamente parafraseia a Regra de Ouro em uma linguagem coloquial. Quando comecei a pesquisar essa nova estrela do NPS relativamente desconhecida (pelo menos para mim), revi alguns relatórios anuais antigos. Eis o que encontrei na declaração de 2011 do CEO:

Na Discover, tudo o que fazemos começa com o foco no cliente...

> Quando se trata de atendimento ao cliente, nossa abordagem é muito diferente das empresas que consideram o atendimento em grande parte como uma despesa. Nós vemos as interações com o cliente como oportunidades de

> cultivar relacionamentos, aumentar recompensas, encorajar o uso e conquistar a lealdade.
>
> Um excelente atendimento ao cliente começa com a contratação dos funcionários certos, treinando-os e desenvolvendo-os e, em seguida, engajando os clientes em conversas importantes. O atendimento aos nossos clientes é 100% feito por funcionários da Discover nos Estados Unidos, o que consideramos uma vantagem competitiva. Também investimos para garantir que nossos clientes tenham a melhor experiência on-line do setor. Nosso objetivo é atender os clientes a qualquer hora, em qualquer lugar e da forma como eles quiserem.

Logo abaixo dessa declaração, vi um nome que não me era estranho. David Nelms havia trabalhado em uma das minhas primeiras equipes na Bain – um talento notável que tinha ajudado a fazer algumas de nossas pesquisas originais sobre a economia da lealdade muitos anos atrás. Retomei o contato com David pouco antes de ele se aposentar, depois de quatorze anos como o CEO da Discover. Durante a conversa, ficou muito claro que "tratamos você como você se trataria" é muito mais do que um slogan publicitário chamativo e que esse credo ancora muitas das decisões e prioridades da Discover. Pedi a David para me dar alguns exemplos de como a Discover colocava os interesses do cliente em primeiro lugar. Mais especificamente, eu queria saber se a Discover amava tanto seus clientes a ponto de reduzir ou até eliminar aqueles tipos de abuso tão comuns na indústria de cartões de crédito. Ele respondeu citando os fatos a seguir:

- A Discover foi a primeira grande empresa de cartões de crédito a eliminar completamente as anuidades – em todos os seus cartões. Se o lucro for seu único motivador, faz sentido cobrar uma anuidade dos clientes, mas, se o objetivo for tratar os clientes do jeito certo, essa cobrança é contraproducente.
- Na Discover, os pontos acumulados pelo cliente no programa de recompensas nunca expiram. Normalmente, a indústria qualifica os clientes para ganhar recompensas ou descontos, mas só

até uma determinada data de vencimento. Muitos programas de lealdade são pensados para que até a metade do valor dos pontos acumulados pelos clientes nunca seja resgatada. A ideia é atrair clientes com recompensas que a empresa sabe que no fim nunca serão resgatadas. A Discover baniu esse truque manipulativo e anticliente.

- Como David Nelms enfatizou na introdução daquele relatório anual, o atendimento aos clientes da Discover é feito exclusivamente por funcionários da empresa nos Estados Unidos. Na ocasião de nossa conversa, a maioria dos concorrentes havia terceirizado o atendimento ao cliente para fornecedores externos ou para países de mão de obra mais barata, como a Índia ou as Filipinas. A Discover chegou a testar a terceirização em outro país e descobriu que, apesar da redução dos custos, a qualidade do atendimento também caía porque a maioria dos clientes é norte-americana e prefere a familiaridade cultural e linguística de funcionários dos Estados Unidos.
- A Discover investe pesado no desenvolvimento de soluções digitais eficazes para as interações simples com o cliente, reduzindo o volume de chamadas de atendimento ao cliente, o que libera os funcionários, munidos de excelentes sistemas de suporte e treinamento, a oferecer um atendimento espetacular nas situações complexas.
- Os atendentes são incentivados a explicar todas as opções com muita clareza para que os clientes possam escolher a melhor solução para eles, e não a que pode ser mais lucrativa para a empresa.[11]
- É fácil falar com um atendente humano 24 horas por dia, sete dias por semana, e os números de telefone são apresentados em destaque no site da Discover e em seu material publicitário. Alguns concorrentes tentam direcionar os clientes para soluções digitais de custo mais baixo ocultando esses números de telefone. A Discover dá a escolha ao cliente, mas está sempre atua-

lizando as opções digitais para que se tornem preferíveis aos clientes, especialmente para interações mais simples.

- A Discover envia um e-mail aos clientes um dia antes de eles incorrerem em multas por atraso para que possam evitar uma multa só porque esqueceram a data de pagamento.[12] David disse que seu diretor financeiro resistiu a essa decisão e avisou que a empresa deixaria de ganhar US$ 200 milhões anuais em receitas provenientes de multas por atraso, mas David não aceitou priorizar os lucros.
- A primeira multa por atraso é automaticamente perdoada para novos clientes.
- A Discover foi a primeira a oferecer uma função "congelar" gratuita (por telefone, na internet ou no app) para interromper cobranças não autorizadas em cartões perdidos ou roubados e também oferece alertas gratuitos para ajudar os clientes a proteger sua identidade.
- A Discover monitora a dark web em busca de abusos dos números da Previdência Social (o equivalente norte-americano ao nosso CPF) dos clientes e oferece alertas gratuitos aos clientes sempre que uma nova conta é aberta em seu nome.
- O cliente pode consultar scores de crédito gratuitamente (sem afetar a pontuação de crédito da pessoa), na fatura, na internet ou no app, sem ser forçado a navegar clicando por um labirinto de anúncios promocionais.
- Informações sobre fatores que podem melhorar a pontuação de crédito são fornecidas gratuitamente.
- A Discover não vende dívidas incobráveis a empresas de cobrança, mesmo depois de as dívidas se transformarem em baixas contábeis. Como David perguntou retoricamente: "Você não faria isso com alguém da sua família, certo?"

Vou parar por aqui, porque acho que já deu para entender. Não é de admirar que a Discover tenha conquistado o maior Net Promoter

Score do setor de cartões de crédito. Kate Manfred – recentemente promovida a diretora de marketing da Discover e uma experiente executiva do setor de serviços financeiros – explica: "A cultura aqui é realmente especial. Começamos com o cliente e trabalhamos para resolver as necessidades deles – não para atingir as nossas metas de lucro. Já atuei em vários conselhos que só se importavam com o demonstrativo de lucros e perdas. Aqui, o objetivo final é garantir a felicidade e o bem-estar dos nossos clientes".

Kate contou como ficou surpresa em sua primeira reunião de planejamento anual na Discover. Na maioria das empresas, ela explicou, os participantes apresentam ideias e propostas que são avaliadas em termos de potencial de gerar lucros. Na Discover, o sistema de avaliação é muito diferente: "Em vez de avaliar as propostas em termos de quanto dinheiro elas poderiam nos render, as equipes priorizavam as coisas que mais encantariam os clientes ou eliminariam os maiores incômodos para os clientes. Com a lista de prioridades em mãos, tentávamos dar um jeito de viabilizar esses investimentos".

O atual CEO, Roger Hochschild, reforçou essa abordagem observando que recentemente a equipe executiva da Discover ficou intrigada com os serviços prestados por uma empresa chamada LifeLock. A um preço salgado, a LifeLock protege seus clientes da crescente ameaça de roubo de identidade e fraude. "Mas não pretendíamos explorar os temores dos nossos clientes e vender esses serviços a um preço alto", Roger me disse. "Pelo contrário, tentamos descobrir quantos desses serviços poderíamos oferecer de graça aos nossos clientes."

Neste ponto, imagino duas multidões correndo em direções opostas. Uma é composta dos meus leitores, sendo que alguns devem ter feito uma parada para pedir um cartão da Discover. (Eles não serão os únicos; cerca de 20% de todas as famílias dos Estados Unidos já têm um.) A outra multidão é composta de potenciais investidores correndo para a saída mais próxima. Como esse amor todo pelos clientes –ouço-os perguntar – pode deixar qualquer valor para os acionistas?

Bem, este é mais um exemplo da economia da lealdade superando a mentalidade financeira tradicional. "Fred", David me lembrou em uma de nossas conversas, "nós dois sabemos que é muito melhor ter clientes leais do que só clientes com bons scores de crédito".[13] Em outras palavras, os clientes leais são *muito mais lucrativos* para as empresas cujos produtos ou serviços eles compram do que os modelos de risco tradicionais podem sugerir.

Vamos dar uma olhada mais de perto. Os ativos geradores de caixa de uma empresa de cartão de crédito, como a maioria das empresas, são os clientes. Quando os clientes escolhem o cartão de crédito da sua empresa para fazer suas compras, o valor desses ativos aumenta. Acrescente a isso taxas de retenção mais altas – o que significa que você não tem um balde furado que o marketing precisa continuar enchendo por meio de dispendiosas promoções e campanhas de aquisição de clientes – e vai ter perdas de crédito mais baixas do que os scores de crédito relevantes são capazes de prever. Em consequência, você acaba com *resultados financeiros muito melhores* do que o mercado financeiro esperaria. O resultado é que, de 2011 a 2020, a Discover gerou o maior retorno total para o acionista (TSR) do setor – 85% acima do Vanguard Total Stock Market Index Fund (VTI).

Na Figura 3-1, incluí o TSR dos maiores players do setor de cartões de crédito dos Estados Unidos e os comparei com o TSR do VTI da Vanguard. As receitas provenientes de cartões de crédito dominam o mix de negócios da Discover e da American Express, mas respondem por parcelas menores nos outros players. O desempenho das ações resulta de todo o portfólio de negócios de cada empresa. Mas o padrão que você pode ver aqui será repetido ao longo deste livro em uma variedade de setores. Os líderes em NPS em cada setor geralmente oferecem os melhores retornos aos acionistas e só os poucos players com Net Promoter Scores superiores conseguem superar a média do mercado de ações refletida pelo VTI da Vanguard.

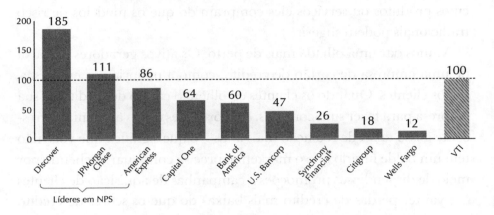

FIGURA 3-1
Apenas os líderes em NPS superam a média do mercado de ações (VTI)

Retorno total acumulado indexado para o acionista versus Vanguard Total Stock Market Index (VTI) (1/1/2011-31/12/2020)

Fonte: CapIQ
* *Observações:* TSR desde o IPO para o período de 8/1/2014-31/12/2020; VTI representa o ETF Vanguard Total Stock Market (ARCA:VTI).

O amor na era dos *smartphones*

Se você estava em busca de um setor que é quase totalmente viciado em taxas ocultas e abusivas ao estilo das "taxas de resort" de hotéis, você não tem como deixar de olhar as operadoras de telefonia móvel.

Apesar de muitas dessas práticas nem um pouco louváveis já terem sido identificadas e corrigidas, os clientes passaram anos encontrando grandes e desagradáveis surpresas ao abrir suas faturas mensais. Por exemplo, as taxas de roaming podiam chegar a muitas centenas de dólares além da mensalidade padrão. Meu provedor finalmente ofereceu uma espécie de plano de proteção contra o roaming para, quando eu estiver fora dos Estados Unidos, poder pagar "apenas" US$ 10 por dia além das minhas tarifas normais. É bem verdade que isso é melhor do que os roubos dos quais eu tinha sido vítima antes, mas ainda me parece um tanto agressivo – até abusivo. Pensando que meu plano de uso ilimitado custa US$ 45 por mês, ou US$ 1,50 por dia, os US$ 10 por dia de "proteção contra o roaming" representam um acréscimo de 667%! Se eu passar trinta dias fora dos Estados Unidos, minha conta mensal sobe para US$ 345 em vez dos US$ 45 do meu plano "ilimitado". Devo dizer que não me sinto muito amado por esse provedor.

FIGURA 3-2
A estratégia de amor pelo cliente de John Legere deu início ao crescimento da T-Mobile

"*Estamos decididos a consertar um setor burro, falho e arrogante.*"
– John Legere, CEO

Fonte: Análise do modelo de telefonia celular da Moffett Nathanson, março de 2020

Observação: Em 2020, a T-Mobile adquiriu a Sprint, aumentando o total de assinantes para 146,5 milhões.

Ainda bem que a T-Mobile chegou para me resgatar. Em 2013, a T-Mobile comprou a MetroPCS. Em seguida, a empresa investiu para aumentar a cobertura de sua rede e se pôs a alterar ou abandonar cada uma de suas políticas anticliente, tradicionais no setor, uma após a outra. Ao fazer isso, a T-Mobile demonstrou aos clientes como é a sensação de ser amado – e o mercado respondeu. O crescimento impressionante da empresa a partir daí é ilustrado na Figura 3-2.

Outra forma de medir o sucesso da estratégia centrada no cliente do ex-CEO John Legere é observar a melhoria do NPS da empresa em relação aos concorrentes. A Figura 3-3 mostra o aumento impressionante do Net Promoter Score da T-Mobile, que disparou da lanterninha em 2013 para assumir rapidamente a liderança do setor em 2020.

FIGURA 3-3
O NPS da T-Mobile foi do último lugar para a liderança

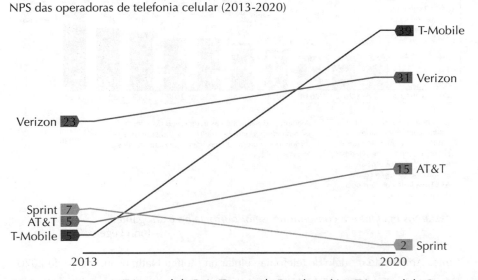

NPS das operadoras de telefonia celular (2013-2020)

Fonte: Levantamento Trimestral da Bain/Dynata de Benchmarking Trimestral de Operadoras de Telefonia Celular dos Estados Unidos, T1 2013 a T1 2020 (N > 17.000)

Essa dramática ascensão à liderança – 34 pontos em cinco anos – é uma façanha verdadeiramente notável. Perguntei a Callie Field – uma veterana de dezesseis anos da T-Mobile e que atualmente é vice-presidente executiva e diretora de experiência do cliente – como a empresa conseguiu chegar à liderança. Ela explicou: "Quando John Legere entrou na empresa, estávamos em uma posição precária. Nossa rede era fraca, nossa tecnologia se arrastava atrás da concorrência e nossa taxa de rotatividade de clientes era a pior do setor. Não vimos outra opção. Decidimos amar mais os nossos clientes do que todos os concorrentes". Legere viajou por todo o país conversando com funcionários da linha de frente nas lojas e centros de atendimento ao cliente e perguntando o que a T-Mobile poderia fazer para deixar os clientes mais felizes – e também o que a empresa poderia fazer para ajudar seus representantes a entregar uma experiência espetacular aos clientes. Ele levou as melhores ideias para seu diretor de marketing, Mike Sievert (recentemente promovido a CEO como o sucessor de Legere) e Callie, que juntos criaram o que Callie descreve como "a nossa revolução para nos transformar em uma 'não operadora'". A lista de melhorias para amar o cliente é impressionante:

- A T-Mobile simplificou radicalmente seus planos – incluindo planos simples e ilimitados para todos os dispositivos – e ofereceu planos simplificados para clientes empresariais.
- A T-Mobile abandonou contratos que prendiam os clientes à operadora.
- A T-Mobile facilitou fazer upgrades e ofereceu planos pré-pagos familiares.
- Todas as tarifas de roaming internacional foram abandonadas. (Para o meu alívio.)
- A T-Mobile comprou e trocou blocos de capacidade do espectro de alta qualidade para melhorar o desempenho de sua rede.
- A T-Mobile começou a oferecer uma série de brindes atraentes, incluindo um iPhone, streaming de música grátis e ligações

e mensagens de texto gratuitas em voos – em parceria com a Gogo, fornecedora de serviços de internet em aeronaves.

- A T-Mobile implementou um esquema de acúmulo automático de créditos de dados não utilizados – que passam de um mês ao outro – e lançou um programa de recompensas simplificado com pontos que não expiram.
- A T-Mobile eliminou cobranças ocultas ao estilo de taxas de resort que poderiam aumentar um plano ilimitado de US$ 40 em até US$ 50 no extrato mensal dos clientes. Em outras palavras, o preço anunciado da T-Mobile inclui todos os impostos e taxas para que – a não ser que você solicite alguma alteração – sua fatura nunca exceda o preço anunciado de seu plano.
- A T-Mobile reorganizou seus centros de atendimento em equipes de especialistas para atender melhor segmentos específicos de clientes, garantindo que os clientes sejam atendidos pela mesma equipe sempre que ligarem, o que melhora a continuidade e a qualidade do atendimento.
- Por fim, essas equipes locais começaram a fechar o ciclo de feedback com os clientes, entrando em contato com todos os Detratores para saber o que deu errado e como a empresa poderia resolver esses problemas.

A T-Mobile começou a referir a si mesma como uma "não-operadora" e essa lista de ações ousadas sugere que ela fez por merecer o apelido. Em termos simples, a T-Mobile abandonou praticamente todas as políticas abusivas inventadas pelo setor. Essas mudanças radicais não apenas foram boas para os clientes como também prepararam o terreno para funcionários mais felizes.[14]

Você já não vai se surpreender com o que vou contar no último parágrafo desta seção sobre a T-Mobile. Essa longa lista de simplificações, brindes e concessões deve ter sido um baque para o retorno da T-Mobile aos investidores, certo? Pelo contrário. As forças econômicas ocultas da lealdade superaram em muito a análise financeira tradicional, baseada no paradigma ultrapassado do capitalismo financeiro. Na Figura 3-4, você pode ver que do final de 2013 até o final de 2019, o TSR da T-Mobile, de 133%, foi de longe o melhor do setor.

FIGURA 3-4
A T-Mobile dá os melhores retornos a seus investidores
(o melhor TSR do setor)

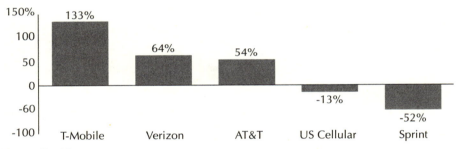

Fonte: CapIQ
Observação: O TSR acumulado representa o retorno total presumindo um investimento de 1/1/2014 a 31/12/2019; 2019 foi definido como o último ano da análise devido à aquisição da Sprint pela T-Mobile em 2020.

O amor puro da PURE

Durante uma conferência do setor de seguros, uma pessoa que ouviu minha palestra me perguntou se eu conhecia a PURE Insurance, uma empresa relativamente nova que seguia de perto meus princípios baseados na lealdade. Confesso que não levei muita fé, mas me informei com meu corretor, que confirmou que a PURE realmente era uma empresa muito especial. Quanto mais me informava, mais eu percebia que a PURE de fato era o meu tipo de empresa – tanto que transferi todas as minhas apólices de seguro para a PURE e recomendo a empresa para meus amigos.

Vamos entender melhor essa a história? Os fundadores da PURE perceberam que havia um grande segmento de clientes avessos ao risco e com um patrimônio líquido relativamente alto que tinham vários seguros para residências, automóveis, vida e assim por diante, mas estavam pagando mais do que o necessário e sendo mal atendidos pelas seguradoras existentes. O CEO Ross Buchmueller estruturou a empresa para maximizar o valor para os segurados (a PURE refere-se aos clientes/segurados como associados, como a Costco). O preço incluía uma contribuição adicional para criar um pool de capital que reduzia a dependência de investidores externos, um pouco como a estrutura de propriedade utilizada pela Vanguard e USAA, nas quais os associados são proprietários de parte da empresa. Com isso, a PURE pôde se concentrar exclusivamente em entregar uma experiência verdadeiramente excepcional.

A PURE também orienta seus associados sobre as medidas que devem tomar para proteger a si mesmos e seus bens – por exemplo, instalar geradores de energia, dispositivos de corte de água, alarmes contra roubo e assim por diante. No meu caso, a PURE me ajudou a encontrar o melhor fornecedor de geradores para equipar minha casa de praia em Cape Cod – onde acontece muito de ficarmos sem luz durante tempestades –, me ajudou a negociar o melhor preço e ainda reduziu substancialmente o preço do meu seguro depois que o gerador foi instalado. A empresa fez isso para me ajudar a reduzir meus riscos e minhas despesas e para eu me sentir *amado*.

E, de fato, os associados simplesmente amam essa abordagem. Os seguros em vigor cresceram para mais de US$ 1 bilhão. A maioria dos novos associados da empresa vem por indicação de clientes existentes. (Como já vimos, mais propaganda boca a boca resulta em menos gastos com publicidade e os clientes que chegam por indicação geram menos perdas.) A taxa de retenção de associados da PURE é de impressionantes *96%*. Os especialistas do setor de seguros sabem como é difícil realizar essa façanha – empresas de alto crescimento que atraem muitos novos clientes (que normalmente têm as maiores taxas de deserção) quase nunca veem taxas de retenção como essa.

Via de regra, mesmo entre empresas comprometidas com o NPS, os relatórios anuais e as pontuações autorrelatadas não são as melhores fontes para saber se uma empresa está efetivamente adotando o NPS. Apesar de muitas empresas mencionarem o NPS em algum ponto da carta do presidente do conselho, elas revelam pouco sobre o processo utilizado para coletar as informações, a metodologia de cálculo ou como pretendem melhorar. A PURE, por sua vez, costuma dedicar duas páginas inteiras de seu relatório anual ao NPS, que vem subindo sem parar nos últimos anos para atingir os impressionantes 71% atuais. Em vez de simplesmente mostrar o NPS histórico, a PURE informa as pontuações do NPS por tempo de cobertura do seguro, segmento de cliente, se os associados acionaram o seguro, se os associados receberam a documentação e as contas por via eletrônica (sem papel), por linha de produtos e assim por diante. A PURE explica como coleta o feedback do NPS e como o método mudou (em 2019, por exemplo, a PURE passou de enviar uma enxurrada de pesquisas anuais para enviar pesquisas a apenas 25% de seus clientes a cada trimestre). A PURE também detalha as inovações que foram introduzidas com base no feedback das pesquisas do NPS, incluindo, por exemplo, uma política mais lógica de preços, um novo tipo de cobertura de fraudes que também cobre eventos de fraude cibernética e limites mais altos para joias nos seguros residenciais.

No ano passado, ao preencher a Pesquisa do Net Promoter que recebi da empresa, fiz uma pequena reclamação. Expliquei que adorava a empresa, mas que estava insatisfeito porque o preço do meu seguro automotivo estava um pouco mais alto do que o da minha seguradora anterior. Em resposta, recebi a seguinte mensagem:

De: *Mary Loyal Springs*
Enviado em: *Quarta-feira, 1 de maio de 2019 às 10:29*
Para: *Reichheld, Fred <Fred.Reichheld@Bain.com>*
Assunto: *PURE Insurance – Comentário do NPS 483680743919*

Bom dia, sr. Reichheld,

Agradecemos por responder a nossa pesquisa anual do NPS alguns dias atrás. O feedback coletado nessa pesquisa nos ajuda a saber onde estamos acertando e, o mais importante, onde podemos melhorar.

Notei que o senhor fez um comentário sobre o seguro automotivo da PURE a um preço mais alto do que os concorrentes. Se o senhor me permite uma sugestão, pode ser interessante entrar em contato com seu corretor para fazer uma nova cotação, porque, se o seu seguro foi transferido para a PURE, o senhor estaria qualificado para receber um desconto no seguro residencial. Fiz uma rápida cotação em nosso sistema e vejo que o senhor poderia economizar quase US$ 800 por ano. Mesmo se não estivermos oferecendo o melhor preço para o seguro automotivo, a economia no seguro residencial justificaria a mudança – além da praticidade de centralizar todos os seus seguros em uma única seguradora.

Se eu puder fazer qualquer coisa para ajudar ou se o senhor tiver qualquer dúvida sobre a PURE, por favor, não deixe de entrar em contato.

Obrigada por escolher a PURE e por sua lealdade contínua.

Atenciosamente,

Mary Loyal Springs, vice-presidente de experiência dos associados

E. Bay Street, 701, cj. 312, Charleston, Carolina do Sul, 29403

Não foi uma carta padrão, um spam ou uma ligação de um robô, mas uma resposta de verdade de uma pessoa de verdade! Fiquei tão impressionado que liguei diretamente para Mary Loyal Springs no número de telefone que ela forneceu.[15] Ela topou analisar alguns dados do NPS que eu tinha visto no relatório anual da PURE, que revelava que um dos maiores aumentos das pontuações do NPS ocorre quando os clientes renovam o contrato cinco anos depois de entrar na família

PURE.[16] Por quê? Uma razão é que a PURE favorece seus associados mais leais dando descontos nos seguros de modo que os clientes que permanecem mais tempo com a empresa conseguem um excelente negócio – cerca de 10% de desconto no meu caso e uma média de US$ 850 para os clientes da PURE.

Quando Mary Loyal retornou minha ligação – não me diga que você ficou surpreso –, ela confirmou que esses clientes leais são ainda mais lucrativos do que os clientes médios, apesar dos descontos dos quais desfrutam.[17] Ela também me contou que a PURE criou uma recompensa adicional pela lealdade: os associados de dez anos ou mais são qualificados a receber cashbacks anuais, reduzindo ainda mais seus custos com o seguro.

E, claramente orgulhosa, Mary Loyal disse que a PURE estava tão comprometida em recompensar a lealdade do cliente que a empresa publicou um tratado sobre os princípios de precificação para dificultar a vida das futuras gerações de analistas de risco que cogitassem desfazer essas políticas e retomar as práticas tradicionais do setor. Ela incluiu um link para um post desses princípios de precificação. Veja alguns destaques:

- O objetivo da nossa abordagem de precificação é alcançar a sustentabilidade de longo prazo, não maximizar os lucros.
- Os associados qualificados para descontos devem receber descontos.
- Nunca cobraremos de um novo associado menos do que cobramos de um associado existente com as mesmas características de risco.
- Se formos forçados a aumentar consideravelmente os preços, pediremos às autoridades competentes que nos permitam aumentar imediatamente os preços para os novos associados e aumentar gradativamente os preços para os associados existentes sempre que possível.

- Precisamos nos lembrar de que a lealdade é recompensada na PURE... Mesmo se for uma prática corrente no setor, não usaremos incentivos especiais que oferecem aos novos associados um preço mais baixo do que um associado existente.
- Seremos transparentes ao informar aos associados quaisquer mudanças nos preços cobrados.

Será que uma seguradora pode amar seus clientes? É claro que sim! A PURE enriqueceu a minha vida. Como a PURE não é uma empresa de capital aberto, não podemos usar o TSR para demonstrar a superioridade econômica de seu motor de crescimento, mas um evento impressionou os observadores do setor. A PURE foi adquirida pela gigante do setor Tokio Marine no primeiro trimestre de 2020. O CEO Satoru Komiya explicou o preço considerado alto de US$ 3,1 bilhões – 33 vezes o lucro projetado da PURE para 2020. "Estamos pagando pelo enorme potencial de crescimento da PURE", ele disse.[18]

E eu explicaria esse potencial de crescimento com três palavras: amor pelo cliente.

Você está se sentindo amado?

As empresas deste capítulo e outras empresas como elas obtêm principalmente *bons lucros* – que eu defino como lucros resultantes de Promotores: os clientes que se sentem amados. Essas empresas já entraram na era do capitalismo do cliente, o que significa que elas amam seus clientes e veem os bons lucros como um requisito para a sustentabilidade. Seus motores de crescimento, movidos pelo amor, são limpos, eficientes e funcionam sem entraves. O amor gera maior retenção/compras repetidas, aumenta o *share of wallet*, gera boca a boca, traz novos clientes e reduz os custos com os clientes que, satisfeitos, reclamam menos e trazem menos problemas para resolver.

Do outro lado, temos todas as outras empresas que adotam a antiquada mentalidade do capitalismo financeiro. Elas operam motores de crescimento ineficientes movidos pela aquisição de clientes e – para estender a metáfora – expelem poluentes na forma de clientes insatisfeitos e funcionários desalentados que saem da empresa ou procuram maneiras de se vingar enquanto procuram outro emprego. Essas empresas precisam *comprar* seu crescimento e seus lucros. Elas pagam demais por novos clientes (ou cobram de menos) e não investem o suficiente nos clientes leais (ou cobram demais deles e os amam pouco). A taxa de rotatividade (*churn rate*) resultante destrói a eficiência e explica por que tantas empresas têm dificuldade de alcançar um crescimento sustentável e lucrativo. Elas simplesmente não entendem que é impossível sustentar o crescimento sem amar o cliente. Para sustentar os lucros contábeis, elas se viciam no que chamo de *lucros ruins*.

Falei sobre essas práticas nocivas nos meus livros anteriores, mas a verdade é que os lucros ruins continuam sendo muito comuns. Tanto que muitas empresas continuam inventando novas e criativas maneiras de abusar do cliente. Já falei sobre as chamadas "taxas de resort" impostas por hotéis que não têm nada de resort.[19] Mas e o que dizer daquelas locadoras de veículos que mencionei na Introdução, quando analisamos o modelo de negócios da Enterprise Rent-A-Car? Claramente nem todas as locadoras seguiram o exemplo da Enterprise! Devolva o seu carro com meia hora de atraso e você terá de pagar uma multa absurda. Está pensando em revezar com alguém ao volante? Prepare-se para pagar uma taxa de condutor adicional. Se tiver de passar por um pedágio, prepare-se para pagar taxas exorbitantes pelo uso da tag de pagamento automático de pedágio. Alugue um carro por uma semana, passe por um único pedágio em um único dia e você será obrigado a pagar uma taxa pelo uso da tag de US$ 7 por *cada dia* do período de aluguel de sete dias! E você já deve ter notado que as locadoras de automóveis continuam transformando a política de combustível em um jogo de roleta em um cassino, em que as chances estão sempre contra o cliente. As empresas criam meticulosamente seus planos para garantir que a casa sempre ganhe: ou os clientes pagam pelo tanque cheio – sem receber qualquer restituição pelo combustível que sobra quando devolvem o carro – ou escolhem encher o tanque eles mesmos e, quando inevitavelmente se esquecem ou ficam sem tempo para abastecer antes de devolver o carro, as locadoras cobram três vezes o valor de mercado para encher o tanque.

Vejamos outro exemplo: o banco que eu costumava usar ficou viciado em lucros ruins. Por exemplo, quando pedi um novo talão de cheques nesse banco, na mesma agência que tinha passado mais de trinta anos usando, vi que o banco queria me cobrar nada menos que US$ 120 pelos cheques. Comentei com meu filho mais novo, que me contou que a Costco oferece cheques de qualquer banco. Cancelei imediatamente a solicitação do talão de cheques no site do meu banco e pedi os mesmos cheques pelo site da Costco por um total de US$ 14. A propósito, a Costco usava a mesma gráfica que o meu banco para produzir os cheques.

Decidi trocar de banco, o que não demorei muito a fazer.

O banco que abandonei – aquele que tentou me cobrar US$ 120 pelos cheques – ainda não percebeu que deixei de ser um cliente. Sou apenas mais um na multidão de fugitivos. Tecnicamente, ainda sou cliente deles. Para manter o acesso ao meu histórico de gastos e os comprovantes de pagamento de contas, deixei algum dinheiro na conta – apenas o suficiente para cobrir quaisquer débitos pendentes e evitar cobranças de cheque especial. Aquele banco não precisaria contratar um detetive para descobrir o que está acontecendo. O volume das minhas transações despencou, meu salário deixou de ser depositado lá e não uso mais seus caixas eletrônicos. E eles nem se deram ao trabalho de se manifestar. Enquanto isso, o banco está veiculando uma grande campanha publicitária que deve ter custado uma fortuna para mostrar que é dedicada a conquistar a lealdade e a confiança do cliente. Boa sorte para eles!

Já falei sobre o First Republic Bank no prefácio e falarei mais sobre seus resultados superiores do NPS nos próximos capítulos. Por enquanto, só vou adiantar que, quando soube que o First Republic tinha uma agência no meu bairro, abri uma conta com eles e minha vida melhorou muito. Minha gerente na agência realmente cuida dos meus interesses. Para você ter uma ideia, quando aconteceu de meu salário não cair no dia, ela me avisou que eu entraria no cheque especial e ajudou a providenciar uma transferência eletrônica da minha corretora que caiu na minha conta em 24 horas, evitando a cobrança para cobrir o saldo negativo.

Dá para imaginar? Um banco cuidando de você para não cobrar taxas adicionais! É muito melhor do que impor uma taxa abusiva e perdoar a cobrança se o cliente ligar reclamando. Na verdade, a maioria dos clientes acaba desistindo de telefonar (porque o banco faz de tudo para que o processo seja absolutamente desagradável). Mas esses clientes insatisfeitos não deixam de se ressentir dessas taxas. O ressentimento só faz aumentar, um caixa eletrônico quebra ou o cliente tem algum outro problema até que o relacionamento fica insustentável. O cliente ressentido dá as costas e vai embora. O banco pode ou não perceber. Talvez não. Provavelmente não.

Vamos combinar. Uma das razões pelas quais os clientes são tão maltratados é porque eles *toleram* esse abuso. É verdade que pode ser uma chateação ligar para uma empresa para reclamar dos lucros ruins que ela está extraindo de você e pode levar tempo e energia para mudar de fornecedor. Mas, se não lutar pelos seus direitos, você tem parte da culpa por permitir essas práticas nocivas e deve se sentir parcialmente responsável quando o próximo cliente da fila também for maltratado. Eu não me conformo por ter esperado tanto para trocar de banco e hoje me arrependo de ter sido tão preguiçoso. Nós, clientes, deveríamos ter vergonha de nos acomodar e de continuar comprando de empresas que não nos amam e nunca nos amarão. Estamos perdendo momentos preciosos do nosso tempo na Terra. Nós merecemos mais — e podemos encontrar o que merecemos pesquisando as empresas que recebem as recomendações mais entusiásticas de amigos e familiares.

E o meu conselho aos líderes é o seguinte: faça de tudo para construir esse tipo de empresa.

CAPÍTULO 4

Inspire suas equipes

Adotando uma vida de serviço e repleta
de sentido

"Pare de perder nosso tempo, Romney. A Bain não tem *nenhuma chance* de evitar a falência."

Foi o que o representante da Goldman Sachs disse a Mitt Romney trinta anos atrás, durante as negociações que Mitt estava liderando na tentativa de resgatar nossa empresa, que na época cambaleava à beira do abismo. Nos anos que precederam a crise, um grupo de credores financiara um plano de participação acionária para os funcionários liderado pelo fundador com base em uma generosa avaliação de mercado, permitindo que os fundadores retirassem mais de US$ 100 milhões da empresa. E agora a casa estava caindo.

Ouvimos essa notícia preocupante de Mitt em uma reunião emergencial de sócios em um sábado de manhã na sala do conselho na sede da Bain & Company, em Boston.

Tenho razões para acreditar que a linguagem que o representante da Goldman usou para dar a notícia foi muito mais... digamos, "exuberante" do que o relato de Mitt, sendo o bom mórmon que é. Também suspeito que o banqueiro não sabia que Mitt adorava uma missão impossível e que aconselhá-lo a jogar a toalha só teria o efeito contrário. Para você ter uma ideia, Mitt topou o desafio de ir à França em uma missão mórmon para convencer os franceses a abrir mão do vinho. (É uma satisfação informar que a missão não teve sucesso.) Depois daquilo, Mitt foi o salvador das Olimpíadas de Salt Lake City, o governador de Massachusetts, um candidato à presidência e um senador dos Estados Unidos pelo estado de Utah.

Na época, contudo, Mitt era um executivo relativamente jovem e desconhecido em uma saia justa. Cerca de uma dúzia de sócios, eu inclusive, nos unimos para ajudar a salvar a empresa contanto que Mitt concordasse em nos ajudar a sair daquela situação aparentemente impossível.[1] Mitt foi sócio de consultoria da Bain & Company antes de fundar a Bain Capital – uma empresa de private equity de enorme sucesso, derivada da Bain. Todos nós assinamos uma carta nos comprometendo a lhe dar nosso apoio nos próximos um ou dois anos e Mitt, por sua vez, se comprometeu a liderar nossa recuperação. Eu me ofereci em parte porque dava muito valor à empresa que um dia fomos e também porque Mitt parecia ser a única pessoa que tinha um profundo conhecimento da nossa situação, além de ser capaz de conquistar a confiança de todos os grupos conflitantes, incluindo os fundadores, os bancos e os demais funcionários.

A recuperação do negócio de consultoria da Bain foi sem dúvida o maior desafio de liderança que Mitt já enfrentou – e um dos períodos de maior aprendizado que vivi.

• • •

Este capítulo se concentra em honrar os membros de sua equipe, ou seja, seus colegas e funcionários. Você pode ter notado que estou seguindo a ordem de prioridades no que diz respeito aos diferentes grupos de interesse que Jim Sinegal, da Costco, me apresentou. Para começar, Jim disse, certifique-se de estar sempre do lado certo da lei, inclusive garantir que você não está prejudicando, mesmo sem querer, sua comunidade ou o meio ambiente. Em seguida, cuide de seus clientes (Capítulo 3), depois de seus funcionários (este capítulo) e, em seguida, de seus acionistas (Capítulo 5) – nessa ordem.

Neste capítulo, vou falar muito das quatro décadas que passei na Bain & Company. Deixe-me explicar por quê. A Bain sempre foi focada no cliente – na verdade, *intensamente* focada no cliente. Os primeiros anos da empresa representam um padrão que vi repetidas vezes na minha carreira de consultoria: quando os fundadores de uma empresa encontram uma boa fórmula para encantar os clientes, o empreendimento começa a deslanchar, energizado por um crescimento vertiginoso. Mas, ao mesmo tempo, os líderes da empresa nem sempre se concentram em cuidar bem de seus funcionários nesse estágio. De certa forma, a euforia do crescimento rápido se transforma em uma muleta que possibilita práticas de liderança pouco inspiradoras. Foi o que aconteceu nos primeiros anos da Bain e foi a principal razão – além de fatores externos, como uma grave recessão – que levou aos profundos problemas da empresa.

Mas foi o que aconteceu *depois* daqueles profundos problemas que deu a Bain um lugar neste capítulo. A empresa não apenas sobreviveu a essa experiência de quase morte como também voltou ao topo do setor de consultoria. Hoje, a empresa tem mais de doze mil funcionários e 63 escritórios espalhados em 38 países, com receitas globais de aproximadamente US$ 5 bilhões. E – o mais revelador para nossos propósitos neste livro – hoje a empresa é quase universalmente reconhecida por ser um excelente lugar para se trabalhar e é considerada por alguns como um dos melhores do mundo.[2] Na lista da Glassdoor, por exemplo, a Bain é a única empresa que ficou entre as quatro melhores todos os anos desde o lançamento da lista, nos colocando no primeiro lugar em cinco dos dez últimos anos – incluindo no ranking de 2021, divulgado enquanto eu escrevia este capítulo.[3]

Os novos líderes da empresa que viveram a experiência de quase morte aprenderam no início de suas carreiras que a única maneira de encantar continuamente os clientes é construir e inspirar uma equipe que adota sem restrições o nobre propósito de ajudar os clientes a alcançar grandes resultados. Ou, para ser mais direto, uma empresa não tem como amar continuamente seus clientes sem criar equipes inspiradas e comprometidas com esse mesmo propósito.

Como a Bain saiu da beira do abismo no início dos anos 1990 para se tornar uma das melhores consultorias 25 anos mais tarde? A nova geração de líderes aprendeu – a duras penas – que nenhuma empresa pode amar continuamente seus clientes sem honrar suas equipes. Além da Bain, examinarei a história recente de três outras empresas – a T-Mobile, a Chick-fil-A e a Discover – para explicar como seu sucesso resultou em parte de honrar suas equipes.

Bain: os anos (não tão) dourados

Bill Bain fundou a Bain & Company em 1973 com alguns colegas do Boston Consulting Group. Em sua primeira década de vida, mais ou menos, a Bain cresceu rapidamente – a uma taxa média anual de 50% – principalmente através do boca a boca na comunidade de CEOs, que valorizavam as recomendações da Bain, principalmente nas áreas de estratégia e corte de custos.

Suspeito que, quando me candidatei a um emprego de consultoria na Bain em 1977, devo ter sido o único da minha turma da Harvard a fazê-lo.[4] Candidatar-se para trabalhar em uma empresa ousada de apenas quatro anos de idade não era uma decisão particularmente segura, mas senti que aprenderia muito lá. Posso dizer que eu estava certo. Ao contrário de outras consultorias que eram contratadas para trabalhar em projetos restritos, muitas vezes impostos pelo cliente – e nem sempre bem definidos –, a Bain se concentrava no crescimento lucrativo da empresa como um todo, o que exigia a construção de sólidos relacionamentos com CEOs e outros líderes corporativos seniores. Para um jovem consultor, a Bain representava uma oportunidade sem igual de fazer uma grande diferença em importantes empresas, aprender muito e ganhar um bom dinheiro.

Onde a Bain estava acertando na época? Da minha humilde perspectiva, parecia que os líderes da empresa viam que seu principal dever era construir uma comunidade de equipes extraordinárias capazes de fazer grandes coisas pelos nossos clientes. Nos melhores anos da Bain, nossos líderes focaram garantir que suas equipes tivessem um impacto significativo ajudando os clientes a gerar resultados superiores.

A Bain viu, desde o primeiro dia, a importância crucial de entregar valor aos clientes. A empresa só poderia crescer se conquistasse a lealdade do cliente. Tínhamos muito orgulho de não fazer nenhuma publicidade nos primeiros anos. Para você ter uma ideia, passamos muitos anos sem ter cartões de visita. Acreditávamos que as despesas com vendas e marketing eram uma multa que uma empresa tinha de pagar quando não conseguia entregar resultados extraordinários aos clientes. Como uma pequena startup, sabíamos que não podíamos nos dar ao luxo de pagar essa multa e concentramos as nossas energias em ajudar nossos clientes a alcançar resultados extraordinários. Não é exagero dizer que concentramos *todas* as nossas energias. Não tínhamos sócios seniores dedicados a trazer novos clientes em vez de servir os clientes existentes. Não fazíamos palestras em conferências; não perdíamos tempo com conversas fiadas nos encontros do setor. Só crescemos tão rápido porque nossos clientes gostavam tanto do nosso trabalho que aumentavam o volume de compras a cada ano e nos indicavam aos amigos e colegas.

O foco da Bain em conquistar a lealdade do cliente não esmoreceu com o passar dos anos, mas outro importante fator começou a perder a força. No começo, nossos fundadores pregavam o evangelho: *Impacto, Diversão, Lucros.* No porão da minha casa, ainda guardo uma garrafa de champanhe de uma das primeiras celebrações da empresa. A garrafa ostenta um rótulo personalizado com essas três palavras – Impacto, Diversão, Lucros – organizadas em um triângulo que se retroalimentava. Fazia muito sentido para mim. Quando trata tão bem os clientes que consegue ajudá-los a ter sucesso, você se diverte no trabalho e gera lucros para a empresa, o que, por sua vez, torna todo o processo sustentável.

Mas a fórmula inicial não conseguia honrar repetidamente os funcionários. Notei que muitos funcionários que estavam saindo da empresa eram vistos como perdedores ou até traidores. Os fundadores acreditavam que o trabalho dos funcionários era fazer da Bain uma empresa espetacular e que aqueles desertores eram incapazes de cumprir a missão. Com o passar dos anos, aprendi que os grandes líderes se comprometem em ajudar os funcionários a ter uma grande vida e o abismo entre essas duas abordagens aparece com clareza quando as coisas ficam difíceis. Foi o que aconteceu na Bain. Os líderes falavam da língua para fora sobre a importância vital de ter uma "comunidade extraordinária de equipes", mas, diante do primeiro obstáculo, os fundadores apertaram o botão vermelho das demissões. Consultores recém-contratados e sócios de longa data foram dispensados sem cerimônia para não comprometer os bônus dos fundadores. Para mim e para outros sócios juniores, parecia que nossos líderes haviam jogado a "Diversão" e o "Impacto" na lata de lixo a favor dos lucros. Parecia que cuidar da felicidade e do bem-estar dos membros da equipe e construir uma comunidade de equipes extraordinárias deixaram de ser prioridades na empresa.

Não demorou muito para ficar claro que o principal propósito dos nossos fundadores era maximizar seu próprio patrimônio pessoal. Os problemas começaram em 1984, quando Bill Bain e seus colegas seniores decidiram vender suas ações da consultoria para financiar investimentos no novo spin-off da empresa, a Bain Capital, e outra entidade semelhante, a Bain Holdings. Foi quando eles sobrecarregaram a consultoria com cerca de US$ 200 milhões em dívidas para financiar o plano de participação acionária dos funcionários que mencionei acima, um peso que começou a afundar a empresa aos poucos. Esse processo foi levado a cabo no mais absoluto sigilo e ninguém da Bain fora da panelinha da alta liderança entendeu a transação nem suas implicações.

Tudo foi perfeitamente dentro da lei, é claro. A Bain era uma empresa de capital fechado, de propriedade de um pequeno e coeso grupo de fundadores que prezavam por sua privacidade e se recusavam veementemente a divulgar dados sobre as receitas ou a lucratividade da empresa (inclusive para nós, os sócios juniores). Eles tinham todo o direito de se orientar pelo propósito de maximizar o valor para os acionistas e, considerando que os acionistas eram *eles*, não acho que tiveram qualquer problema com esse direcionamento. Mas, quando os líderes focam maximizar o valor para o acionista – principalmente para seu próprio ganho financeiro –, eles perdem qualquer superioridade moral. Quando as equipes não têm como acreditar que a empresa é guiada por um propósito maior, elas deixam de ser inspiradas a fazer coisas extraordinárias para enriquecer a vida dos clientes.

Com as crescentes ambições para a Bain Capital e a Bain Holdings, o grupo fechado de Bill Bain perdeu o foco na missão central de ajudar as equipes a entregar excelentes resultados para os clientes. Eles mantiveram em segredo os dados financeiros do relacionamento com cada cliente, de cada prática (ou área) e cada escritório, o que nos impedia de tomar boas decisões para o negócio e ter uma ideia precisa do tamanho do abacaxi. Essa quebra da confiança entre os fundadores e as gerações mais novas – que, aliás, eram quem trabalhava todos os dias na linha de frente com os nossos clientes – resultou na saída de alguns de nossos colegas mais talentosos. Os problemas da empresa se agravaram ainda mais com a recessão de 1989.

Em 1990, quando Mitt Romney concordou em tentar resgatar a Bain, a empresa mal conseguia pagar os funcionários.

Insights e inovações

Mas conseguimos, aos trancos e barrancos, sair do fundo do poço. Apesar da avaliação desanimadora da Goldman Sachs – de que a Bain não teria *"nenhuma* chance de evitar a falência" –, conseguimos ressuscitar a empresa e trazê-la de volta às suas raízes: Impacto, Diversão, Lucros. É bem verdade que grande parte dos créditos por essa recuperação se deve a Mitt Romney, que imediatamente divulgou os dados de lucratividade para que todos os nossos escritórios ao redor do mundo pudessem ajustar táticas e prioridades. Mitt também marcou para o sábado nossas reuniões semanais de sócios, para que pudéssemos focar nossos clientes (e simbolicamente nos lembrar de que lidar com nossos problemas internos não deve ficar no caminho do nosso trabalho com os clientes). Olhando para trás agora, posso dizer que Mitt é um dos líderes mais talentosos que já conheci. Mas a equipe inteira também ajudou, desenvolvendo uma série de insights e inovações e construindo relacionamentos com os clientes que permitiram à empresa voltar a ser um excelente lugar para se trabalhar e lhe possibilitando atrair e reter talentos excepcionais.

Vamos começar com esses insights (não necessariamente em ordem cronológica, mas organizados para fins de clareza e importância relativa na jornada da Bain para tornar-se um excelente lugar para se trabalhar). A Bain tinha passado muitos anos fazendo um levantamento anual de engajamento dos funcionários. No processo de recuperação da empresa, a maioria de nós concordou que esse processo anual, apesar de ajudar a identificar nossos principais desafios, precisava coletar mais feedback em tempo real para ajudar as equipes a tomar decisões melhores e monitorar o progresso dia a dia e semana a semana. O problema é que, depois de uma longa série de ajustes bem-intencionados, o questionário do levantamento anual acabou com mais de cem perguntas. Foi então que um líder criativo de nosso departamento de recursos humanos assumiu a tarefa de destilar a pesquisa até sua essência. Depois de incontáveis análises estatísticas, ele descobriu que mais de 80% da variação da felicidade dos funcionários podia ser explicada pela extensão na qual os membros da equipe concordavam com uma única afirmação: *Sinto-me valorizado, motivado e inspirado.*

Com o tempo, aperfeiçoei a afirmação para: *Sinto que sou um membro valorizado de uma equipe que vence com seus clientes.* Passei um tempo achando que bastaria dizer "Sinto que sou um membro valorizado de uma equipe vencedora", mas acho que sempre vale a pena lembrar a todos que só se pode vencer se o cliente estiver feliz. O que motiva o nosso pessoal é ser valorizado em uma equipe que cumpre repetidamente essa missão – recebendo o reconhecimento e as recompensas apropriadas. Assim, para colocar a Bain de volta aos trilhos, nos estruturamos em equipes muito pequenas (normalmente entre três e cinco pessoas), nas quais todos os membros dependem uns dos outros. E nos empenhamos em desenvolver líderes de equipe espetaculares que exemplificam nossos valores centrais. Criamos processos de aprendizagem e coleta periódica de feedback para ajudar as equipes a avaliar seu progresso.

Adotamos a ideia de que o centro – a sede – existia principalmente para servir os escritórios da linha de frente. (A maioria das organizações faz o contrário.) Assim, o principal dever dos nossos líderes seniores seria ajudar as equipes da linha de frente a entregar excelentes resultados para os clientes. Nós sabíamos que uma das dificuldades inerentes era manter nossas pessoas mais talentosas e experientes em campo, direcionando o trabalho das equipes para a linha de frente – ou seja, trabalhando diretamente com os clientes. Na maioria das empresas, as pessoas mais talentosas e ambiciosas são promovidas, transferidas para a sede e sobem pela hierarquia até chegar à diretoria ou à presidência. Enquanto galgam a escada corporativa, elas recebem cargos poderosos no comando de silos funcionais e inevitavelmente se afastam dos clientes. Esse distanciamento do trabalho direto com os clientes dificulta para elas saberem quais decisões e políticas estão impedindo a entrega de um grande valor para o cliente ou a melhor maneira de ajudar as equipes a entregar resultados excepcionais.

No fim, resolvemos esse problema simplesmente eliminando a sede. Elegemos um sócio diretor a cada três anos e, apesar de uma pessoa poder atuar por até três mandatos consecutivos nessa função, isso ainda não aconteceu. O sócio diretor trabalha a partir do seu escritório de origem, de maneira que não precisamos mais ter uma sede oficial.

Nessa mesma linha, pedimos aos nossos líderes voltados para o cliente que atuem ativamente em funções vitais, como recrutamento e treinamento. Para a maioria das funções administrativas mais importantes – como líder de prática ou membro do comitê de remunerações e promoções (que não raro representa o auge do poder em empresas de consultoria) –, a Bain reforça a natureza de liderança servidora dessas funções revezando os sócios nessas posições enquanto eles continuam dedicando pelo menos metade de seu tempo ao atendimento direto aos clientes.

Nosso esquema de remuneração segue essa mesma linha: quem trabalha com o cliente geralmente ganha mais do que quem faz o trabalho administrativo. Como já vimos, a cultura começa no topo. Enquanto Mitt se preparava para passar o bastão da empresa à próxima geração de liderança, concordamos que o sócio diretor, por ser um líder servidor, nunca deveria receber a maior remuneração da empresa. Seu trabalho é ajudar os sócios a entregar resultados excepcionais para os clientes, não dar ordens às pessoas e tomar decisões importantes por elas. Faço questão de enfatizar este ponto aqui por ser uma ideia central: *o principal dever dos nossos líderes seniores é ajudar nossas equipes da linha de frente a alcançar o sucesso para seus clientes.*

O poder de conduzir boas reuniões em pé

Instituímos um processo de reuniões em pé (*huddles*) periódicas para que as equipes avaliem seu progresso, identifiquem problemas de antemão e redefinam as prioridades se necessário. É bem verdade que não somos a única empresa a usar as reuniões em pé, mas, pela minha experiência, as reuniões da Bain são diferentes da maioria. Assim como os scrums ágeis, essas reuniões são breves, normalmente semanais ou quinzenais e se concentram em ajudar a equipe a identificar, priorizar e resolver seus próprios problemas ou aproveitar as oportunidades. Nosso escritório de Londres foi o pioneiro nesse esquema quando eles estavam tendo grandes dificuldades com equipes insatisfeitas e alta rotatividade de funcionários. As reuniões em pé foram um sucesso tão grande que se espalharam naturalmente pela empresa, com os líderes levando o processo consigo quando eram transferidos para outros escritórios ao redor do mundo. Até que as reuniões em pé foram adotadas em todos os escritórios da Bain.

Em vez de focar metas de vendas ou prioridades operacionais – que já são bastante discutidas na empresa –, nossas reuniões em pé concentram a equipe nos fatores que acreditamos ter o potencial de resultar em um *excelente trabalho*. Esses fatores incluem, entre outros, como lidar com um pepino com um cliente, como proteger os membros da equipe da estafa e quais são as mudanças necessárias para honrar nossos valores centrais. Nossas equipes se preparam para as reuniões em pé respondendo a uma breve pesquisa enviada por e-mail a cada membro da equipe no dia anterior à reunião. As respostas são anônimas, mas os resultados da pesquisa são compartilhados com a equipe inteira antes da reunião. Com isso, a reunião pode começar com uma base de conhecimento em comum e a equipe pode passar rapidamente para o diagnóstico e a ação.[5]

Com o tempo, vimos algumas melhorias de processo bastante eficazes que foram adotadas voluntariamente por uma grande quantidade de equipes. Por exemplo, muitas equipes nomeiam um "capitão da reunião", ou *ombudsperson*, que pode ajudar a conduzir as reuniões mesmo se o líder formal da equipe não estiver na sala (ou no Zoom). Isso facilita as conversas de acompanhamento – para investigar as causas dos problemas e as possíveis soluções –, que também podem ser confidenciais.

Discutirei vários outros avanços em capítulos posteriores. Para os fins deste capítulo, contudo, a dimensão mais importante da reunião em pé é a breve pesquisa que orienta a discussão. Todas as pesquisas começam com a pergunta: "Qual é a probabilidade de você recomendar esta equipe a um colega interessado?" (0-10). Essa pergunta força as pessoas a pensar sobre a cultura e os valores da equipe, a qualidade da liderança e a capacidade de vencer. Em seguida, vem uma afirmação (concordo de 1 a 5) sobre como a equipe impacta o cliente: "O trabalho da nossa equipe agrega um valor significativo para o cliente". Depois pedimos aos membros da equipe que avaliem a carga de trabalho, as oportunidades de aprender e crescer e se eles se sentem respeitados e incluídos. Por fim, encorajamos elogios aos membros da equipe que fizeram mais do que sua obrigação para ajudar a equipe a ter sucesso. Durante uma crise ou outra mudança transformacional, incluímos uma pergunta que ajuda a avaliar o progresso. Por exemplo, durante a crise da Covid-19, incluímos a seguinte questão: "Nossa equipe de projeto está discutindo ativamente as normas para o home office e fazendo uso apropriado dos recursos e ferramentas disponíveis" (concordo de 1 a 5). A ferramenta de pesquisa também facilita para os líderes de equipe incluir perguntas prontas de uma biblioteca de perguntas criada para ajudar a resolver problemas comuns – mas sempre seguindo a orientação de *manter o questionário breve*.

No início, cada equipe executava o próprio processo usando uma ferramenta como o SurveyMonkey. Hoje, contamos com um sofisticado sistema de gerenciamento de pesquisas digitais que mantém o anonimato das notas e comentários submetidos pelos respondentes para que as pessoas se sintam seguras para responder com franqueza. Somos transparentes ao divulgar as pontuações agregadas para que cada equipe saiba como está se saindo em comparação com todas as outras equipes de seu escritório. Ainda mais importante, a pauta da reunião mensal de sócios de cada escritório inclui a análise de um resumo dos resultados das pesquisas, que ordena as equipes em um ranking para facilitar a identificação de quaisquer problemas. A liderança do escritório conversa com os líderes das equipes em dificuldades para oferecer ajuda e apoio.

Esse é um ponto importantíssimo. Temos nos empenhado muito para garantir que esse processo ajude as equipes a *melhorar*, em vez de puni-las. É uma maneira de ajudar os líderes em dificuldade a resolver seus problemas. É bem verdade que nosso sistema transparente de pontuação de equipes inevitavelmente pressiona um pouco as equipes que tiram notas baixas porque os consultores tendem a hesitar em trabalhar em equipes problemáticas. Por outro lado, como expliquei acima, as equipes com pontuações baixas têm prioridade para receber recursos que poderão ajudá-las a mudar a situação.

Perguntei a um de nossos novos consultores, que conheço desde sua infância (ele foi um amiguinho dos meus filhos), sobre sua experiência com as pesquisas da equipe e se ele se sentia pressionado pelo líder da equipe a aumentar artificialmente a pontuação. Ele respondeu que ficou surpreso com a eficácia do processo. Ele havia trabalhado em outra empresa de consultoria antes de fazer o MBA e viu como as avaliações da equipe podem ser problemáticas em uma cultura competitiva. Garantiu-me que, pelo menos no escritório da Bain onde ele trabalhava, o processo estava funcionando bem. Na verdade, a primeira equipe à qual ele foi alocado quando entrou na empresa tinha uma das pontuações mais baixas de todo o escritório. "Isso não vai dar certo", ele disse ter pensado. Por isso, ele ficou surpreso quando o líder de sua equipe, em vez de tentar ocultar ou justificar esse resultado, usou-o como um argumento para que sua equipe fosse priorizada para obter mais recursos. No caso, os recursos foram usados para mudar o layout da sala da equipe, com estações de trabalho próximas umas das outras para ajudar a manter a equipe, que vinha de vários escritórios diferentes, coordenada e conectada.

Inspire suas equipes   125

A importância dos líderes de equipes da linha de frente

O que você acha que mais inspira as equipes a se empenhar para atingir a grandeza? Livros inteiros foram escritos sobre o assunto. Mas, na Bain, percebemos por experiência própria que o líder da equipe de linha de frente dá o tom, exemplifica os valores, define as prioridades e equilibra as necessidades individuais com as necessidades da equipe. Dada essa importância vital, selecionamos os líderes com muito critério e investimos pesado em seu treinamento e coaching. Como já vimos, desenvolvemos o processo de reuniões em pé para ajudar nossos líderes de equipe a ser orientados pelos membros de sua equipe. As pontuações das reuniões em pé chegam com frequência e, como as notas das tarefas de casa, são consideradas mais como critérios de orientação do que de avaliação.

Usamos um segundo processo com as equipes para ajudá-las a avaliar seu líder: um processo de feedback ascendente robusto e confiável que ocorre a cada seis meses. Esse processo é especial devido ao que perguntamos, como usamos essas informações e o cuidado que temos para que o processo seja confiável. A abordagem da Bain às equipes é um tanto incomum, já que nossas equipes não são permanentes – elas são formadas e desfeitas com frequência –, de modo que é bem possível que um consultor tenha a chance de trabalhar várias vezes com o mesmo líder de equipe. Com isso em mente, os membros da equipe avaliam cada líder com quem trabalharam nos últimos seis meses respondendo a uma pergunta: "O quanto você gostaria de voltar a trabalhar com este líder?"[6] Para obter insights de coaching, também pedimos aos membros da equipe que deem sugestões de coisas que seu líder deveria começar a fazer, parar de fazer e continuar fazendo para melhorar.

Para esse processo funcionar, todos os envolvidos precisam *confiar* nele, o que é mais fácil dizer do que fazer. O líder da equipe precisa confiar que as pessoas certas estão respondendo à pergunta – o que significa, entre outras coisas, que os respondentes de fato trabalharam na equipe por mais de alguns dias e, portanto, sabem do que estão falando. Além disso, o líder da equipe precisa confiar que cada uma dessas pessoas "certas" só terá um voto e que esses votos serão contados com precisão. Da mesma forma, os respondentes precisam confiar que suas respostas permanecerão anônimas, para poderem ser sinceros sem temer represálias, e que a liderança fará bom uso de suas respostas. Por fim, os líderes devem confiar que suas equipes darão um feedback ponderado e construtivo. Não é uma tarefa fácil, mas é indispensável.

Na Bain, usamos esse processo para identificar os líderes mais inspiradores, celebrar seus sucessos e compartilhar suas melhores práticas. Também damos muito coaching para ajudar os líderes que estão ficando para trás a crescer e melhorar. Quando Mitt Romney entregou as rédeas da empresa ao nosso sócio diretor global, Tom Tierney, a empresa tomou uma série de decisões importantes.[7] Uma das coisas que nos ajudou a fazer da Bain um excelente lugar para se trabalhar foi decidir que *apenas os líderes bem avaliados por sua equipe seriam qualificados para receber uma promoção*. Recentemente, quando Tom e eu conversávamos sobre a recuperação da Bain, ele lembrou que uma de suas primeiras tarefas como sócio diretor foi encorajar quase metade dos sócios da Bain a deixar a empresa – aqueles que não estavam inspirando suas equipes. Hoje, a política de promoções da empresa evoluiu, mas boas pontuações no feedback "de baixo para cima" da equipe ainda constituem uma importante vantagem no portfólio de um candidato a promoção. Muitos candidatos qualificados são rejeitados por ter recebido pontuações medianas da equipe.

Esse ponto-chave merece maiores explicações. O feedback da equipe (as pontuações de baixo para cima) não é o único fator que a empresa usa para decidir quem é promovido – na verdade, uma decisão de promoção envolve muitos critérios que os membros da equipe não têm como avaliar. Mas um líder que recebe uma pontuação baixa no feedback de baixo para cima nem chega a ser considerado para promoção. Afinal, os membros da equipe com certeza estão em posição de julgar se o líder põe em prática os valores da organização e, portanto, se é ou não digno de confiança e respeito. Ao delegar esse considerável poder ao nosso pessoal, garantimos, em todos os níveis da organização, que apenas os líderes que praticam nossos valores podem ser promovidos a posições de mais poder e autoridade.

Será que esse processo pode ser considerado radical? Sim e não. Nunca é fácil para os líderes seniores de uma organização abrir mão do controle, especialmente se o seu destino pessoal estiver intimamente atrelado ao da empresa. Mas agora é a minha vez de perguntar por que esse processo, ou algum outro parecido, não deveria ser adotado por todas as empresas que levam a sério a ambição de ser um excelente lugar para se trabalhar. A Bain acredita tanto na relevância universal desse processo para ser um excelente lugar para se trabalhar que o transformamos em uma oferta para os clientes chamada "Net Promoter for People" – o Net Promoter aplicado ao pessoal da sua empresa.[8]

Foco nos resultados

A missão da Bain sempre priorizou obter resultados excelentes para os nossos clientes. No início, nosso foco era nos *resultados econômicos* – tanto que usávamos exatamente essas palavras na nossa declaração de missão. Com o tempo, vimos que nossa missão deveria incluir outras dimensões de resultados que são difíceis de medir com dados financeiros padrão, como impacto social, experiência da equipe e competências do cliente. Em 2019, retiramos oficialmente o termo "econômico" para oficializar essa evolução da nossa missão. Acredito essa missão mais abrangente levou a importantes inovações que ajudaram a Bain a se tornar um lugar realmente excelente para se trabalhar.

Por exemplo, nossa empresa investe pesado em causas que nossas equipes consideram importantes, ajudando em suas iniciativas de justiça social e voluntariado. Recebemos a nota máxima de 100 pontos no Índice de Igualdade Corporativa da Campanha de Direitos Humanos por quinze anos consecutivos. Desenvolvemos planos envolvendo a empresa toda para zerar nossas emissões líquidas de carbono e comprometemos US$ 1 bilhão em serviços *pro bono* na próxima década para apoiar iniciativas de impacto social. E, no nível local, o sócio responsável por cada escritório delega uma responsabilidade enorme a equipes de voluntários da linha de frente para planejar e administrar tudo, incluindo reuniões, reformas do escritório, encontros e retiros para o pessoal do escritório e nosso Desafio de Resultados, no qual as equipes competem para conquistar reconhecimento por se destacar na tarefa de ajudar os clientes a ter sucesso.

Como esse programa funciona? Todos os anos, equipes de projeto submetem seu projeto para consideração. A nomeação requer que as equipes demonstrem proficiência em quatro áreas principais: resultados reais entregues; relacionamento duradouro com o cliente; criação de clientes Promotores; e uma equipe inspirada. A liderança do escritório seleciona os finalistas para um concurso no escritório. A apresentação final é uma ocasião importante. Um toque de dramaticidade, pessoas vestidas com fantasias e música comemorativa dão o tom. Os membros juniores e a equipe de apoio em geral se encarregam da maior parte da apresentação para o escritório todo, normalmente no Offsite anual (um encontro anual que acontece fora da empresa). Eles dizem como o projeto mudou a vida das pessoas – em termos de resultados (financeiros ou de outra natureza) alcançados; impacto sobre os clientes e os principais stakeholders (geralmente apresentado com depoimentos em vídeo ou citações literais); a abordagem utilizada para criar Promotores, incluindo o feedback do Net Promoter do cliente (incluindo pontuações e comentários); pontuações das reuniões em pé; e outros eventos importantes, como promoções individuais e eventos da vida pessoal de membros da equipe específicos – para demonstrar como o projeto os inspirou.

Uma votação envolvendo todas as pessoas do escritório ou um comitê de seleção escolhe o vencedor. A equipe vencedora recebe um bônus para fazer um evento e um troféu de cristal e se qualifica para participar do concurso regional. Esse processo não apenas enfatiza a importância de entregar excelentes resultados para os clientes como também expõe o melhor trabalho da Bain a uma ampla variedade de funcionários.

Em resumo, inspiramos nossas equipes ao contratar e treinar líderes da linha de frente espetaculares. Nós os ajudamos a ter sucesso empoderando os membros da equipe a entregar um valor excepcional a seus clientes. Fornecemos as ferramentas (como reuniões de pé, feedback ascendente, treinamento, entre outras) para ajudar a orientar e monitorar o progresso para que eles possam aprender como melhorar a cada dia. Buscamos garantir que cada pessoa seja inspirada a fazer por merecer um papel valioso em uma equipe que vence com seus clientes.

Acho que vale ressaltar que os Net Promoter Scores do cliente não são vinculados ao nosso sistema de remuneração. Acreditamos que atrelar o NPS do cliente à remuneração de nosso pessoal seria uma afronta aos nossos colaboradores e incentivaria os membros de nossas equipes a tentar burlar suas pontuações em vez de buscar o feedback sincero e tentar melhorar. Vincular as pontuações aos bônus desencorajaria a sinceridade, prejudicaria o processo e o espírito da equipe e desgastaria a abordagem do NPS.

Para viabilizar uma recuperação, os líderes devem honrar suas equipes

A recuperação da Bain foi extraordinária por qualquer critério, mas o importante papel das equipes inspiradas e inspiradoras é um denominador comum nas melhores recuperações. Por exemplo, a extraordinária revitalização da Charles Schwab Corporation, que detalhei em *A pergunta definitiva 2.0*, usou esse importante ingrediente. As taxas ocultas e multas tinham decolado para nada menos que 25% das receitas. Essas políticas para gerar o que chamo de "lucros ruins" estavam irritando os clientes e desrespeitando os funcionários, que eram forçados a executá-las. O CEO Walt Bettinger se comprometeu a eliminar todos esses lucros ruins por acreditar firmemente que suas equipes deveriam se orgulhar da maneira como a empresa tratava os clientes. A Schwab recuperou sua liderança no setor em grande parte porque Bettinger cumpriu sua promessa.

Vimos um padrão semelhante na empresa de telefonia móvel T-Mobile, onde um setor inteiro estava viciado em lucros ruins. Quando a empresa erradicou essas táticas vergonhosas, as equipes da linha de frente ficaram energizadas e motivadas para servir os clientes com orgulho. Como vimos no capítulo anterior, o CEO John Legere inspirou suas equipes da linha de frente saindo da sede da empresa para fazer visitas frequentes a essas equipes. Ele ouviu com atenção as sugestões da empresa e entrou em ação. Apoiou a proposta de Callie Field de reorganizar radicalmente a empresa em torno de seus clientes, dividindo o atendimento ao cliente em 150 equipes separadas – cada uma com seu próprio líder e seu próprio demonstrativo de resultados. Cada equipe era responsável por um grupo de clientes específicos, geralmente com base na localização geográfica, de modo que, quando os clientes ligavam para pedir ajuda, eles falavam com atendentes que tinham os mesmos sotaques, torciam para o mesmo time e conheciam a região (incluindo aquele trecho da rodovia que não tem sinal de celular). E, como a T-Mobile sabia das vantagens econômicas de encantar os clientes, a empresa investiu pesado em melhorar a experiência dos funcionários.

Ao mesmo tempo, a liderança da T-Mobile reduziu o tamanho das equipes para dez representantes de atendimento ao cliente por coach/líder.[9] Estamos falando de um número muito menor do que a maioria das centrais telefônicas, que operam como se fosse uma fábrica focada principalmente na produtividade. As equipes menores da T-Mobile possibilitam que os coaches passem mais tempo ajudando os colegas. Os líderes alocam vinte minutos por dia a reuniões rápidas da equipe pela internet e ao desenvolvimento de habilidades. A maioria das centrais telefônicas (que pensam como uma fábrica) nunca consideraria usar horas produtivas dos atendentes para esse tipo de coisa – mas a maioria dessas operações não entende a importância de honrar as equipes ou amar os clientes. Essas empresas também teriam dificuldade de entender como a T-Mobile consegue pagar um salário anual de seis dígitos aos supervisores da central telefônica quando eles entregam excelentes resultados em seus demonstrativos, porque sabem que isso é uma decorrência de clientes felizes voltando para comprar mais e trazendo os amigos.

Inspirando a equipe na Chick-fil-A

Inspirar os líderes da linha de frente (os franqueados de seus restaurantes) com uma remuneração acima da média também fez milagres na Chick-fil-A. Apesar de ser uma empresa de capital fechado, a Chick-fil-A divulga informações importantes sobre seu desempenho, incluindo o número de restaurantes e suas receitas. Todos os franqueados têm acesso ao desempenho de cada restaurante. A transparência econômica demonstra a confiança e o respeito que a empresa tem pelas equipes.

Eis outro fator importante da história da Chick-fil-A: Truett Cathy não abriu a empresa para enriquecer, apesar de ele e sua família acabarem ficando multibilionários com o negócio. Ele via seu papel menos como um proprietário e mais como um administrador dos recursos da empresa, responsável por servir tanto seus clientes quanto as equipes da linha de frente que os atendiam.[10]

Considerando esse princípio, não é de surpreender que Truett tenha projetado sua organização para fornecer o máximo de serviço e apoio a seus franqueados (chamados de operadores de restaurante). Afinal, são os operadores que cumprem a promessa da empresa aos clientes. Desse modo, Truett via como sua maior prioridade manter uma liderança de linha de frente de alta qualidade e trabalhou duro para honrar suas equipes de restaurante, garantindo que a empresa só recrutasse as melhores pessoas – em termos de talento e caráter – para o cargo de operadores de restaurante. Ele sabia que ter talentos excepcionais administrando os restaurantes e tomando decisões para encantar os clientes representava o melhor caminho para conquistar uma excelente reputação – e construir um excelente negócio.

Pensando assim, Truett criou um sistema para atrair e reter os melhores operadores de restaurante. Ele ofereceu vantagens financeiras sem precedentes aos operadores de restaurante para que eles pudessem atingir seus objetivos financeiros pessoais enquanto se concentravam em administrar um único restaurante (ou possivelmente dois, se demonstrassem essa capacidade especial). As operações do restaurante não podiam ser delegadas aos funcionários e nenhum operador de restaurante subia a escada corporativa para um cargo regional ou para trabalhar na sede nacional. A sede e a equipe regional sabem que sua função é servir os operadores de restaurante. Para reforçar essa mensagem e gerar empatia para com o pessoal que trabalha em campo, todos os funcionários da sede trabalham em um restaurante pelo menos um dia por ano. Para entrar na equipe de operações de campo, os candidatos passam meses de treinamento nos restaurantes para desenvolver um entendimento profundo das necessidades das equipes dos restaurantes.

A seleção dos operadores de restaurante é de importância vital. Perguntei a Steve Robinson, então diretor de marketing da Chick-fil--A, como ele sabia, na entrevista de seleção, se o candidato a operador de restaurante seria uma boa escolha. Ele disse que se perguntava se gostaria de saber que seu filho ou filha adolescente trabalharia para essa pessoa e, portanto, seria influenciado por ela. "Queremos pessoas", Steve me disse, "para entrar na nossa família – se tudo der certo, para sempre".

Truett Cathy ajudou a garantir a qualidade dos operadores de restaurante restringindo deliberadamente o número de novos restaurantes que seriam abertos. Lembro-me como se fosse hoje de uma das maiores desavenças que ele teve com sua equipe executiva durante um retiro de planejamento que organizei para a empresa na sala de estar da minha casa de praia em Cape Cod. Os executivos mais jovens queriam abrir muitos restaurantes. Os indicadores financeiros eram excelentes; a empresa não tinha dívidas e tinha uma geração de caixa bastante saudável, mesmo depois de doar uma parte substancial dos lucros para instituições de caridade. Mas Truett, defendendo seus princípios, recusou-se obstinadamente a se deixar seduzir pelo apelo do crescimento acelerado. Como Steve Robinson lembrou em seu livro recente, Truett "nunca deixou as metas financeiras ficarem no caminho dos relacionamentos pessoais. Na verdade, Truett tinha uma aversão a metas financeiras. Para ele, seria como deixar o rabo abanar o cachorro... O crescimento disciplinado lhe permitiu selecionar operadores que compartilhavam sua filosofia de negócios e seu amor pelos clientes".[11]

Em outras palavras, Truett acreditava que a verdadeira restrição ao crescimento *da qualidade* não era financeira. Na verdade, o crescimento da qualidade depende da capacidade da empresa de atrair e desenvolver um maior número de excelentes líderes de linha de frente e, ao oferecer incentivos apropriados, mantê-los na empresa e motivados a continuar melhorando. Os franqueados não precisavam pagar muito por uma franquia, apenas US$ 10.000, em comparação com US$ 1 milhão ou mais necessários para comprar uma franquia do McDonald's. Por outro lado, os operadores da Chick-fil-A não são proprietários dos ativos da empresa e não podem vender nem os doar aos filhos. A empresa retém a propriedade e o controle dos restaurantes e, devido ao baixo investimento inicial, amplia enormemente o pool de candidatos a operadores.

Será que essa estratégia está dando certo? A maioria dos operadores da Chick-fil-A ganha muito mais administrando um restaurante da empresa do que se trabalhasse na sede. A empresa recebe cerca de vinte mil inscrições de candidatos a franqueado por ano e só abre cerca de cem novos restaurantes por ano. Quantas instituições você conhece com uma taxa de aceitação de 0,5%?[12]

A Bain monitora o NPS de cadeias de restaurantes de refeições rápidas – e a Chick-fil-A lidera repetidamente o ranking, sendo que, em 2019, seu NPS foi de nada menos que 60. É um círculo virtuoso. Como Matthew McCreary, da *Entrepreneur*, observa: "A Chick-fil-A ganha mais por restaurante do que o McDonald's, Subway e Starbucks juntos, mesmo fechando aos domingos".[13]

Inspirando as equipes na Discover

Neste ponto, eu gostaria retomar o exemplo da Discover Financial Services (apresentada no Capítulo 2), que chamou minha atenção quando tomou da American Express a liderança em NPS no setor de cartões de crédito. Entre os fatores que contribuíram para esse sucesso surpreendente, como já expliquei, estavam os investimentos, os sistemas e os programas de treinamento da empresa voltados a ajudar seus representantes de atendimento ao cliente a prestar um excelente serviço.

Vamos nos aprofundar um pouco mais. Na Discover, as equipes de linha de frente que atuam nos centros de atendimento ao cliente sabem que são valorizadas e apreciadas. "Eles não são vistos como um centro de custo", me explicou o então CEO David Nelms, "mas como um centro de lucro. Eles são os embaixadores da nossa marca. Pagamos salários iniciais bastante competitivos e depois investimos pesado em treinamento e em tecnologia para ajudá-los a prestar um excelente atendimento aos clientes".

E, como já vimos, a Discover mantém esses empregos nos Estados Unidos. Nelms observou que a mentalidade de centro de custos da maioria dos concorrentes da Discover os levou a terceirizar suas operações de atendimento ao cliente para países de mão de obra barata ou usar soluções automatizadas para atender os clientes. Por sua vez, Nelms e seus colegas estavam convencidos de que só um funcionário experiente, conhecedor da cultura local e atencioso seria capaz de resolver os tipos de problemas complexos que podem surgir no setor de cartões de crédito. Terceirização, abertura de call centers em outros países e automação não dariam conta do recado. Um cliente insatisfeito à beira de jogar seu cartão no lixo só pode ser reconquistado com a intervenção de um funcionário talentoso.

O atual CEO, Roger Hochschild, me disse que levantamentos com funcionários ao longo dos anos revelam que os funcionários do call center da Discover estão ainda mais satisfeitos com o trabalho do que o pessoal da sede – algo raro de acontecer. Pesquisas da Bain descobriram que, em geral, quanto mais você desce na cadeia de comando de uma organização (e mais se aproxima do cliente), mais as pontuações de NPS dos funcionários caem. Mas, como minha pesquisa para um livro anterior revelou, nas empresas que se destacam pela lealdade dos clientes, a felicidade do funcionário é bastante uniforme em todos os níveis organizacionais.[14] Isso ressalta o poder de uma equipe corporativa comprometida com a liderança servidora.

Como exatamente a Discover fez com que suas equipes da linha de frente se sentissem tão honradas? Bem, a empresa paga bem e oferece benefícios extraordinários. A Discover inspira suas equipes fornecendo exatamente os mesmos planos de saúde para suas equipes da linha de frente e para seus executivos mais seniores. Com tantos jovens entrando no mercado de trabalho com dívidas estudantis até o pescoço, a Discover oferece uma alternativa extraordinária, o Compromisso com a Faculdade da Discover, que cobre mensalidades, taxas de matrícula, livros e outros materiais necessários para concluir cursos superiores on-line selecionados em uma das três faculdades participantes do programa: a Universidade da Flórida (por meio da UF Online), a Universidade de Wilmington e a Universidade Brandman. Os funcionários podem entrar no programa já no primeiro dia de trabalho. A Discover oferece orientação vocacional para ajudar os funcionários a encontrar o curso mais adequado a seu desenvolvimento acadêmico e profissional. Ao contrário dos programas de benefícios educacionais tradicionais, nos quais os alunos pagam os custos dos cursos na esperança de receber um reembolso meses depois *caso* tirem notas boas, a Discover paga 100% da mensalidade de antemão, incondicionalmente. Estamos falando de uma política extremamente generosa, que implica em um nível de confiança raramente visto no mundo corporativo.

A visibilidade também ajuda. Os representantes de atendimento ao cliente da maioria das empresas ficariam chocados ao receber uma visita do CEO e poderiam concluir que coisas ruins – talvez até demissões – estariam por acontecer se um dia o CEO aparecesse no call center.[15] Na Discover, o CEO Roger Hochschild visita cada call center pelo menos uma vez por ano, indo quatro vezes ao dia ao mesmo call center para cobrir todos os turnos. Ele costuma atualizar as equipes sobre o progresso e as prioridades da empresa e termina com uma animada sessão de perguntas e respostas. Fica claro que os líderes da Discover ouvem suas equipes – e tomam as medidas pertinentes. Para citar um exemplo prático, os atendentes não achavam justo que o pessoal dos turnos de domingo ganhasse mais do que o pessoal que trabalhava aos sábados, já que a maioria das pessoas também não gostava de trabalhar aos sábados. Em resposta, a administração ajustou os salários para que os atendentes alocados para trabalhar no sábado ganhassem o mesmo que aqueles dos turnos de domingo.

Os funcionários dos centros de atendimento são pagos para reforçar seu desejo inerente de tratar o cliente do jeito certo. A estrutura de remuneração da Discover não inclui comissões – na verdade, os atendentes não fazem nenhuma venda. "Achamos que, quando os clientes nos procuram para pedir ajuda", Roger me explicou, "a melhor maneira de vender produtos adicionais é oferecer um excelente serviço – e facilitar para eles se informarem sobre nossas ofertas em nosso site, app e anúncios".

Para ver se eu não estava ouvindo apenas a perspectiva da sede corporativa sobre a felicidade dos atendentes, visitei o call center da Discover em Phoenix e passei o dia conversando com funcionários. Saí convencido de que, sim, os funcionários sentem que a empresa cuida bem deles em termos de remuneração e benefícios, mas dizem que sua principal fonte de inspiração é que a Discover os ajuda a encantar os clientes.

Donna Matthews, uma veterana com dezoito anos de casa, mencionou com entusiasmo que a empresa dá treinamentos regulares enfatizando a importância de fazer a coisa certa para os clientes, mesmo que isso pareça prejudicar os resultados financeiros da empresa. Ela deu o seguinte exemplo: sempre que um cliente liga para pedir um adiantamento em dinheiro – um empréstimo de até US$ 100 disponibilizado para saque em um caixa eletrônico, mas com uma taxa de US$ 10 e taxas de juros que giram em torno de 22% a 24% –, ela checa no computador se o cliente está qualificado para receber um cashback de até US$ 120, sem taxas e sem juros, em um varejista local se ele fizer o pagamento na fatura mensal do seu cartão Discover.[16] "Fico nas nuvens quando consigo ajudar um cliente assim", Donna disse. "Isso me anima para vir trabalhar todos os dias."

Os atendentes sabem que Hochschild e os executivos que trabalham na sede ouvem uma hora de amostras de interações do call center com clientes duas vezes por mês.[17] O objetivo é descobrir quais investimentos em tecnologia e mudanças de processo podem ajudar os representantes a encantar mais clientes. Durante essas sessões, os executivos discutem o que aprenderam ouvindo as sessões e, com base nessas discussões, estabelecem prioridades para melhorias.

O processo ajuda a explicar como a Discover desenvolveu ferramentas digitais fora de série para ajudar seus funcionários e clientes. A Discover é claramente um ponto fora da curva. A maioria das empresas de serviços financeiros tende a reduzir os custos do centro de atendimento ao cliente ocultando os números de telefone e direcionando os clientes para soluções digitais, mais baratas. Como vimos em capítulos anteriores, a Discover optou por oferecer opções digitais tão boas que o cliente sempre usará o serviço quando necessário – mas, ao mesmo tempo, a empresa exibe o número de telefone do atendimento ao cliente em destaque no site para que, sempre que os clientes quiserem falar com um ser humano, eles consigam encontrar com facilidade um atendente 24 horas por dia, 365 dias por ano.

Pense nas implicações disso para um atendente. Nas outras empresas, muitos clientes já começam a falar *furiosos*. Eles foram forçados a percorrer um enervante labirinto no sistema de atendimento automático ao telefone ou, se procuraram ajuda no site, caíram repetidamente na página de perguntas mais frequentes. Se o cliente, cada vez mais frustrado, for persistente, ele finalmente consegue falar com um atendente humano, que, pelo que tudo indica, estava escondido o tempo todo atrás dessas barreiras tecnológicas irritantes! Na Discover não é assim. O cliente chega a um atendente humano sem esforço. A interação é pensada para ser tranquila e no tempo do cliente. O cliente logo percebe que o atendente não precisa cumprir alguma meta de tempo médio de atendimento, o que resulta em uma interação calma, voltada a resolver problemas e com muito mais potencial de resultar em um cliente encantado.

Os líderes da equipe são promovidos internamente. Esses exemplos a serem seguidos servem como modelos e orientadores para suas equipes. Além disso, a empresa criou um abrangente sistema de coaching e feedback chamado iMatter, que usa o feedback do cliente para criar planos de coaching voltados a melhorar o atendimento e celebrar os sucessos. O sistema iMatter reforça aos membros da equipe que eles têm o poder de fazer uma grande diferença na vida dos clientes. Como na Bain, esse feedback nunca é vinculado aos bônus, de modo que os atendentes não têm necessidade alguma de burlar o sistema.

Um último fator interessante da abordagem da Discover para inspirar seus funcionários é a maneira como a empresa organiza seus atendentes em equipes. Enquanto as equipes de call center tradicionais podem variar de 25 a 30 pessoas, a Discover prefere usar salas com capacidade para apenas dezesseis atendentes. Mas, considerando os horários flexíveis, com bastante tempo para sessões de coaching individuais, a equipe em operação costuma ser de mais ou menos doze atendentes. Esse número de integrantes é semelhante ao das equipes táticas das Forças Especiais do Exército dos Estados Unidos, um contexto no qual se espera que os soldados demonstrem muita iniciativa, autonomia, maturidade e desenvoltura. Também é o mesmo tamanho que as equipes de aeroporto da Southwest Airlines, que são muito menores do que as equipes de companhias aéreas tradicionais, e também lembra as equipes de representantes de atendimento ao cliente da T-Mobile, descritas acima.

A vantagem das equipes menores é que elas aumentam a importância de cada membro, ressaltando que o papel de todos é vital para o sucesso da equipe. Do ponto de vista puramente contábil, grandes equipes são vantajosas porque alavancam o alto salário de um supervisor em meio a um pequeno exército de soldados mal pagos e descontentes. Mas a Discover descobriu que manter as equipes pequenas é a melhor maneira de inspirar os funcionários e de amar os clientes.

O segredo para ser um líder inspirador

Quando o principal propósito de uma empresa é enriquecer a vida de seus clientes, a maior responsabilidade do líder é ajudar os membros de sua equipe a adotar e cumprir essa missão com segurança e continuamente. Os membros da equipe sentem-se inspirados quando têm a chance de desempenhar um papel valioso em uma equipe que sempre encanta os clientes e quando podem receber o reconhecimento e as recompensas apropriadas quando essa missão é cumprida.

Os melhores líderes garantem que os membros de sua equipe possam receber ovações de pé dos clientes (e colegas). Receber essa demonstração de amor e reconhecimento é o ingrediente secreto que os melhores líderes usam para inspirar suas equipes e é o principal fator para vencer com propósito.

CAPÍTULO 5

Respeite seus investidores

Eles só ganham quando seus clientes são leais

No verão de 2019, um empresário chinês ofereceu incríveis US$ 4,57 milhões pelo privilégio de almoçar com o lendário investidor Warren Buffett.[1] Essa notícia me lembrou da minha enorme sorte em 1996, quando tive uma oportunidade semelhante (talvez até melhor). O preço definitivamente foi mais baixo. Tive a chance de jogar uma partida de golfe com Jack Bogle, e o Vanguard Group – fundado por Jack e notoriamente frugal – pagou não só pelo meu direito de usar o campo de golfe como também pagou meu jantar naquela noite.

Jack era um verdadeiro super-herói em seu campo de atuação e era muito admirado por tratar seus investidores com respeito. De acordo com um obituário da MarketWatch em 2019, "Jack Bogle chegou a superar Warren Buffett como o investidor mais influente do mundo".[2] O próprio Buffett não discordou, dizendo à CNBC que "Jack fez mais pelos investidores norte-americanos como um todo do que qualquer pessoa que conheci".[3] Acho que você pode imaginar como me senti jogando golfe com Jack – que na ocasião já era uma lenda – no resort St. Michaels Harbour Inn na Baía de Chesapeake.

Jack não impressionou muito no golfe naquele dia (eu, por minha vez, *nunca* impressiono). Notei que seus olhos não paravam de lacrimejar e me aventurei a perguntar se ele tinha algum tipo de alergia sazonal. "Não, não", ele respondeu, com naturalidade. "Fiz um transplante de coração e meu corpo ainda está se acostumando." Na época, eu tinha ouvido falar de transplantes experimentais de coração realizados na África do Sul, mas presumi que ele estivesse brincando. Mas, no jantar, fiquei surpreso ao saber que ele tinha mesmo feito um transplante cardíaco recentemente e já estava de volta ao campo de golfe e que os medicamentos para evitar a rejeição o deixavam com os olhos lacrimejantes.

Pensei muito nos anos seguintes sobre o ímpeto e a determinação de Jack. Concluí que essas duas qualidades eram inseparáveis de sua missão pessoal: tratar os investidores com o respeito que eles merecem. Ele sabia o que era melhor para seus investidores e construiu uma empresa inteira para fornecer essa solução. O exemplo dele fundamentou minhas crenças sobre o assunto. O que significa tratar os investidores com respeito? Será que isso não entra em conflito com o principal propósito da empresa de amar os clientes?

• • •

Quer saber como tive a chance de jogar golfe e jantar com Jack Bogle naquele dia? O recém-nomeado CEO da Vanguard, Jack Brennan, leu meu primeiro livro, *The Loyalty Effect*, e ficou intrigado com a maneira como quantifiquei as enormes vantagens econômicas que podem resultar de relacionamentos de longo prazo com os clientes. Como essa abordagem e as vantagens econômicas resultantes eram fundamentais para a estratégia da Vanguard, Brennan me ligou e me convidou para dar uma palestra no retiro anual de executivos da Vanguard em 1996. Considerando que a Vanguard tinha tanta influência na minha crença de que tratar os investidores com respeito conquista a lealdade deles, eu não hesitei em abrir minha agenda para poder aceitar o convite.

Eu vinha investindo minhas economias nos fundos de índice da Vanguard desde que me formei na faculdade. Apesar de a Vanguard ainda ser relativamente pequena na época, eu acreditava em sua abordagem de investimento *buy and hold*, de longo prazo, sem desperdiçar energia tentando vencer o mercado. Minhas próprias pesquisas, começando na faculdade e continuando ao longo de minha carreira na Bain, me convenceram de que Jack Bogle estava certo. Por isso foi um enorme privilégio passar um dia com Jack e sua equipe. Durante o jantar, perguntei o quanto ele achava que a Vanguard poderia crescer. (A empresa ainda era um player de nicho na época e quase não investia em publicidade.) "Fred", ele respondeu, "nosso objetivo não é crescer. Nosso objetivo é entregar um grande valor aos nossos investidores. Pode ser problemático buscar o crescimento". Ele estava expressando a mesma filosofia que eu tinha ouvido de Truett Cathy quando ele me levou de carro em um tour pela cidade: o sonho de Truett para a Chick-fil-A não era ser grande no sentido de *crescimento*, mas ser grande no sentido de ser *extraordinária* para seus clientes e funcionários.

Mas você não precisa de metas de crescimento ambiciosas para crescer? Em resumo, não. No momento da escrita deste livro, o fundo de índice Vanguard 500 (seu fundo de índice de empresas grande valor de mercado) e seu fundo de índice Vanguard Total Stock Market (um segundo fundo de índice que inclui algumas empresas de valor de mercado médio) são o maior e o terceiro maior fundo do mundo. Como um todo, o Vanguard Group é hoje a segunda maior empresa de fundos mútuos do mundo, com mais de US$ 7 trilhões em ativos sob sua administração. Esse crescimento excepcional foi alcançado apesar de a empresa não investir quase nada em vendas e marketing.

O crescimento extraordinário da Vanguard nos dá mais um exemplo da eficiência e sustentabilidade dos motores de crescimento alimentados pela lealdade. A Vanguard tem uma estrutura societária na qual os clientes/ investidores são proprietários indiretos da empresa, de modo que todo o crescimento é financiado com o caixa gerado internamente. A enorme escala e a ampla disponibilidade da Vanguard facilitam para qualquer investidor diversificar os riscos de investir em empresas individuais. Os fundos de índice da Vanguard são feitos para refletir o retorno médio do mercado a preços excepcionalmente baixos para o investidor. Meu fundo de índice Vanguard Total Stock Market, por exemplo, cobra uma taxa de administração de apenas 0,04%. Quando me formei, os fundos mútuos costumavam cobrar taxas de administração de 2,0%, ou cinco mil vezes mais altas do que o preço da Vanguard hoje. Isso faz da Vanguard um verdadeiro milagre – um milagre criado com amor para fornecer um produto extraordinário a um preço excelente.

Decidi abrir este capítulo contando essa história da Vanguard por várias razões:

- É outro exemplo de que conviver com pessoas boas (como Jack e a equipe da Vanguard) enriquece a sua vida.
- A Vanguard ilustra que a melhor maneira de crescer não é pagando comissões de vendas e investindo em publicidade para comprar crescimento, mas conquistar esse crescimento com a estratégia imbatível de amar seus clientes.
- O exemplo demonstra que amar os clientes e encantar os investidores de longo prazo não são objetivos conflitantes (os investidores são os clientes da Vanguard).
- O sucesso da Vanguard criou um novo benchmark que todas as empresas vão ter de superar para entregar um verdadeiro valor a seus investidores.
- Comecei meu experimento investindo nas empresas do Índice de Ações FRED (o IFRED, que expliquei no Capítulo 2) na minha conta de corretagem da Vanguard, onde era fácil ver meus resultados superiores em comparação com meu Vanguard Total Market Index Fund.

Este capítulo mostrará como Jack Bogle criou seu padrão de respeito aos investidores e fornecerá mais evidências de que os vencedores do amor pelo cliente também são os que têm os investidores mais felizes. Explorarei várias implicações da necessidade de ter dados confiáveis do Net Promoter Score e de usar uma métrica complementar para aprofundar e reforçar o NPS, uma nova medida que chamo de Taxa de Crescimento Conquistado.

Um novo padrão de respeito aos investidores

Devido ao extraordinário crescimento dos fundos de índice da Vanguard – que inspirou um grupo de concorrentes de peso, incluindo a Fidelity e a Black Rock –, hoje essas opções de investimento são facilmente disponíveis a todos os investidores. Esses fundos diversificam o risco com tanta eficiência que na prática fornecem uma linha de corte que uma empresa precisa superar para fazer com que o risco de manter as ações de sua empresa individual valha a pena para o investidor. Por exemplo, eu só fico satisfeito com meu investimento em ações de uma empresa individual (como Amazon, Apple, FirstService ou Costco) quando elas superam meu fundo de índice da Vanguard, que inclui essas ações junto com muitas outras empresas. A lógica é simples: se uma ação de uma empresa individual apresentar um desempenho inferior ao do fundo de índice, seria melhor eu investir no fundo de índice. Na verdade, se minhas ações de empresas individuais apenas acompanharem o fundo do índice, eu estarei perdendo valor, pois o índice diversifica todo o risco de investir em empresas individuais. Em outras palavras, eu assumi o risco de investir em uma empresa individual e não recebi valor algum em troca.

Assim, o Vanguard Total Stock Market Index fornece uma boa linha de corte para testar se as empresas exemplares que usei ao longo deste livro proporcionaram um verdadeiro valor para mim e seus outros investidores. A Figura 5-1 mostra os retornos acumulados da década encerrada no dia 31 de dezembro de 2020. A barra à direita mostra o Vanguard Total Stock Market Index, denominada "VTI". O gráfico mostra que as estrelas do NPS superaram com facilidade o VTI, entregando um verdadeiro valor aos seus investidores. Essa é uma boa evidência de que, quando as empresas colocam os interesses e as necessidades do cliente em primeiro lugar, elas abastecem com lealdade o motor do crescimento porque os clientes voltam e trazem os amigos, o que leva a resultados superiores aos investidores de longo prazo. É por isso que os investidores de longo prazo deveriam amar o capitalismo de cliente!

FIGURA 5-1
As estrelas do NPS batem a média do mercado de ações (VTI) – entregando um verdadeiro valor aos investidores

Retorno total acumulado indexado para o acionista versus Vanguard Total Stock Market Index (VTI) (1/1/2011-31/12/2020)

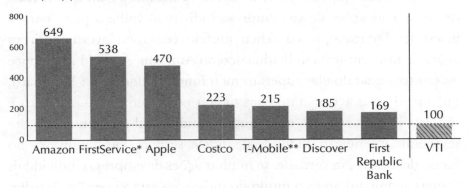

Fonte: CapIQ e relatórios anuais da T-Mobile e da FirstService
FirstService: O TSR presume que todas as ações da FirstService do spin-off Colliers/FirstService foram transferidas para novas ações da FirstService em 2015; sem ajuste de moeda (TSR ajustado para a variação CAD/USD 2010-2015 = 725%); se o investidor não fizesse qualquer movimento adicional e seguisse a estrutura do spin-off (FirstService = 41,4%; Colliers = 58,6%), o retorno seria de 619%.
**T-Mobile:* Presume o TSR para a MetroPCS com base na aquisição pela TMUS em 30/4/2013 e reavalia o TSR da TMUS desde a IPO para o período de 1/5/2013--31/12/2020.

Amar os clientes é uma estratégia imbatível e vencedora para os investidores

O IFRED fornece evidências convincentes de que os investidores ganham quando as empresas amam seus clientes.[4] Vamos nos aprofundar um pouco mais e analisar alguns estudos de caso do setor para saber se caminhos alternativos (que não envolvem amar o cliente) conseguem proporcionar um retorno total ao acionista (TSR) superior para os investidores. No Capítulo 3, vimos que, quando John Legere assumiu como CEO e transformou a T-Mobile em um motor de amor ao cliente orientado pelo propósito, o desempenho da empresa disparou. Sua equipe eliminou sistematicamente os lucros ruins livrando-se de truques, armadilhas e pegadinhas, e a empresa entregou o maior TSR do setor. A Figura 5-2 revela algo ainda mais intrigante: a T-Mobile, um líder em NPS, não só oferece o melhor TSR do setor como é a única empresa cujo TSR superou a linha de corte do VTI.[5] Em outras palavras, apenas o líder em NPS entregou um verdadeiro valor a seus investidores.[6]

FIGURA 5-2
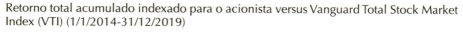
Apenas a T-Mobile entregou um verdadeiro valor aos investidores (TSR batendo o VTI)

Retorno total acumulado indexado para o acionista versus Vanguard Total Stock Market Index (VTI) (1/1/2014-31/12/2019)

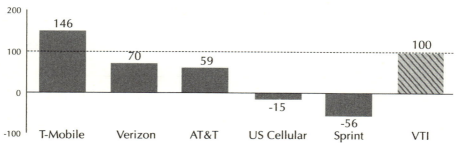

Fonte: CapIQ
Observação: O TSR acumulado representa o retorno total presumindo um investimento

de 1/1/2014 a 31/12/2019; 2019 é usado como o último ano devido à aquisição da Sprint pela T-Mobile em 2020.

A Figura 5-3 apresenta os resultados de um cálculo de regressão simples, que mostra que mais de dois terços da variação do TSR são explicados por uma única variável: o NPS. É no mínimo impressionante, já que nosso cálculo de NPS se baseou apenas no feedback dos assinantes de telefonia móvel dos Estados Unidos, enquanto o TSR de cada uma dessas empresas resulta de todo o portfólio de negócios. Por exemplo, além da telefonia móvel, a Verizon também oferece linhas fixas, é um grande provedor de internet e oferece planos de TV a cabo. A AT&T adquiriu empresas de mídia e a DirecTV nesse período. Apesar da ausência de dados perfeitos (ainda não temos Net Promoter Scores para todas essas outras linhas de negócios), o padrão da Figura 5-3 sem dúvida corrobora a minha teoria de que os investidores ganham quando as empresas amam seus clientes.[7]

FIGURA 5-3
T-Mobile: o amor pelo cliente vence

Retorno total acumulado para o acionista (ln) (1/1/2014-31/12/2019)

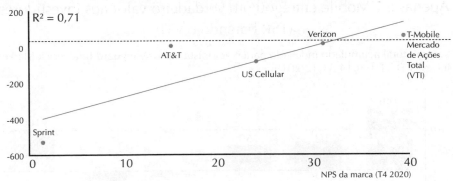

Fonte: Levantamento Trimestral da Bain/Dynata do Benchmarking Trimestral de Operadoras de Telefonia Celular dos Estados Unidos, T4 2020 (N = 20.034); CapIQ
Observação: O TSR acumulado representa o retorno total presumindo um investimento de 1/1/2014 a 31/12/2019; 2019 é usado como o último ano devido à aquisição da Sprint pela T-Mobile em 2020.

Agora vamos voltar ao setor de cartões de crédito, no qual vimos a Discover destituir a American Express da liderança em NPS com sua extensa campanha de gestos de amor pelo cliente. Quando plotamos o TSR em comparação com o NPS de cada concorrente (Figura 5-4), o padrão é semelhante ao que vemos na telefonia móvel.

Também nesse caso, a análise ideal incluiria apenas o TSR dos negócios de cartão de crédito de cada empresa, mas essa estatística pura ainda não existe; todas as empresas possuem várias linhas de negócios. Apesar de as operações de cartão de crédito responderem pela maior parte das receitas da Discover, American Express e Capital One, elas representam apenas metade das receitas do J. P. Morgan Chase e menos de 20% do Bank of America.[8] Dito isso, pela minha experiência, uma cultura centrada no cliente tende a se espalhar por todas as linhas de negócios, de modo que uma estrela do NPS no setor de cartões de crédito provavelmente também trata bem os clientes em suas outras linhas de negócios, como financiamentos imobiliários e contas-correntes. E, ainda mais importante, quanto mais observamos que apenas os melhores players do NPS entregam um TSR excepcional, mais podemos confiar que a lógica do IFRED faz sentido.

FIGURA 5-4

Cartões de crédito nos Estados Unidos: o amor pelo cliente vence

Retorno total para o investidor (TSR) acumulado (ln) (1/1/2011-31/12/2020)

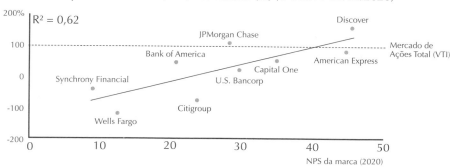

Fonte: NPS Prism; CapIQ

Respeite seus investidores 149

FIGURA 5-5
Indústria automobilística nos Estados Unidos: o amor pelo cliente vence

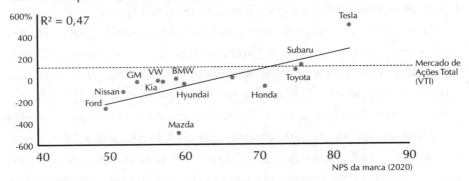

Fonte: NPS Prism; CapIQ

Onde mais podemos procurar essa evidência? Bem, vemos um padrão semelhante na indústria automobilística dos Estados Unidos, como ilustra a Figura 5-5.

Também nesse caso, vemos uma correlação surpreendentemente forte, considerando que o TSR resulta das vendas globais dessas empresas e que só temos disponível o NPS relativo ao mercado norte-americano.[9] A Tesla parece ser um ponto fora da curva, com o TSR ainda mais alto do que sua liderança no NPS poderia explicar. Muitos especialistas financeiros acreditam que o preço exorbitante das ações da Tesla representa um frenesi especulativo e não é realista nem sustentável. Desse modo, fizemos outra análise excluindo a Tesla. Os resultados não mudaram muito e o NPS ainda explica a maior parte da variação do TSR das concorrentes.

Deixando de lado o preço das ações, a vantagem da Tesla em termos de NPS indica um nível verdadeiramente impressionante de amor pelo cliente. E não estamos falando apenas do resultado do design inovador dos produtos da empresa. Alguns anos atrás, tive uma conversa informal com um ex-colega da Bain que na ocasião atuava como o diretor de operações da Tesla nos Estados Unidos e ele me contou que a Tesla estava comprometida com meu Net Promoter System. Disse-me que ele e Elon Musk, o fundador da Tesla, analisavam regularmente os comentários dos clientes e priorizavam ações com base nesse feedback. Por exemplo, alguns clientes estavam reclamando que pagaram US$ 1.000 para entrar na fila para comprar o novo Modelo X mais de um ano antes de receber o carro e a Tesla passava meses sem atualizar esses clientes sobre o status de seu pedido. O feedback do NPS identificou o problema e a Tesla decidiu que precisava de um programa de comunicação para manter esses novos proprietários informados sobre o progresso. Encaminhando e-mails com fotos da nova linha de produção, enviando atualizações e garantindo aos novos proprietários que a Tesla entregaria os carros no prazo, a empresa fez com que os futuros proprietários se sentissem especiais.

Vale observar alguns outros fatores quando analisamos o status da Tesla como uma estrela do NPS. É impossível entregar uma excelente experiência ao cliente sem oferecer um produto (ou atendimento) excelente, e a Tesla criou e fabricou um produto que absolutamente impressiona os clientes. É certo que algum concorrente, em algum lugar, vai criar um produto igualmente espetacular algum dia, mas a Tesla criou outra vantagem que pode ser ainda mais sustentável. Ela é a única fabricante de automóveis que possui os próprios pontos de venda, que tecnicamente são lojas, não concessionárias franqueadas tradicionais. Com isso, a Tesla pode oferecer experiências integradas e superiores de escolha, compra, entrega e pós-venda. (Sem a chateação de pechinchar preços! Sem o teatro de um vendedor fingindo que vai falar com o gerente para conseguir aquele desconto especial para você! Sem um corretor de seguros ligando para você para contestar a confiabilidade do carro e tentar convencê-lo a comprar uma garantia estendida.)

A Tesla consegue seu crescimento prodigioso praticamente sem investir em propaganda e sem usar truques de marketing (nada de anúncios clamando "Grande liquidação! Só hoje!"). Decidi testar a jornada da Tesla e entrei no site da empresa para comprar um carro. O processo foi maravilhosamente simples. Tudo o que você precisa fazer é responder algumas perguntas no site – que, a propósito, tem um design lindo – e seu carro novo aparece como em um passe de mágica na sua garagem. Sim, pode ser difícil justificar o preço atual das ações da Tesla, mas será muito difícil para as marcas de automóveis existentes oferecerem as vantagens de escolha, compra, distribuição e atendimento da Tesla.

Em setores como restaurantes, muitas marcas (como a Chick-fil-A) são de capital fechado e não é possível monitorar seu desempenho no mercado de ações. Mas nada nos impede de analisar a relação entre o NPS e o crescimento das vendas nas mesmas lojas (*same store sales*), um importante indicador de lucratividade. Os dois gráficos da Figura 5-6 mostram o poder do NPS nos dois principais segmentos de restaurantes, refeições casuais (5-6a) e refeições rápidas (5-6b). Descobri a Texas Roadhouse (no canto superior direito da Figura 5-6a) em um gráfico comparável da Bain pouco mais de uma década atrás e a incluí com satisfação na minha carteira de investimentos quando soube que era uma empresa de capital aberto.[10]

Pare um pouco de ler e dê uma analisada nas Figuras 5-3, 5-4 e 5-5, que mostram o TSR versus o NPS nos setores de telefonia móvel, cartões de crédito e automóveis. Os gráficos devem deixar claro que a única maneira confiável que uma empresa tem de melhorar seu TSR é amar mais seus clientes – e melhorar seu NPS em relação aos concorrentes. Dê mais uma olhada na linha horizontal pontilhada de cada gráfico, que representa o retorno do Vanguard Total Stock Market Index para o período. Lembrando que essa linha de corte deve ser superada para que a empresa possa entregar qualquer valor real aos investidores. As únicas empresas que superam essa linha de corte são as estrelas do NPS. Em outras palavras, *as vencedoras do amor pelo cliente foram as únicas empresas que geraram retornos respeitáveis (acima dos fundos de índice do mercado de ações) para seus investidores de longo prazo.*

Esse é um insight importantíssimo que deveria levar todos os investidores a refletir. A implicação é clara: os investidores deveriam apoiar com entusiasmo as empresas que se propõem a amar seus clientes mais e melhor. Esse tipo de encorajamento acabará produzindo resultados de longo prazo muito melhores do que pressionar os executivos a atingir as metas de lucros trimestrais. Todas as nossas evidências apontam para uma conclusão: *a menos que uma empresa encontre uma maneira de fazer com que os clientes se sintam amados, ela terá dificuldade em oferecer retornos respeitáveis aos investidores.* Um excelente Net Promoter Score não deve ser o objetivo por si só, mas o NPS de uma empresa em relação às concorrentes parece ser uma excelente maneira de saber se uma empresa está indo na direção certa e se faz por merecer a lealdade do investidor.

FIGURA 5-6A
Refeições casuais nos Estados Unidos:
o amor pelo cliente vence

Crescimento acumulado de vendas nas mesmas lojas (1/1/2011-31/12/2019)

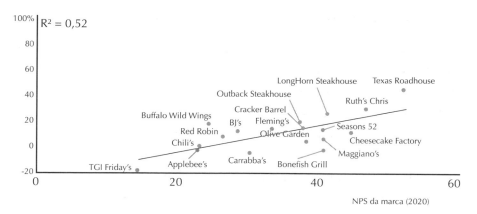

NPS da marca (2020)

Fonte: Estudo do NPS de restaurantes de refeições rápidas e refeições casuais (Estados Unidos, 2019); Pesquisa de Restaurantes, Thomson
Observação: Dados de 2019 utilizados devido ao impacto extraordinário sobre o setor de restaurantes da pandemia da Covid-19 em 2020.

FIGURA 5-6B
Refeições rápidas/refeições casuais nos Estados Unidos: o amor pelo cliente vence

Crescimento acumulado de vendas nas mesmas lojas (1/1/2011-31/12/2019)

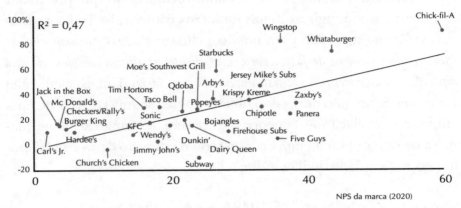

Fonte: Estudo do NPS de restaurantes de refeições rápidas e refeições casuais (Estados Unidos, 2019); Pesquisa de Restaurantes
Observação: Dados de 2019 utilizados devido ao impacto extraordinário sobre o setor de restaurantes da pandemia da Covid-19 em 2020.

Onde eu posso encontrar essas pontuações?

Se você chegou até aqui neste capítulo, pode estar se perguntando: "Tudo bem, mas onde eu posso encontrar esses dados do NPS para investir nas ações que vão bater o mercado?"

Excelente pergunta. Muitas empresas começaram a relatar Net Promoter Scores calculados internamente – e dou a maior força para essas iniciativas. Só que, sem um processo padronizado de cálculo ou uma metodologia de auditoria, os investidores têm razão para duvidar da comparabilidade dessas pontuações autorrelatadas do NPS. O *Wall Street Journal* ressaltou esse problema em meados de 2019, observando que:

> Grande parte da América corporativa está obcecada com seu Net Promoter Score, ou NPS, uma medida de satisfação do cliente que

praticamente se transformou em um culto, com uma multidão de CEOs entre seus seguidores nos últimos anos. Ao contrário dos lucros ou das vendas, que são medidos e auditados, o NPS normalmente é calculado com base em uma pesquisa de uma pergunta que as próprias empresas costumam fazer. No ano passado, "Net Promoter" ou "NPS" foi citado mais de 150 vezes em teleconferências de divulgação dos resultados por 50 empresas do S&P 500 de acordo com uma análise de transcrições do *Wall Street Journal*. Isso representa mais de quatro vezes mais menções e quase três vezes mais empresas em comparação com cinco anos antes.[11]

Concordo com o *Wall Street Journal* que *quaisquer* números não auditados precisam ser considerados com uma dose de desconfiança – na verdade, uma dose cavalar. Por exemplo, fico chocado quando vejo resultados do NPS em relatórios anuais e prospectos de IPOs, muitas vezes sem nenhuma explicação do processo usado para gerar os dados. Será que esse resultado representa uma pontuação legítima, obtida com base em um rigoroso levantamento duplo-cego?[12] Ou não passa de uma compilação das pontuações geradas por uma pesquisa que a própria empresa realizou logo depois de algum episódio ou transação com o cliente? Sem me estender demais nos problemas, há meia dúzia de diferentes "sabores" do NPS por aí (NPS de produto, NPS de relacionamento, NPS pós-transação e por aí vai) e as empresas raramente se dão ao trabalho de especificar, em seus anúncios, qual pontuação elas estão relatando. Do ponto de vista do investidor, apenas uma dessas pontuações pode ser considerada confiável: a pontuação relacional duplo-cego em relação à pontuação dos concorrentes. Suspeito que mais de 90% das pontuações relatadas hoje em dia resultam de pesquisas realizadas pela própria empresa depois de transações específicas, que podem ser bastante úteis para fins de gerenciamento interno, mas que têm pouca relevância para as pontuações de benchmark relacional competitivo.[13]

FIGURA 5-7
A grande lacuna entre o NPS autorrelatado da Chewy e o benchmark da Bain

NPS geral, categoria de pet shops, 2019
Qual é a probabilidade de você recomendar a [varejista] a um amigo ou colega que precisa comprar alguma coisa para um animal de estimação?

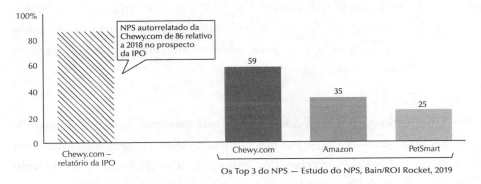

Fonte: Estudo do NPS do Varejo Geral, Bain/ROI Rocket, 2019; prospecto da IPO da Chewy, 2018

O varejista on-line de óculos Warby Parker conhece bem as nuances dessas questões. Por exemplo, os Net Promoter Scores de pesquisas que a própria Warby Parker conduz atinge repetidamente a casa dos 80 pontos. Enquanto isso, a pesquisa duplo-cego da empresa produz pontuações cerca de 10 pontos mais baixos, o que, devo salientar, ainda é fantástico para o setor.

A Figura 5-7 ilustra uma discrepância ainda mais grave, no caso entre o Net Promoter Score relatado pela Chewy em seu prospecto da IPO e a pontuação relacional duplo-cego da Bain. Esse é um daqueles casos nos quais, por sorte, a Chewy ainda se destaca como a líder do setor, mas fica claro que temos algum trabalho a fazer antes que os investidores possam confiar nas pontuações autorrelatadas.

Quando estávamos desenvolvendo *A pergunta definitiva 2.0*, ainda tínhamos muito a aprender sobre a maneira certa de medir o NPS. Os dados que usamos para identificar os líderes em NPS se basearam em algumas técnicas de pesquisa de mercado bastante rudimentares e de baixo orçamento. É verdade que os dados foram obtidos por meio de um processo de pesquisa duplo-cego, mas o processo não fazia a distinção entre importantes segmentos de clientes (digamos, planos de telefonia celular pré-pagos versus pós-pagos) e usava tamanhos de amostra minimamente aceitáveis – que chegavam a apenas cem respostas para cada marca.[14] Os dados do NPS que usei neste capítulo são muito mais precisos, baseados em amostras meticulosamente segmentadas que geralmente excedem dez mil respostas por marca. Posso dizer que avançamos muito.

Essa melhoria resulta do fato de que esses dados exclusivos passaram a ser gerados pelo NPS Prism, uma metodologia de dados lançada pela Bain em 2019 para suprir a enorme necessidade que o mercado tem de acesso a dados confiáveis de benchmark para o NPS. O NPS Prism gera dados a cada trimestre, revelando as tendências rapidamente. Essa frequência dos relatórios é vital para que os resultados do NPS acompanhem a atenção dada aos relatórios de lucros trimestrais. Para facilitar a aprendizagem em um nível mais detalhado, o NPS Prism reúne feedback do Net Promoter para cada episódio, permitindo que seus assinantes da indústria de cartões de crédito, por exemplo, comparem não apenas suas pontuações relacionais mas também como elas se comparam em termos de interações digitais e humanas em cada episódio ao longo da jornada do cliente.

Por exemplo, os dados do NPS Prism revelaram que o cartão de crédito da Discover é o líder do mercado e oferece a melhor experiência para clientes que pedem um novo cartão de crédito, enquanto a American Express ainda oferece a melhor experiência quando os clientes pedem um aumento do limite do cartão. Dá para imaginar como esses dados podem ser úteis para os executivos da empresa responsáveis por melhorar a experiência do cliente – e para o investidor que está tentando obter informações sobre a realidade atual e as perspectivas futuras de uma empresa. E dá para entender por que a demanda por dados do NPS Prism está crescendo mais de 100% ao ano.

Você pode estar se perguntando por que a Bain demorou tanto para investir no desenvolvimento do NPS Prism. Bem, no começo eu achava que poderíamos convencer as grandes empresas de contabilidade a desenvolver uma metodologia auditável para relatar o NPS, nos oferecendo para compartilhar a expertise da Bain, incluindo melhorias que na época estávamos fazendo na nossa metodologia de medição. Lamento informar que isso acabou sendo uma tarefa quixotesca que morreu na praia rapidamente. As empresas que já pagavam auditoria simplesmente não tinham interesse em pagar mais pelos dados auditados do NPS. Além disso, governos e investidores não exigiam resultados auditados do NPS. Na verdade, os únicos players dispostos a pagar por dados confiáveis do NPS eram empresas de private equity – e, como já era de se esperar, elas preferiam pagar as equipes da Bain para ajudá-las a criar dados e insights exclusivos.

Mesmo assim, continuamos melhorando o kit de ferramentas do NPS. A Bain prestava (e ainda presta) muito mais serviços de consultoria relacionados ao amor pelo cliente do que qualquer outra empresa do mundo, incluindo muitos serviços para nossos clientes de private equity e empresas que compõem seus portfólios. Em consequência, nos familiarizamos profundamente com os desafios de medir o NPS corretamente e desenvolvemos uma ideia cada vez mais clara de como fazer isso da maneira certa. Por exemplo, aprendemos que detalhes aparentemente irrelevantes da técnica de pesquisa podem levar a grandes mudanças nas pontuações – fatores como o momento do envio da pesquisa, o texto no campo de assunto do e-mail, a escolha de incorporar a pesquisa no corpo do e-mail ou mandar um link levando para a pesquisa, a implicação de que a pontuação afetará diretamente um funcionário individual, a decisão de apresentar a pontuação de 0 a 10 ou de 10 a 0 e assim por diante. Todos esses fatores podem definir quem vai se dar ao trabalho de responder à pesquisa e a pontuação que os respondentes darão.[15] Por fim, faz diferença quem executa as pesquisas e faz a análise para chegar à pontuação. Se você quiser pontuações de benchmark confiáveis, precisa contratar um terceiro que tenha um profundo conhecimento para fazer isso da maneira certa vez após vez.

Depois de chegar a esse beco sem saída com as empresas de contabilidade, começamos a notar que as empresas de pesquisa de mercado que antes criticavam o NPS – incluindo a J. D. Power e a Gallup – estavam mudando de ideia porque seus clientes passaram a exigir o feedback do NPS. Hoje, várias dessas empresas publicam rankings do NPS dos principais players de uma variedade de setores. Mas, de certa forma, voltamos ao ponto de partida. Como essas empresas usam várias técnicas de medição e muitas vezes usam uma segmentação rudimentar e tamanhos de amostra pequenos, seus resultados tendem a variar enormemente. Algumas empresas de pesquisa de mercado não fazem as medições; elas simplesmente aceitam as informações do NPS relatadas pelas próprias empresas e as republicam, na esperança de atrair visitantes para seu site. Até fontes aparentemente confiáveis publicam benchmarks do NPS que parecem duvidosos. Por exemplo, um site respeitado recentemente publicou seus rankings com os líderes de diferentes setores, sendo que a pontuação média do NPS *mais alta* foi – entra um rufar de tambores – *das concessionárias de automóveis!*

E, como já vimos, isso causa todo tipo de confusão. Recebi um e-mail de Zeynep Ton – a professora do MIT que me colocou em contato com Jim Sinegal, da Costco – me dizendo que estava preocupada porque a rede de restaurantes que eu lhe dissera que liderava o ranking do NPS da Bain no setor (a Texas Roadhouse, como já vimos) ficou em último lugar no ranking do NPS em uma lista que um aluno seu encontrou pesquisando na internet. É claro que esse tipo de confusão não é bom para ninguém. Os executivos ficam frustrados, os investidores se sentem ludibriados e a credibilidade do nosso framework do NPS diminui.

Assim, a Bain decidiu investir para fazer a coisa certa, desenvolvendo um negócio de dados separado que se tornou o NPS Prism. A

Respeite seus investidores 159

partir daí, a empresa tem marchado pela economia, setor por setor, investindo milhões de dólares para desenvolver um fluxo de dados atualizados e confiáveis. Hoje, temos a capacidade de fornecer pontuações trimestrais do NPS (e detalhes para corroborar essas pontuações) para comparar os players do setor inclusive em cada episódio importante (que alguns chamam de "subjornadas"). Quando este livro for publicado, o NPS Prism estará cobrindo os seguintes mercados dos Estados Unidos: bancos para pessoas físicas (incluindo cartões de crédito, gestão de patrimônio e financiamento imobiliário), varejo de alimentos, seguros (residenciais, automóvel e vida), serviços públicos (eletricidade e gás), companhias aéreas, automóveis, telecomunicações e bancos para pessoas jurídicas (incluindo cartões e empréstimos). Além disso, a Bain também cobre alguns desses setores no Canadá, México, Brasil, Reino Unido, Turquia, Hong Kong e Austrália.

Apesar desse progresso impressionante, a verdade é que a maioria dos setores e muitas partes do mundo terão de esperar anos antes que dados relevantes do NPS Prism estejam disponíveis. Para agravar esse problema, o processo de pesquisa do NPS Prism depende de montar painéis representativos de clientes. Essa abordagem não é muito eficaz em muitos setores B2B (business-to-business, ou empresa para empresa), nos quais os tomadores de decisão são difíceis de identificar e é quase impossível recrutá-los para usar seu tempo respondendo pesquisas. O NPS Prism chega a ter dificuldade de montar painéis em alguns negócios de consumo, nos quais os clientes centrais são difíceis de encontrar ou de recrutar.

Um bom exemplo é o desafio enfrentado pelo First Republic Bank. Como descrevi nos capítulos anteriores, escolhi o First Republic Bank para ser o meu banco pessoal. Quanto mais eu conhecia o First Republic, mais me convencia de que sua verdadeira pontuação do NPS devia ser a mais alta do setor bancário. Ao mesmo tempo, me perguntei se o método do NPS Prism teria como fornecer pontuações de benchmark mais confiáveis. Apesar de o processo de pesquisa do NPS do First Republic ser conduzido por uma empresa de pesquisa terceirizada, os clientes sabiam que era o First Republic quem pagava pela pesquisa e os Promotores costumam ser os mais abertos a dedicar um tempo para responder pesquisas. Eu estava convencido de que o NPS Prism poderia fornecer ao First Republic dados muito mais confiáveis.

Mas, para minha decepção, a solução do NPS Prism não funcionou. Embora o First Republic Bank seja uma empresa sólida – está entre os vinte maiores bancos dos Estados Unidos, com mais de US$ 110 bilhões em ativos, e é um integrante do S&P 500 –, o número de clientes atendidos pelo banco é relativamente concentrado e o NPS Prism não conseguiu recrutar um número suficiente de seus clientes centrais para participar de um painel sem mencionar a marca "First Republic". Pode parecer um mero detalhe, mas não é: montar painéis usando o nome da empresa quase sempre leva a uma amostra desproporcionalmente maior de Promotores e, por extensão, a pontuações do NPS infladas. Em geral, os Promotores têm taxas de resposta a pesquisas 50% a 100% mais altas do que os outros clientes. Você não precisa ser um especialista em estatística para ver a dificuldade de estimar o verdadeiro Net Promoter Score de uma população de clientes com esse tipo de viés.

Assim, apesar do progresso impressionante do NPS Prism, ainda há uma ampla gama de empresas que requerem uma solução adicional. Este é um dos principais desafios que tenho tentado resolver nos últimos anos: como gerar dados confiáveis e auditáveis para *todas* as empresas, grandes e pequenas, de qualquer setor em todas as regiões do mundo? Como criar uma métrica complementar para o NPS que reduza a pressão de transformar a pontuação das pesquisas em uma meta, o que corrompe sua precisão e eficácia? Executivos e investidores precisavam de uma métrica simples que avaliasse a saúde do motor de crescimento da empresa. Era preciso complementar as pontuações baseadas em pesquisas com uma estatística objetiva de *resultado*: que pudesse ser medida pelos contadores e que fosse baseada em comportamentos observáveis.

Descobrindo a Taxa de Crescimento Conquistado

Depois de mais de uma década investigando, acredito que finalmente encontrei a resposta – e devo agradecer ao First Republic por indicar o caminho. Vou começar com a história de como nos conhecemos. O First Republic tinha adotado o NPS e me convidou para dar uma palestra na conferência de gestores da empresa em São Francisco. Tive de recusar porque eu tinha acabado de começar meus tratamentos de câncer. Radiação e quimioterapia não combinam muito com uma viagem de um lado ao outro do país.

Como todas as boas empresas, o First Republic foi persistente. No ano seguinte, quando eu já estava suficientemente recuperado do tratamento, o First Republic providenciou um voo para que eu desse a palestra principal em sua conferência anual de lideranças. Antes da conferência, fiz algumas pesquisas sobre a empresa e conversei com vários executivos importantes. Fiquei tão impressionado que achei que poderia ter encontrado outra Vanguard ou Enterprise Rent-A-Car – um líder na conquista da lealdade, dessa vez no setor bancário.

É claro que eu não tinha como *provar* que a pontuação do NPS do First Republic de fato era superior à dos concorrentes do setor, como J. P. Morgan Chase, Citibank e Bank of America. Quando descobrimos que a abordagem do NPS Prism não funcionaria para o First Republic – pelas razões descritas acima –, me dediquei a buscar outra solução.[16] Repassei meus arquivos antigos e analisei alguns materiais que o First Republic tinha mandado para eu preparar minha palestra. Notei que eu tinha destacado em amarelo um gráfico de uma das apresentações do First Republic para seus investidores e ainda marquei com umas estrelinhas para dar ênfase. Parei para analisar os gráficos, tentando lembrar por que fiz tanta questão de enfatizá-los... e eureca! Lá estava a resposta. O gráfico que acendeu aquela lâmpada na minha cabeça está reproduzido na Figura 5-8.

O que achei tão interessante nesse gráfico? O First Republic tinha quantificado a parcela de seu crescimento que resultou de clientes existentes voltando para fazer mais negócios com o banco (os saldos no banco aumentaram em 50%) e trazendo os amigos (as indicações representaram 32%). Em outras palavras, *82%* do crescimento dos depósitos no banco resultaram de entregar experiências excelentes aos clientes existentes. No caso dos empréstimos, a proporção foi ainda maior: 88%. Perguntei ao diretor de operações do First Republic, Jason Bender, como o banco conseguiu quantificar esses números. Ele explicou que os sistemas do First Republic consolidam as contas em domicílios, de modo que é fácil para o banco monitorar o crescimento do saldo de depósitos e empréstimos dos clientes existentes. Em outras palavras, o First Republic desenvolveu uma prática eficaz de contabilidade baseada no cliente.

FIGURA 5-8
Slide da apresentação do First Republic Bank aos investidores: o momento eureca

O modelo de serviço impulsiona o crescimento orgânico
Foco no serviço ao cliente = clientes satisfeitos = indicações entusiasmadas + perda muito baixa de clientes
Clientes satisfeitos fazem mais no First Republic, além de indicar novos clientes

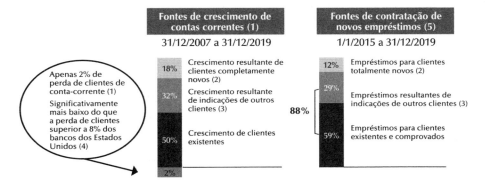

(1) Medido pela variação do saldo. "Contas-correntes" são definidas como todas as contas de pessoa física e pessoa jurídica, excluindo contas remuneradas (*money market accounts*).
(2) "Novos clientes" são definidos como novos relacionamentos que entraram no First Republic no ano calendário. Os saldos representam as contas combinadas no ano calendário.

(3) As indicações foram identificadas por informações de indicações do processo Know Your Customer (Conheça Seu Cliente) para o primeiro cliente dos novos relacionamentos entre 2015 e 2019.

(4) *Fonte:* Harland Clarke. Representa dados de perda de clientes no setor bancário dos Estados Unidos de 2014 a outubro de 2017.

(5) Com base no saldo do principal na contratação do empréstimo para empréstimos contratados entre 2015 e 2019, linhas de crédito de cheque especial e refinanciamentos. Inclui todas as contratações de empréstimos, retidos no balanço patrimonial do banco, vendidos ou à venda no mercado secundário.

Reproduzido com permissão do First Republic Bank.

Jason também observou que, quando os novos clientes entram no First Republic, o banco lhes pergunta se eles fizeram essa escolha com base em uma indicação ou recomendação. Quando perguntei a Jason por que eles monitoravam esses dados, ele explicou que a principal razão era demonstrar que o crescimento do banco era seguro e de qualidade. Ele explicou que o First Republic tem aumentado os empréstimos em aproximadamente 15% ao ano em um setor que normalmente cresce entre 2% e 3%. O que os dados da Figura 5-8 demonstram, contudo, é que o First Republic *estava crescendo sem incorrer em mais riscos*. A maior parte do crescimento do banco provinha de clientes que eles já conheciam bem e de pessoas indicadas por esses clientes existentes. Não era um crescimento resultante de reduzir os padrões de crédito, uma tática empregada com frequência por bancos sedentos por aumentar seus portfólios de empréstimos.

O nome que cunhei para a estatística que o First Republic Bank me inspirou a criar é *Taxa de Crescimento Conquistado*. Ela mede o crescimento da receita gerada por clientes existentes que voltam para comprar mais e trazem os amigos. A estatística relacionada, a razão de crescimento conquistado, é apenas a razão entre o crescimento conquistado e o crescimento total. Era o que o First Republic estava apresentando (veja a Figura 5-8): 82% para contas-correntes e 88% para empréstimos. O crescimento total dos empréstimos do First Republic tem sido de aproximadamente 15% ao ano, de modo que sua Taxa de Crescimento Conquistado é de 13,2%.

Descrevi meu conceito de Taxa de Crescimento Conquistado a um ex-colega da Bain, Kent Bennett, que hoje é um sócio da empresa de capital de risco Bessemer Ventures, e ele ficou empolgadíssimo. Ele vinha pensando em algo semelhante porque muitos dos investimentos mais bem-sucedidos da Bessemer tinham sido em novos empreendimentos com um extraordinário crescimento conquistado (que ele chamava de "taxa de crescimento em repouso", porque indicava o crescimento da receita que ocorreria sem qualquer custo adicional de aquisição de clientes). Kent nos advertiu que, no mundo do capital de risco, investidores e executivos presumem erroneamente que conhecem as implicações do crescimento conquistado porque já medem o retorno sobre o custo de aquisição do cliente ou medem o custo de aquisição do cliente como uma porcentagem do valor do ciclo de vida do cliente. Ele alertou que pensar assim coloca o foco dos executivos em melhorar a eficiência dos gastos de marketing e não no verdadeiro impulsionador do crescimento lucrativo, que é a capacidade da principal oferta da empresa de gerar tanto entusiasmo que os Promotores fazem o negócio crescer sem a empresa precisar investir em marketing.

Temos muito a aprender sobre a melhor maneira de aplicar e comunicar o crescimento conquistado, mas, para lhe dar uma prévia de como calcular essa nova métrica, consulte o Apêndice B.

Contabilidade baseada no cliente

Para calcular o crescimento conquistado, a maioria das empresas precisará fazer um upgrade de alguns de seus processos contábeis básicos. Já passou da hora. O First Republic Bank foi capaz de reportar seu crescimento conquistado aos investidores no gráfico da Figura 5-8, mas até o First Republic precisou de algumas análises personalizadas para criar esse gráfico. Acredito que todos os sistemas contábeis modernos deveriam ter a capacidade de gerar esses números automaticamente. Enquanto isso não acontece, os executivos serão pressionados a avaliar o progresso com base em métricas financeiras tradicionais que não levam em consideração o amor pelo cliente. Na verdade, a necessidade de prestar contas pelos lucros do período corrente é a causa da maioria das táticas frias e calculistas geradoras de lucros ruins praticadas hoje (taxas de roaming, multas por atraso, centros de atendimento ao cliente com um número insuficiente de atendentes e assim por diante). Essa pressão mal direcionada prejudica não só os clientes, mas também os investidores, como já vimos neste capítulo.

A obsessão com os resultados financeiros trimestrais dificulta a vida das equipes executivas que *querem* se concentrar em amar seus clientes. Os executivos são forçados a fazer malabarismos com todas as distrações geradas por fundos de hedge agressivos que exigem soluções de curto prazo para aumentar os lucros trimestrais a qualquer custo. Eles precisam dedicar muito tempo para instruir administradores de portfólio inexperientes sobre o funcionamento do negócio e responder às mesmas velhas perguntas relacionadas aos resultados financeiros trimestrais. A volatilidade diária do preço das ações de sua empresa leva a uma montanha de perguntas e análises de jornalistas e "especialistas" do mercado de ações que adoram dar opiniões e recomendações (que raramente têm qualquer relação com amar os clientes).

Uma possível solução é não abrir o capital da empresa ou convencer algum megainvestidor como Warren Buffett a comprar uma parcela grande o suficiente de suas ações para proporcionar uma barreira contra esses ataques. É claro que os parceiros de private equity (e os Buffetts do mundo) não levam os resultados trimestrais menos a sério – pelo contrário, na minha experiência. Mas os resultados que eles focam não são as métricas financeiras reportadas, que não raro deixam de refletir os verdadeiros fatores econômicos. Eles se concentram em métricas mais relevantes que refletem a verdadeira realidade econômica do cliente. O fundador de uma das mais importantes firmas de private equity do mundo explicou recentemente a um grupo de sócios da Bain que contratava dezenas de MBAs todos os anos para segmentar os dados contábeis das firmas de seu portfólio (e potenciais aquisições) e convertê-los em dados econômicos úteis. Ele nos disse o que já sabíamos: os números contábeis estão se distanciando cada vez mais do objetivo de medir a realidade econômica e deixaram de refletir os motores da saúde de uma empresa. Por exemplo, os princípios contábeis geralmente aceitos não incluem quantos clientes compram mais a cada ano que passa ou quantos novos clientes escolhem a empresa, e muito menos quantos novos clientes escolhem a empresa devido a indicações entusiasmadas de clientes existentes.

A arte da contabilidade precisa de um grande upgrade para ajudar as empresas a se aproximar do capitalismo de cliente. Meu colega e coautor de *A pergunta definitiva 2.0*, Rob Markey, apresenta um argumento convincente em prol da contabilidade baseada no cliente em seu artigo recente publicado na *Harvard Business Review*.[17] Pense nisto: os padrões contábeis que usamos até hoje foram criados quando enormes quantidades de capital financeiro eram necessárias para construir ferrovias, erguer fábricas e adquirir maquinários para equipar o chão da fábrica. Influenciados pelo antigo paradigma de que todo valor excedente vai para os investidores, os "lucros" contábeis nunca levam em consideração o custo de capital, o que tem levado a uma utilização muito pouco criteriosa desse recurso.

É bem verdade que os contadores aperfeiçoaram técnicas de capitalização e depreciação de ativos fixos ao longo do tempo. Mas entramos em uma nova era na qual a manufatura e os bens de capital representam uma parcela muito pequena da economia. Hoje, o setor de serviços responde por mais de 80% da economia dos Estados Unidos e esse setor inclui uma proporção ainda maior de startups que têm grandes chances de dominar a economia do futuro. Essas startups não precisam de capital para construir ferrovias nem comprar maquinário, ou até para comprar seus servidores de computador, uma vez que a tecnologia de nuvem já possibilita alugar poder de processamento. Hoje em dia, muito menos capital é necessário e, se for necessário, esse dinheiro é usado para financiar investimentos em ativos intangíveis, como P&D, software, cadeias de suprimentos, reputação da empresa (e pontuações) e, especialmente, conquistar novos clientes e fazer por merecer a lealdade desses clientes. As técnicas contábeis antiquadas não têm como avaliar com eficácia esses ativos compostos por clientes. Muitas empresas nem sabem direito quantos clientes têm! E essas mesmas empresas estão contratando auditorias não qualificadas desses contadores – em outras palavras, hoje em dia a contabilidade está tão descolada do cliente que nem se importa com quantos clientes uma empresa tem, muito menos quantos clientes estão voltando para comprar mais e trazendo os amigos.

Ninguém exige que os jovens empreendedores saiam por aí dirigindo antigos Modelos T da Ford do começo do século 20. Mas se esses empreendedores resolverem abrir o capital de sua empresa, exigimos que eles se adequem às práticas contábeis obsoletas daquela época.

Os dois componentes do crescimento conquistado

A contabilidade baseada no cliente já é praticada em empresas como Amazon, Costco e Chewy, e a maioria dessas empresas já consegue calcular o componente mais importante do crescimento conquistado. Por exemplo, a Chewy reportou no prospecto de sua IPO que sua base de clientes do ano anterior aumentou as compras em 120%. Esse é o primeiro componente do crescimento conquistado, que já tem nome: retenção de receita líquida. Essa antiga estatística é usada até hoje em vários setores, com destaque para o software como serviço (SaaS). O SaaS é um setor em expansão da economia que inclui empresas como Salesforce, ServiceNow, Workday, Dropbox e Zoom. A importância da retenção de receita líquida como um indicador da qualidade (e da sustentabilidade) do crescimento fica clara com o impacto do SaaS sobre a capitalização das empresas. A SaaS Capital descobriu que, para cada incremento de 1% na retenção de receita líquida, o valor da empresa aumenta um total de 15% nos cinco anos subsequentes.[18]

FIGURA 5-9
A retenção de receita líquida é um dos principais
impulsionadores das avaliações de empresas de SaaS

Avaliação por múltiplos (valor da empresa/receita recorrente anual)

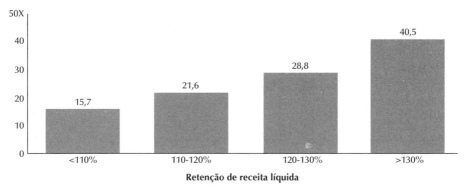

Retenção de receita líquida

Observação: Com base em 52 empresas de SaaS de capital aberto em abril de 2021.

As empresas de SaaS costumam ser avaliadas com base em um múltiplo de suas receitas recorrentes anualizadas. Como você pode ver na Figura 5-9, a retenção de receita líquida resulta em grandes mudanças nos múltiplos de avaliação. Os múltiplos de empresas de SaaS de capital aberto com retenção de receita líquida acima de 130% são avaliadas em mais que o dobro que os das empresas com retenção de receita líquida abaixo de 110%. Fica claro que os investidores de empresas de SaaS sabem muito bem que não há um impulsionador de crescimento mais lucrativo e sustentável do que um bom motor baseado em lealdade.

Apesar de ser um indicador muito utilizado no setor de SaaS, empresas individuais reportam a retenção de receita líquida com base em uma variedade de metodologias. Algumas usam amostras de clientes, algumas excluem novos clientes que abandonaram a empresa no mesmo período e clientes com contratos de vários anos e assim por diante. Recomendo fortemente adotar a retenção de receita líquida como uma métrica formal dos princípios de contabilidade geralmente aceitos usando regras claras para a elaboração de relatórios, incluindo notas de rodapé detalhando quaisquer desvios das diretrizes de medição padrão.

O segundo (e normalmente muito menor) componente do crescimento conquistado é a Receita de Novos Clientes Conquistados, que quantifica as receitas provenientes do subconjunto de novos clientes que foram *conquistados* por meio de recomendações e indicações de clientes existentes. O NPS Prism começou a quantificar esse componente e encontrou uma considerável variação entre os concorrentes. Por exemplo, entre as doze principais emissoras de cartões de crédito, a parcela de novos clientes que solicitaram um cartão principalmente devido a uma recomendação ou indicação variou de um mínimo de 8% a um máximo de 31%. Em contas-correntes e poupanças, o principal banco dos Estados Unidos conquista 53% de seus novos clientes. Encontramos uma empresa de alto crescimento que estava atingindo uma extraordinária Receita de Novos Clientes de 90%. Essa ampla variação de novos clientes conquistados indica a importância de os executivos começarem a quantificar (e gerir) esse componente do crescimento da qualidade. E isso não poderá ser feito sem botar as mãos na massa e inovar. Mas já passou da hora de levarmos a sério o monitoramento dessa métrica. Se isso não for feito, as empresas nunca serão capazes de conhecer o verdadeiro valor de amar os clientes e continuarão investindo demais na compra do crescimento por meio de promoções e táticas de vendas agressivas e investindo de menos em encantar os clientes existentes.

Hoje, poucas empresas são capazes de distinguir os novos clientes conquistados dos novos clientes comprados, de modo que nós, da Bain (em parceria com uma equipe da Medallia), criamos uma solução prática para começar a enfrentar esse desafio. Você poderá encontrar mais detalhes sobre essa solução em nosso site, NetPromoterSystem.com, mas, em resumo, testamos a melhor estrutura para incluir uma pergunta ao processo de integração de novos clientes. É importante saber com clareza o principal motivo que levou o cliente a escolher a empresa logo no início do relacionamento, quando o processo de decisão ainda está fresco na mente do cliente. Espero que outras soluções para fazer a distinção entre os novos clientes conquistados e os novos clientes comprados sejam criadas, mas, agora que já existe uma solução comprovada (uma pergunta simples integrada ao processo de configuração da conta do cliente), as empresas não têm mais desculpas para deixar de monitorar essa estatística crucial.

Como o avanço da contabilidade baseada no cliente, espero que um dia a prática produza o fluxo constante de informações necessárias para gerenciar a empresa com base no conjunto completo de indicadores econômicos do ciclo de vida do cliente (que detalhei em *The Loyalty Effect* juntamente com o processo para calcular o valor do ciclo de vida do cliente). Mas, enquanto isso não acontece, todas as empresas deveriam começar monitorando as estatísticas básicas a seguir: data de entrada do cliente e o principal motivo para a adesão, frequência de compra, volumes e preços, custos de produtos/serviços, mudanças nesses itens ao longo do tempo e a data em que os clientes se tornam inativos ou abandonam a empresa. Esses dados lhes possibilitarão calcular o crescimento conquistado.[19] Ver os clientes como os ativos mais importantes de uma empresa não passará de conversa para boi dormir se o valor de cada cliente não for monitorado e quantificado.

Você se lembra do ensinamento bíblico seguido por Truett Cathy, sobre a importância de ter uma boa reputação e que *ter um bom nome na praça vale mais do que prata ou ouro*? Bem, nenhum líder precisa ser religioso para adotar esse princípio. Com a contabilidade baseada no cliente, os líderes podem começar a medir os componentes básicos do crescimento conquistado e gerenciar seus processos de crescimento da lealdade com dados em tempo real. Acho que eles chegarão à mesma conclusão que Truett. Com os dados da contabilidade baseada no cliente para orientar os investimentos e as decisões orçamentárias e para detalhar os relatórios aos investidores, esse novo foco de prestação de contas permitirá que os executivos parem de sapatear ao som de métricas contábeis obsoletas e comecem a valsar com elegância e propósito ao ritmo do amor pelo cliente.

Implicações para executivos, investidores e membros do conselho

Você pode estar se perguntando por que, em um livro focado em enriquecer a vida dos clientes, incluí um capítulo inteiro do ponto de vista principalmente do investidor. Bem, os investidores continuam tendo muita influência na era do capitalismo de cliente. Espero que este capítulo dê mais confiança aos CEOs, diretores financeiros e membros do conselho para tomar decisões difíceis com vistas a fazer a coisa certa para os clientes, com a certeza de que não há conflito algum entre o amor pelo cliente e o respeito ao investidor. Os bons investidores apoiarão essa prioridade. Espero que mais investidores se informem e se tornem embaixadores do Net Promoter, não apenas da pontuação, mas também do sistema que facilita a aprendizagem e o progresso em direção a amar os clientes. Afinal, como já vimos, *os interesses dos investidores de longo prazo são mais bem atendidos quando os executivos inspiram suas equipes a adotar, como seu principal propósito, o amor pelos clientes.*

Espero que mais conselhos de administração responsabilizem os líderes corporativos por agir em prol dos clientes e os recompensem generosamente quando eles entregarem um TSR acima da média do mercado.[20] Hoje, os membros do conselho sentem-se no dever de proteger os interesses dos investidores. As evidências apresentadas neste livro demonstram que, para cumprir esse dever, eles devem ajudar a erradicar os lucros ruins, que são tão danosos aos investidores quanto aos clientes.

Para recompensar os executivos por amar os clientes e para monitorar o progresso em direção a esse propósito, tanto os investidores quanto os conselhos devem insistir em avaliar a Taxa de Crescimento Conquistado bem como resultados confiáveis do NPS em comparação com os principais concorrentes – medidos de acordo com padrões auditáveis e gerados (ou verificados) por um terceiro de confiança. Por fim, tanto os investidores quanto os membros do conselho devem insistir em ter acesso aos resultados contábeis com base no cliente. O foco restritivo nos lucros correntes é danoso porque é fácil inflacionar os lucros correntes explorando os clientes ou abusando deles em vez de amá-los.

CAPÍTULO 6

Honre a Regra de Ouro

Mas primeiro entenda o que é

A Regra de Ouro – adotada de uma forma ou de outra pela maioria das grandes tradições religiosas do mundo e declarada sucintamente na tradição cristã como *ama o teu próximo como a ti mesmo* – é uma das ideias mais profundas da história da civilização humana.[1]

Não sou o que a maioria das pessoas consideraria uma pessoa muito religiosa, mas acredito piamente que viver a vida do jeito certo (ou ser um grande líder) requer uma profunda compreensão da Regra de Ouro. Devemos nos orientar por esse princípio fundamental ao decidir como tratar as pessoas, identificar nosso propósito e determinar como medir o progresso em direção a essa missão. A noção de viver a vida do jeito certo pode até soar um pouco filosófica e teórica demais, mas pode ter certeza de que você também encontrará neste capítulo muitos conselhos práticos para construir um grande negócio e verá como as duas coisas andam de mãos dadas.

Vários anos atrás, comecei a pensar sobre a Regra de Ouro e como ela poderia se aplicar ao mundo distintamente laico dos negócios.

Diante da minha dificuldade de conciliar essa questão, decidi visitar um velho amigo meu que se tornou pastor e nunca parou de estudar, além de lecionar em um seminário.

Havíamos conversado sobre a Regra de Ouro muitos anos antes. Na verdade, foi esse amigo que abriu meus olhos para a história milenar e cheia de nuances da Regra de Ouro. Ele me disse que os antigos precursores da Regra de Ouro datam da época de Confúcio, que – mais de 2.500 anos atrás – disse a seus seguidores: "Não imponha aos outros o que você não deseja para si mesmo".[2] Essa maneira de passar a mensagem usando a negativa (*não* faça coisas *ruins* às pessoas) permaneceu dominante na época em que a Torá* e o resto do que veio a ser chamado de Antigo Testamento foram escritos. Em seguida, de acordo com Mateus 7:12, Jesus elevou os padrões: "*Faça aos outros o que gostaria que fizessem a você*". Depois, em Mateus 22:39, a ideia foi elevada ainda mais: "*Ama o próximo como a ti mesmo*".

Esse novo preceito vai ainda mais longe e determina um nobre e elevado padrão de comportamento moral. Segundo esse novo padrão, não basta evitar fazer *mal* aos outros; também devemos buscar ativamente maneiras de fazer o *bem* aos outros ou, em outras palavras, enriquecer a vida das pessoas.

Eu e meu amigo marcamos um encontro para almoçar em um restaurante. Depois que pedimos o almoço, expliquei que eu queria escrever um livro de negócios centrado na Regra de Ouro. Meu amigo não se empolgou muito. Ele me disse que não via como isso daria certo, visto que – a seu ver – as empresas operam com base no interesse próprio e em uma mentalidade que chamamos de soma zero. (Em outras palavras, para eu ganhar, você precisa perder e vice-versa.) E ele não parou por aí. Disse que seria pedir demais que as pessoas usassem a Regra de Ouro como uma ferramenta prática para orientar a vida cotidiana em *qualquer* contexto. "Por quê?", eu quis saber. "Porque é simplesmente muito

---

* Nota da Editora: Principal texto sagrado do judaísmo, a Torá é composta por cinco livros: Gênesis, Êxodo, Levítico, Números e Deuteronômio.

difícil saber o que os outros estão pensando", ele explicou. Ele usou a si mesmo e a garçonete do restaurante para ilustrar seu argumento. Ela era uma jovem extrovertida, usava vários piercings e – a julgar por uma de suas tatuagens – era possível que fosse ateia. Ele era um homem de idade, introvertido e acreditava fervorosamente em Deus. Como os dois poderiam começar a se entender? E, sem esse entendimento mútuo, sem essa empatia, como seria possível seguir a Regra de Ouro?

Insisti na minha ideia. Expliquei que vi empresas exemplares que, a meu ver, haviam desenvolvido a cultura de liderança, a estrutura, a governança e os sistemas de feedback necessários para seguir a Regra de Ouro pelo menos até certo ponto. Também disse que, até no contexto da concorrência feroz do livre mercado, essas empresas estavam vencendo porque seguir a Regra de Ouro lhes fornecia uma estratégia econômica imbatível. Mostrei algumas evidências de que as empresas com Net Promoter Scores superiores – que eu associava a empresas que tratavam os clientes de acordo com o preceito da Regra de Ouro – estavam vencendo suas batalhas competitivas.

Meu amigo fez uma cara de quem não tinha se convencido. Ele me avisou: será que falar da Regra de Ouro não desagradaria o público de negócios e até o empurraria na direção errada? Com base em sua experiência com os membros de sua paróquia e os seminaristas, ele sabia que vários membros da nossa sociedade têm ideias muito diferentes (e profundamente arraigadas) sobre o significado da Regra de Ouro. Além disso, hoje em dia, a maioria dos consumidores e funcionários busca a verdade fazendo uma rápida pesquisa na internet, não em textos antigos ou princípios religiosos.

"Tome cuidado, Fred", ele concluiu.

* * *

Mesmo assim, quanto mais eu analiso empresas que conquistam a lealdade de clientes e funcionários, mais encontro líderes que pregam e praticam a Regra de Ouro. E essas empresas estão vencendo e ganhando muito! A maioria das empresas líderes em NPS são modelos exemplares da Regra de Ouro, com Net Promoter Scores de relacionamento com os clientes variando de 50 a 70, às vezes até mais. Seus Net Promoter Scores de relacionamento com os funcionários varia de 40 a 60. Essas empresas superam os concorrentes gerando bons lucros continuamente, e os retornos de longo prazo a seus investidores têm sido, por assim dizer, celestiais.[3] Não é exagero dizer que os integrantes dessas comunidades centradas na empresa estão se sentindo muito, digamos, amados.

Quando eu soube que o Four Seasons Hotels and Resorts havia adotado o NPS, fui a Toronto, no Canadá, entrevistar o fundador Issy Sharp, que também era o CEO da empresa na época. Para minha surpresa, ele disse que considerava que a Regra de Ouro era a base da cultura do Four Seasons e achava que isso explicava a eficácia da fórmula do Four Seasons nas várias culturas diferentes ao redor do mundo onde a empresa tinha hotéis. Ele contou com orgulho que sua esposa havia feito uma pesquisa sobre o tema e descobriu que todas as principais religiões do mundo incorporam a Regra de Ouro de uma forma ou de outra. Apesar de sua história milenar, descobri que o termo "Regra de Ouro" é relativamente novo. Foi apenas no século 17 que o termo passou a existir, quando padres anglicanos o adotaram. Isso pode explicar por que tantas pessoas presumem que a regra se restringe à religião e por que acham que tem pouca relevância no mundo dos negócios.

Na minha opinião, reforçada por Sharp e tantos outros, o princípio fundamental transcende a religião. Na verdade, essa noção fornece a base para bons relacionamentos e comunidades saudáveis no mundo todo. Mas, se isso é verdade, se a Regra de Ouro é uma estratégia tão vencedora, por que é tão difícil encontrá-la na prática? Pense nos motoristas distraídos, rudes, agressivos e arrogantes que você encontra no caminho para o trabalho. Pense naquelas pessoas fazendo compras no supermercado e que ignoram completamente os outros clientes e até mesmo o caixa, enquanto tagarelam ao celular. Faça uma visita a uma concessionária ou ligue para o serviço de atendimento ao cliente do seu provedor de TV a cabo e veja se a Regra de Ouro é a primeira coisa que vem à mente. Pense na falta de cortesia dos líderes do governo. Pense na multidão de *trolls* nas redes sociais. Diante de todo esse egoísmo e grosseria, você pode até ser levado a achar que a Regra de Ouro é uma coisa do passado e pode estar pensando que eu sou no mínimo ingênuo ao sugerir que esse preceito milenar é a base de todos os bons relacionamentos e boas comunidades. Muitas pessoas na sua empresa pensam assim, então esteja preparado para enfrentar o grande desafio de fazer seus colegas mudarem de ideia e convencê-los de que o melhor caminho para o sucesso é tratar seus clientes (e uns aos outros) com amor e carinho.

Estou convencido de que os líderes de negócios precisam se preparar para superar seis obstáculos se quiserem cumprir seu dever de liberar o poder da Regra de Ouro em sua empresa. Vamos dar uma olhada em cada um desses desafios e as soluções práticas que foram adotadas por empresas líderes em lealdade para superá-los.

Desafio n. 1: Um entendimento meramente superficial da Regra de Ouro

Apesar de parecer simples, a Regra de Ouro é interpretada de várias maneiras diferentes e muitas vezes conflitantes. Muitas pessoas aprenderam esse preceito na infância, mas muitas (ou até a maioria) nunca chegaram a refletir sobre suas nuances e potenciais aplicações na vida adulta. Esse entendimento superficial se manifesta em críticas como "Tratar alguém como você gostaria de ser tratado significa dar chocolates belgas porque você adora ganhar chocolates belgas... mas espere aí! A pessoa pode gostar mais de bolo de morango. E se ela for diabética? Nesse caso, *qualquer* doce pode ser perigoso".

Pensando assim, pode ser melhor seguir o que algumas pessoas chamam de Regra de Platina: *tratar os outros como* eles *querem ser tratados*. Só que isso cria os próprios problemas. Se um cliente grosseiro fura a fila de um restaurante, a recepcionista deveria atendê-lo primeiro porque (claramente) é assim que *ele* quer ser tratado? E o que dizer do paciente que insiste para o médico lhe prescrever um medicamento com base em um comercial que viu na TV ou no endosso do presidente de seu país? Se o médico sabe que o medicamento pode prejudicar a saúde desse paciente, seria melhor não fazer o que o paciente quer, não é mesmo? O médico deve seguir um padrão mais elevado para cuidar de seus pacientes: o amor. Ele deve encontrar uma maneira de tratar o paciente como trataria um ente querido.

As camadas de complexidade aumentam quando você considera a rede interconectada de relacionamentos que forma a comunidade. *Ame o próximo como a si mesmo* pode dar a impressão de que há apenas duas pessoas envolvidas – você e o próximo. Mas todo relacionamento existe no contexto da comunidade ou do grupo de comunidades que o sustenta. As melhores soluções devem reforçar a saúde e a vitalidade das comunidades além do relacionamento individual. É neste ponto que questões como a proteção do meio ambiente, o apoio à diversidade e a defesa da justiça social entram em cena. Apesar de o principal propósito de uma grande empresa ser melhorar a vida dos clientes, essa missão não tem como ser concretizada deixando essas responsabilidades de lado. Uma verdadeira solução da Regra de Ouro precisa satisfazer requisitos em várias dimensões. A solução precisa: (1) aumentar a felicidade e o bem-estar do próximo; (2) manter ou, de preferência, aumentar a sua própria dignidade e bem-estar; e (3) reforçar a rede de comunidades que sustenta esse relacionamento.

Pense nisso. Você ficaria tranquilo se, para fazê-lo feliz e lhe dar um presente, alguém usasse todas as economias, colocando em risco o futuro de sua família? É claro que não. Ninguém quer receber um gesto de generosidade às custas dos outros, assim como nenhuma pessoa boa quer ter uma relação parasitária com o próximo ou a comunidade. Assim, precisamos encontrar maneiras de encantar os outros sem nos prejudicar (passando noites em claro no trabalho ou sacrificando nossos princípios). Também precisamos proteger nossa comunidade corporativa. Por exemplo, o nepotismo ou o tratamento preferencial pode aumentar a felicidade de alguém em curto prazo, mas desgastará a dignidade e a reputação da pessoa e também enfraquecerá a comunidade, que é a base da nossa felicidade e bem-estar no longo prazo.

No nível individual, se você é o técnico do time de basquete da sua filha, não deve dar a ela uma posição de destaque no time só para ela ficar feliz. Da mesma forma, no contexto dos negócios, dar corda para clientes ou funcionários que não são lucrativos, que são improdutivos ou que abusam dos valores da comunidade é incompatível com o preceito da Regra de Ouro. E estamos falando de um padrão muito elevado, muito mais alto e mais difícil de alcançar do que, por exemplo, "o cliente tem sempre razão". Os colaboradores precisam criar soluções inovadoras capazes de fazer mais do que apenas encantar os clientes no momento da compra. Essas soluções também devem melhorar o bem-estar e a reputação desse cliente em longo prazo, bem como a dignidade do atendente e, é claro, a saúde econômica da empresa, ao mesmo tempo que reforçam os valores, a vitalidade e a sustentabilidade das comunidades envolvidas na transação. Tudo o que os proponentes dos relatórios ambientais, sociais e de governança corporativa (ESG) estão fazendo é explicitar esse preceito básico da Regra de Ouro que define que um excelente relacionamento é aquele que enriquece a vida das pessoas e fortalece as comunidades envolvidas.

Como eu disse, não é fácil atingir esse padrão!

Soluções que aprofundam o entendimento

- Para que as equipes de negócios atuem em prol dos interesses da comunidade, elas precisam entender os fatores econômicos para garantir que suas decisões não deixem um cliente ou um funcionário feliz às custas da saúde e da sustentabilidade da empresa no longo prazo. Da mesma forma, as equipes de negócios precisam saber calcular, pelo menos em termos aproximados, o custo potencial de uma inovação proposta para encantar os clientes – bem como seus prováveis benefícios – para certificar-se da viabilidade do investimento proposto. Desse modo, é importante estudar a fundo os fatores econômicos do negócio, incluindo a participação dos clientes mais leais nos lucros da empresa. Tanto que algumas empresas – como a JetBlue e a Southwest (líderes em NPS no setor de companhias aéreas dos Estados Unidos) e a Qantas (líder em experiência do cliente na Austrália) – passaram a ensinar isso em seus programas de treinamento aos funcionários. Os funcionários da Qantas aprendem que o valor do ciclo de vida de viajantes frequentes a negócios ultrapassa os US$ 10.000 e que manter a lealdade desses clientes é vital para a saúde financeira da empresa. Esse conhecimento ajuda os funcionários a decidir que vale a pena gastar alguns dólares em chocolates finos para fazer esses clientes se sentirem especiais.

- A Qantas também faz questão de garantir que seus passageiros frequentes se sintam especiais, mas nunca correndo o risco de se indispor com os outros passageiros (prejudicando, assim, a comunidade). Desse modo, quando um comissário de bordo percebe que um passageiro frequente está viajando na classe econômica, ele procura maneiras de fazer esse passageiro se sentir especial. Por exemplo, se sobraram chocolates da primeira classe, o comissário pode dar alguns para o passageiro frequente. Nesse caso, o ideal seria também oferecer chocolates para as pessoas sentadas ao lado do passageiro frequente, deixando todos felizes. Em vez de se ressentir do status especial do passageiro frequente, os outros passageiros ficam felizes de ter tido a sorte de viajar ao lado do passageiro frequente.

- A seguradora USAA tenta servir seus clientes (principalmente militares e ex-militares e suas famílias) com empatia e compaixão. Por isso, a empresa contrata o maior número possível de veteranos e familiares de militares. Para aumentar ainda mais a empatia – um componente fundamental da Regra de Ouro –, todos os novos funcionários participam do evento de Orientação para Novos Funcionários. Os executivos seniores recém--contratados participam do evento com os novos funcionários da linha de frente. Funcionários voluntários usam equipamentos de batalha e levam uma mochila cheia. Outras atividades incluem comer ração militar em pasta, responder a comandos militares para uma operação em campo ou participar de um exercício de interpretação de papéis que envolve notificar a morte de um familiar em serviço.[4] O resultado é que, quando um representante atende uma ligação de um cliente, ele tem como imaginar o que a pessoa está passando. O treinamento de empatia não se restringe à orientação inicial. Executivos seniores e membros do conselho fazem cursos de atualização no encontro anual dos associados (clientes da empresa), quando 120 associados convivem com aproximadamente 70 executivos e membros do conselho da USAA que participam de exercícios e sessões em pequenos grupos que permitem aos executivos entender melhor as necessidades e interesses dos associados.
- A desenvolvedora de software Intuit já está ciente há um bom tempo da importância de desenvolver a empatia com seus clientes – um desafio especial para empresas de software, que raramente interagem cara a cara com os clientes (e um desafio cada vez mais comum para todas as empresas à medida que linhas de frente digitais substituem as interações humanas). Muito tempo atrás, a Intuit desenvolveu sua técnica Follow Me Home (algo como "siga-me em casa", em tradução livre), com clientes dispostos a permitir que os funcionários da Intuit os observem

em sua casa (ou no trabalho) enquanto usam um produto da empresa. Essa experiência direta com os clientes garante que os codificadores, desenvolvedores de produto, profissionais de marketing e executivos seniores da Intuit desenvolvam um profundo conhecimento das necessidades dos clientes. Diante dos riscos da Covid-19, o processo foi adaptado para usar soluções envolvendo webcams, que ainda possibilitam que os funcionários vejam o mundo pelos olhos do cliente. Uma lição relacionada que a Intuit aprendeu fechando o ciclo com os Detratores é que, apesar do claro benefício para os clientes – que sentem que alguém tem um interesse sincero em resolver seus problemas –, a empresa se beneficia através do aumento de empatia de seus funcionários pelos clientes por meio dessas conversas. Os funcionários conseguem entender melhor as dificuldades enfrentadas pelo clientes e como a Intuit pode ajudar a resolvê-las. Fechar o ciclo com os clientes pode ser o melhor programa de treinamento de empatia já inventado.

- Os franqueados da Chick-fil-A enfrentam um desafio particularmente difícil para aumentar a empatia dos membros de sua equipe. Muitos de seus novos contratados são adolescentes, que podem ter aprendido suas habilidades sociais no TikTok ou no Snapchat. Olhar o cliente nos olhos, falar frases completas que não incluam "tipo assim" ou "deu ruim" e fazer com que os clientes se sintam bem-vindos e especiais são habilidades aprendidas. Para enfrentar esse desafio, a empresa criou um vídeo de treinamento para os gerentes ajudarem seus jovens contratados a reconhecer que eles não estão em um game e que as pessoas do outro lado do balcão não são apenas widgets a serem rapidamente processados. Os clientes são *seres humanos*, vivendo a própria vida com suas próprias alegrias e preocupações. No vídeo, cada cliente que entra no restaurante é acompanhado por um balão de pensamento que reflete um problema que o cliente está precisando resolver no momento – uma mãe que acaba de ser diagnosticada com demência, uma filha com câncer, um marido que acabou de perder o emprego e assim por diante. O vídeo ajuda esses jovens funcionários a imaginar como seria lidar com esses desafios e os ajuda a começar a ver a interação com o cliente como uma oportunidade de exercitar a compaixão e a gentileza, em vez de apenas entregar com eficiência um sanduíche de frango com batatas fritas. Pode parecer forçado, mas os gerentes ensinam os novos funcionários a não dizer algo como "falou" quando o cliente agradece. Os novos funcionários são encorajados a responder com "foi um prazer". Afinal, não custa se lembrar de que realmente é um prazer e um privilégio poder servir outro ser humano.

- Os executivos da varejista de óculos Warby Parker (incluindo os co-CEOs da empresa) cultivam a empatia para com os clientes e com as equipes de linha de frente acompanhando regularmente um dia de trabalho dos representantes de atendimento ao cliente. Os executivos também visitam as lojas periodicamente e pedem pessoalmente o feedback da equipe e dos clientes. Essa experiência direta de servir os clientes garante que os executivos da sede não percam de vista os interesses dos clientes da empresa. E, talvez ainda mais importante, os executivos sentem na pele as dificuldades – sendo que algumas são agravadas por mudanças nos sistemas ou processos manuais – enfrentadas pelos funcionários da linha de frente para fornecer um bom atendimento ao cliente. Sentir essa frustração na pele leva a soluções mais rápidas.

Desafio n. 2: Sistema problemático de incentivo/recompensa

O engenheiro e especialista em eficiência W. Edwards Deming observou que um sistema ruim sempre derrota uma pessoa boa.

Vamos aplicar esse fato desanimador aos principais temas deste capítulo. Um bom sistema de negócio deve facilitar às pessoas fazer a coisa certa e dificultar fazer a coisa errada. O sistema deve reconhecer e recompensar as pessoas que honram a Regra de Ouro e penalizá-las quando a desrespeitam. Infelizmente, os incentivos voltados aos lucros de curto prazo empurram muitas empresas na direção errada. Em vez de administrar e desenvolver os ativos com responsabilidade, muitas empresas os extraem até a última gota. Os vendedores prometem benefícios irreais para os clientes porque ganham a mesma comissão independentemente de o cliente se tornar um Promotor leal ou abandonar a empresa em alguns meses e se transformar em um Detrator revoltado. Os líderes obrigam suas equipes a trabalhar até a exaustão para cumprir as metas trimestrais, mas não precisam arcar com todo o custo de funcionários desmotivados ou da alta rotatividade de funcionários. Os departamentos de recursos humanos cumprem as metas de recrutamento reduzindo os padrões de contratação, sabendo que os outros departamentos é que terão de arcar com os custos do mal atendimento ao cliente. Os planos de bônus recompensam os executivos por aumentar os lucros de curto prazo, mesmo se eles adotarem práticas que abusam dos clientes: multas por atraso, departamentos de atendimento ao cliente com pessoal insuficiente, políticas de devolução complexas, programas de fidelidade com pontos que expiram e todos os outros problemas detalhados nos capítulos anteriores.

A verdade é que a maioria dos sistemas de governança atuais responsabiliza as equipes principalmente por atingir as metas de custo ou receita. Sempre que os lucros caem, os departamentos criam todo tipo de políticas para gerar o que chamo de "lucros ruins". Quando assumiu o processo de recuperação da Schwab, Walt Bettinger descobriu que um quarto das receitas da empresa resultava de lucros ruins. Ele pediu a sua equipe que fizesse um ranking das políticas ofensivas ao cliente, da pior à menos pior, e comprometeu a empresa a erradicar todas elas, de baixo para cima, no decorrer de vários anos. Um detalhe importante dessa prática é que esse processo de limpeza com o objetivo de eliminar as práticas de negócios danosas depende de um prazo claro e realista.

A inércia e os maus hábitos podem ser fatais. É muito raro ver a Regra de Ouro sendo levada em consideração nas reuniões do conselho e nos planos operacionais em parte porque ela não costuma ser incorporada nas discussões de tomada de decisão. Se a conformidade com os padrões da Regra de Ouro não for medida – se não for uma meta explícita e mensurável –, ela será empurrada para o fim da fila. Os membros da equipe que tratam clientes e colegas com amor são negligenciados, enquanto os funcionários que atingem as metas de custo ou receita são recompensados. As comissões podem ser particularmente radioativas, motivando os vendedores a mentir e tentar empurrar produtos dos quais os clientes não precisam.[5] Recompensar os líderes por desrespeitar a Regra de Ouro pode levar pessoas inerentemente boas a fazer coisas ruins. Elas podem ser incentivadas a explorar os clientes para ganhar mais, geralmente sob o pretexto de maximizar o valor para o acionista. Quando uma organização não apenas tolera essas práticas como também promove as pessoas que fazem isso para ocupar posições de poder e autoridade, o sistema resultante tem o potencial de desencorajar muitas pessoas de fazer o bem.

Em resumo, os sistemas organizacionais voltados aos lucros ruins têm muito poder e quase nunca desaparecem por conta própria. Os líderes devem se responsabilizar pela cultura de sua empresa, exemplificando os comportamentos certos e, também muito importante, modificando os sistemas de mensuração e recompensa para reforçar os padrões da Regra de Ouro.

Soluções para garantir que os sistemas de incentivo/recompensa reforcem a Regra de Ouro

- Tome cuidado com as comissões. Muitas empresas presumem que a única maneira de vender produtos e serviços é pagar altas comissões aos vendedores. Como já vimos, isso incentiva os vendedores a prometer demais, empurrar produtos dos quais os clientes não precisam e ignorar clientes que não parecem prontos para fechar uma compra imediatamente. Vale a pena lembrar, contudo, que os líderes da lealdade, como a Apple Retail, geram receitas enormes sem pagar qualquer comissão. O mesmo pode ser dito da T-Mobile, Costco e Discover. Na verdade, são poucas as grandes empresas que eu conheço que usam comissões de vendas como um de seus principais mecanismos de incentivo. Se as suas vendas não conseguirem decolar, pode não ser devido a uma economia fraca ou uma equipe de vendas incompetente, mas porque você tem um produto fraco, um atendimento medíocre ou um preço incompatível com a experiência fornecida ao cliente. Pense que vários setores que tradicionalmente usavam comissões de vendas foram virados de cabeça para baixo por novos entrantes que se livraram das comissões. O varejo de colchões – com suas pegadinhas, armadilhas e vendedores comissionados – costumava proporcionar uma experiência terrível aos clientes até que novos participantes digitais como a Casper, Tuft & Needle e Purple entraram em cena. As lojas de óculos que se achavam muito espertas perderam espaço para a Warby Parker. As corretoras de investimentos da velha guarda foram substituídas pela Schwab, Vanguard e Fidelity. Qual é a característica em comum? *Nenhuma dessas empresas usa comissões de vendas.* Se você é um líder e acha que não tem como abrir mão das comissões, dê um jeito de criar um sistema de ressarcimento caso os clientes não fiquem satisfeitos em longo prazo e de adotar políticas generosas de devolução e reembolso. Considere reduzir as comissões para que o esforço dedicado a vender a um novo cliente só seja recompensado com repetidos prêmios de comissão ao longo dos anos, à medida que o cliente volta para comprar mais. Essa abordagem garante que a equipe de vendas tente conquistar clientes potenciais tendo em vista o longo prazo, com argumentos de vendas honestos para que o cliente tenha expectativas realistas.

- Como já vimos, se não for possível evitar as comissões, considere monitorar os resultados do NPS para cada equipe de vendas. A California Closets, empresa de armários sob medida, já usava o NPS há vários anos e se orgulhava da montanha de elogios que recebia dos clientes. Mas os líderes estavam preocupados: eles suspeitavam que os clientes potenciais que faziam um orçamento na empresa mas optavam por *não* comprar não ficavam muito empolgados com a experiência. Afinal, como já vimos, as comissões representam a maior parte dos ganhos de um vendedor e, se o vendedor não acreditasse que fecharia a venda naquele dia, ele poderia desprezar o cliente potencial. Tanto que alguém entreouviu uma vendedora descrevendo como tratava os clientes que optavam por não fechar a compra na hora. "Essa gente está *morta* para mim", ela declarou. Dá para imaginar que não é fácil disfarçar uma atitude como essa – se é que ela tentava disfarçar! – e a atitude entrava em conflito direto com o objetivo da empresa de oferecer uma experiência de compra tão incrível que, mesmo se a pessoa decidisse não comprar imediatamente, ela elogiaria a California Closets a amigos e vizinhos e não deixaria de procurar a empresa da próxima vez. Em vista disso, a equipe de liderança lançou um processo para medir o NPS dos clientes potenciais que decidiram não fechar uma compra com a empresa. No começo, esses clientes eram chamados de *clientes potenciais perdidos*, mas depois a empresa passou a referir-se a eles como *futuros clientes*. No início, o NPS dos futuros clientes era de −23%, muito abaixo do NPS de +78% dos compradores. Ao compartilhar os resultados para todas as filiais e destacar as melhores práticas dos vendedores de melhor desempenho – para você ter uma ideia, o NPS de "futuros clientes" de um determinado vendedor chegou a fabulosos +67%! –, a empresa progrediu rapidamente. Além disso, a maioria das outras empresas do portfólio de marcas da FirstService também adotou essa prática.

- Cuidado ao pagar por pontuações altas. Em outras palavras, distribuir bônus com base em pontuações baseadas em pesquisas é uma prática que normalmente se opõe à Regra de Ouro. (Pense no exemplo da concessionária de automóveis do Capítulo 1, com todas as súplicas e tentativas de manipulação, dissimulação e suborno.) Quando a Bain lançou seu processo de feedback do NPS do cliente, incorporamos as pontuações de feedback ao sistema de avaliação dos sócios – o que acabou se revelando um grande erro. Nossos sócios da Bain se opuseram à ideia. Eles argumentaram que o processo não passava de mais uma burocracia e que não resultava em bons insights, em parte porque eles eram incentivados a enviar a pesquisa apenas para os representantes dos clientes que apoiavam o trabalho da Bain.[6] Em vista disso, fizemos duas alterações para adequar o processo ao preceito da Regra de Ouro. Para começar, desvinculamos completamente esse feedback (positivo ou negativo) do processo de avaliação de bônus dos sócios e, em seguida, encarregamos os sócios da linha de frente de repensar o sistema para sugerir mudanças. Hoje, eles têm o poder decidir quando as pesquisas são lançadas, o que geralmente implica envolver toda a equipe de projeto na escolha de quais pessoas do cliente receberão a pesquisa. Se você ainda acha que deve incluir as avaliações do NPS nos bônus dos funcionários, siga o processo usado pela T-Mobile em seus centros de atendimento ao cliente: atrele os bônus às pontuações da equipe, nunca às pontuações individuais.
- A locadora de automóveis Enterprise Rent-A-Car paga seu pessoal com base nos lucros das filiais. Esse incentivo até pa-

recia funcionar, mas levou a alguns comportamentos voltados aos lucros que não estavam deixando a família Taylor orgulhosa. Para resolver o problema, eles instituíram um processo de feedback do cliente – que chamaram de "Índice de Qualidade de Serviço da Enterprise" (ou ESQi, na sigla em inglês) – que foi um precursor do NPS. Como não bastava apenas medir o feedback, eles fizeram experimentos com maneiras de dar sentido a essa medida sem vinculá-la diretamente aos bônus. (Eles tinham visto o resultado terrível das concessionárias de automóveis e não queriam ter nada a ver com isso.) A solução que eles encontraram foi vincular as pontuações do ESQi à possibilidade de promoção. Hoje ninguém é promovido na empresa – o que faz muito mais diferença para aumentar a renda em longo prazo do que um bônus anual – a menos que sua filial seja classificada na metade superior do ranking das filiais comparáveis com base nas pontuações de feedback do cliente.

- As conquistas e realizações celebradas por uma empresa dizem muito sobre o que a empresa realmente valoriza. Muitas empresas recompensam os melhores vendedores com viagens e brindes. Na Bain, uma das recompensas mais respeitadas é o Prêmio Bright-Dix (em homenagem a dois consultores que foram coaches exemplares e que perdemos no trágico ataque terrorista ao voo 103 da Pan Am em Lockerbie, na Escócia). Em cada um dos últimos trinta anos, conduzimos um processo de nomeação e votação que reconhece os gerentes da Bain por contribuições excepcionais para o desenvolvimento de consultores por meio de treinamento, coaching e mentoring – considerados importantes pilares da cultura de nossa empresa. Não é exatamente uma compensação, mas é algo que muitas pessoas valorizam muito mais do que uma recompensa em dinheiro.

Desafio n. 3: Feedback/medição inadequada

Nenhuma pessoa é igual à outra. Sem um sistema de feedback confiável, é impossível saber se você está tratando as pessoas de modo que elas saiam da experiência sentindo que você enriqueceu a vida delas. Como um introvertido sabe do que um extrovertido gosta? Como um vegano pode entender um onívoro? Como uma pessoa de extrema direita pode entender uma pessoa de esquerda? No mundo de negócios, sem um sistema de avaliação confiável, como um funcionário pode saber se o que fez aumentou a felicidade e o bem-estar do cliente?

É aqui que o Net Promoter System pode fazer uma enorme diferença. O atendente da linha de frente pode analisar as pontuações e os comentários dos clientes e observar os comportamentos de lealdade subsequentes. Juntas, essas informações podem revelar o quanto o cliente se sentiu amado e, por extensão, até que ponto o funcionário pôs em prática o preceito da Regra de Ouro. Essas informações também possibilitam que funcionários e equipes inteiras se comparem com os colegas, possibilitando identificar as melhores práticas empregadas pelos outros para que possam ser replicadas.

O feedback deve ser recebido com frequência suficiente para que a felicidade do cliente permaneça no centro das prioridades diárias do funcionário. Além disso, o feedback deve ser sempre atualizado, para que o funcionário possa se lembrar com clareza da interação, incluindo todos os elementos contextuais pequenos, porém cruciais. O ciclo de feedback também deve refletir a realidade da transação específica em questão. Em alguns ambientes de negócios, é relativamente fácil saber se você conseguiu deixar um cliente feliz. O instrutor de clientes da Apple Store, por exemplo, pode observar o nível de energia e as reações dos "alunos" enquanto está dando a "aula" e avaliar em tempo real se está conseguindo enriquecer a vida do cliente naquela aula. Mas até esse instrutor pode se surpreender – por exemplo, quando aquele aluno introvertido volta para casa e faz um comentário detalhado na pesquisa de acompanhamento ou quando o aluno satisfeito fica insatisfeito quando chega em casa e descobre que ele na verdade não entendeu como fazer uma mixagem de som no GarageBand.

Para resolver o problema, você precisa fazer duas coisas. Primeiro, precisa criar uma maneira de avaliar o que o cliente achou da interação usando um processo de feedback simples e fácil. É aqui que o Net Promoter System pode fazer uma enorme diferença. Tudo o que você precisa é de uma rápida avaliação da experiência – geralmente usando uma classificação de 0 a 10 – e dar aos clientes a chance de explicar em suas próprias palavras por que eles deram essa nota e como eles acham que você pode melhorar.

Além disso, as pesquisas devem ser complementadas com o que chamo de "sinais" – comportamentos ou dados operacionais. Os melhores sistemas monitoram os comentários feitos pelos clientes em sites de avaliação, medem o tempo que os clientes passam em cada tela e contam quantos fluxos de cliques resultam em abandono e quantas vezes o cliente precisa voltar a ligar para o serviço de atendimento, o que indica que a empresa não está conseguindo resolver os problemas do cliente, entre outros fatores. É importante usar esse segundo fluxo de dados, porque pode ser chato responder pesquisas e muitos clientes (ou até a maioria) as ignoram. Com o tempo, os sistemas baseados em pesquisas tendem a fornecer cada vez menos insights. Muitos sistemas mais antigos entraram em colapso, produzindo taxas de resposta mínimas e com altas pontuações respondendo por 80% das respostas. O problema é que isso não é muito realista – ainda é muito raro um cliente de fato achar que foi tratado de acordo com a Regra de Ouro. Se o seu sistema não está identificando muitos problemas e oportunidades de melhoria, talvez seja hora de fazer uma grande reformulação.

Soluções para medir sinais com precisão e frequência

- Serviços de entrega de encomendas passaram a oferecer ferramentas digitais que permitem aos clientes acompanhar o status da entrega. Quando o sistema detecta que um cliente verificou o status da entrega várias vezes, a empresa pode querer priorizar essa entrega. Se parecer inevitável que a encomenda não vai chegar a tempo, o sistema deve alertar um representante de atendimento para entrar em contato com o cliente pedindo desculpas e apresentando soluções alternativas. O monitoramento digital do aviso antecipado que os clientes recebem sobre o atraso de uma encomenda combinado com o feedback do NPS que os clientes fornecem após a conclusão da entrega pode ajudar a determinar o prazo certo para alertar os clientes sobre atrasos das entregas. Por exemplo, quando uma empresa notou que as pontuações do NPS despencavam quando os clientes eram notificados menos de doze horas antes do horário de entrega programado, o sistema passou a enviar alertas antes de doze horas sempre que possível.

- Um cliente da Bain, do setor bancário, faz levantamentos frequentes com seus representantes de atendimento ao cliente para identificar pontos de atrito na experiência de seus clientes. Nosso cliente ficou sabendo, por exemplo, que muitos de seus clientes ligavam preocupados com a possibilidade de um pagamento automático não cair a tempo – simplesmente porque essa informação não era apresentada em destaque nos extratos na internet. O problema foi corrigido rapidamente pela equipe de design do sistema. O feedback recebido pelo pessoal da linha de frente costuma fornecer sinais altamente confiáveis e evita aos clientes a chateação de preencher um questionário.

- **Warby Parker:** A Warby observa com atenção o NPS de todos os segmentos de clientes e monitora a relação entre o NPS do cliente e o tempo entre o momento em que um cliente compra seus óculos no site até a entrega final. A empresa encontrou uma relação bastante direta entre a duração desse ciclo de compra e o número de clientes classificados como Promotores com base nas pontuações do NPS. Identificar os fatores que encantam um cliente ajuda a garantir que os clientes saiam encantados com a experiência. Com base nesses dados, a empresa decide o quanto deve investir em entregas expressas. A meta da Warby é garantir tempos de entrega que levem a pontuações do NPS acima de 80%.

- **Peloton:** Quando a pandemia da Covid-19 fechou academias de ginástica e treinamentos presenciais, a demanda pelos já populares equipamentos de ginástica em casa da Peloton decolou, ao mesmo tempo que sobrecarregou a cadeia de suprimentos e a capacidade de produção da jovem empresa. A Peloton não esperou os resultados das pesquisas do NPS para saber quais clientes estavam insatisfeitos com o atraso na entrega de seus pedidos e assumiu o controle da situação, entrou em contato com os clientes que precisariam esperar um tempo absurdo para receber sua encomenda e mandou um pedido de desculpas por e-mail junto com US$ 200 em crédito e acesso imediato (e gratuito) ao app da Peloton.
- **Apple:** A Apple integrou todos os comentários de seus clientes – na internet, por telefone e nas lojas – em uma plataforma, a Medallia, que usa análises taxonômicas e o modelo do NPS. Com isso, os funcionários podem usar um app para se informar sobre as necessidades dos clientes em tempo real e a empresa pode fazer análises e rankings de lojas por linhas de produto, segmentos de cliente e assim por diante. A Apple pode testar rapidamente ideias de melhorias para ver como elas são recebidas pelos clientes (desde as cores ideais das camisas dos funcionários das lojas até alterações no processo de retirada de iPhones comprados na internet mas retirados na loja física). Muitas empresas permitem que seus vários departamentos usem processos de feedback diferentes, usando variadas plataformas tecnológicas, perguntas, técnicas de amostragem e assim por diante. Seria

como permitir que os diferentes departamentos escolhessem processos diferentes para reportar os resultados financeiros. Os sinais e as pesquisas do NPS devem ser integrados e calibrados para garantir que o feedback categorize os sucessos e os fracassos com precisão (Promotor, Passivo, Detrator) e seja disponibilizado aos funcionários.

Desafio n. 4: Não disponibilizar um momento e um lugar seguros para processar o feedback

O ambiente de trabalho pode ser um lugar caótico e cada vez mais acelerado. Dada essa realidade, é imprescindível estabelecer um momento e um lugar para cada funcionário ter a chance de rever seus resultados, analisar o feedback dos clientes, identificar sucessos, analisar os fracassos e ponderar as implicações de fazer a coisa certa. Antes de mais nada, o funcionário precisa fazer isso *sozinho*, como uma preparação para conversas subsequentes com o coach ou os colegas.

A necessidade de segurança também se estende a essas conversas. As pessoas precisam acreditar que é seguro dar e receber feedback. Elas precisam acreditar que a ideia é ser orientadas e inspiradas, não ser criticadas, avaliadas ou punidas. Por outro lado, se as pessoas sentirem que o processo de feedback foi feito para criar algum tipo de ranking, humilhar os funcionários de baixo desempenho ou documentar seus fracassos, elas se concentrarão em mudar a narrativa, encontrar desculpas e apontar culpados. O problema é que a maioria das empresas ignora completamente a necessidade de ensinar os funcionários a dar e processar feedback para que eles possam aprender e crescer.

A Intuit, a primeira empresa fora da Bain a adotar o NPS, participa do nosso Fórum de Lealdade do NPS desde o início. Tal qual a Apple, a Intuit pensou muito sobre a melhor forma de usar a estrutura do NPS para garantir que a empresa trate os clientes do jeito certo. Quando a Intuit implantou o NPS, o líder da central de atendimento da empresa postou as pontuações do NPS de cada atendente em um ranking que podia ser visto por todos, achando que essa abordagem reconheceria os melhores e pressionaria os piores atendentes. Só que o resultado foi bem diferente do esperado. Ao ouvir as ligações do representante com a pontuação mais alta na tentativa de identificar as melhores práticas, os gerentes descobriram que aquele representante sempre atendia as ligações dizendo a mesma coisa aos clientes: "Espero que você esteja tendo um dia 'nota 10'!" Essa técnica lembra muito a do vendedor de carros me advertindo que, "Na nossa concessionária, não aceitamos menos do que a nota máxima"!

Essa manipulação vergonhosa das pontuações levou a Intuit a repensar sua abordagem. Quando visitei a central de atendimento da empresa cerca de uma década depois, vi que eles tinham melhorado muito. Não vi nenhum ranking de atendentes postado na parede. Perguntei a um supervisor – na Intuit, eles são chamados de "coaches" – como ele usava o NPS. Ele explicou que as pontuações dadas pelos clientes e transcrições de chamadas são encaminhadas a cada representante de atendimento para serem usadas em seu autodesenvolvimento. Uma vez por mês, o coach escolhe duas ligações atendidas por aquele representante (todas as ligações são gravadas para fins de treinamento) – uma que gerou uma pontuação de Detrator e outra que gerou uma pontuação de Promotor. Ele e o representante ouvem juntos as duas ligações e o coach pergunta ao representante qual ligação teve sucesso e qual não teve, por que isso aconteceu e como o problema poderia ter sido tratado de forma diferente. Esse processo permite que os representantes identifiquem em uma conversa segura – sabendo que não estão sendo julgados nem avaliados – o que podem melhorar e eles podem avaliar seu próprio progresso com o feedback do NPS que receberem no período subsequente. Os atendentes aprovaram a abordagem. O processo respeita sua dignidade e eles podem usar o feedback para melhorar. Enquanto isso, a Intuit continua superando os concorrentes.

Compare esse processo com lojas e call centers administrados como se fossem fábricas, com gerentes obcecados com eficiências logísticas e operacionais e não com encantar o cliente. Eles se recusam a fazer reuniões diárias ou sessões de coaching com os funcionários porque isso tira tempo produtivo dos vendedores e atendentes. De nada adianta implantar uma plataforma de feedback dispendiosa com tecnologias de ponta se ela não for incorporada a um processo que permita às equipes ponderar e processar o feedback.

Essa mentalidade de fábrica também leva a métricas mais restritas de prestação de contas, baseadas na satisfação ou no esforço, que dizem respeito apenas a uma transação específica. Mas, se os atendentes não se abrirem ao feedback e não se dispuserem a ajudar a promover melhorias ao longo de toda a jornada do cliente, eles correrão risco de perder o emprego. Os seres humanos serão substituídos por robôs baratos se não incorporarem em suas funções capacidade de julgamento, interpretação e criatividade para proporcionar experiências cada vez melhores ao cliente.

Soluções para fornecer um momento e um lugar seguros para processar o feedback

- **Apple:** Como um gerente de uma loja da Apple me disse: "Elogiamos os funcionários na frente de toda a equipe, mas damos qualquer feedback negativo em particular". Comentários de clientes fazendo referência a um membro da equipe específico vão diretamente para o iPhone desse funcionário. Além do membro relevante da equipe, apenas seu líder tem acesso ao comentário para fins de coaching. Os rankings do NPS nunca são divulgados aos funcionários.

- **Bain:** Como vimos no Capítulo 3, o principal processo de feedback que usamos na Bain é uma rápida reunião em pé com a equipe. Na Bain, as pessoas podem se sentir muito pressionadas a performar e, se não forem administradas, essas pressões podem levar a uma cultura brutal no trabalho. Com isso em mente, todos recebem treinamento para dar e receber feedback usando um modelo de coaching voltado a fazer da equipe um lugar melhor para se trabalhar. Os sistemas de pontuação e feedback são pensados para ajudar nossas equipes a *vencer com os clientes* e as reuniões em pé semanais fazem com que o feedback seja mais como a nota de uma tarefa de casa do que uma prova que pode levar uma pessoa a perder o emprego.

- Vários de meus clientes – principalmente no período de alta pressão da pandemia da Covid-19 – removeram o nome de funcionários individuais e as pontuações numéricas de todos os relatórios de feedback antes de compartilhá-los com a equipe. Não levei muita fé nessa abordagem no começo, mas ela acabou se provando bastante eficaz. Um funcionário pode se sentir bastante ameaçado ao receber um feedback negativo, mas, quando os funcionários são tratados como uma equipe, eles podem sair da defensiva e se abrir, processar e encontrar maneiras mais construtivas de reagir ao feedback dos clientes.

- Ferramentas tecnológicas com um bom design podem ajudar a resolver esse problema, dispensando a intermediação do supervisor e ajudando os representantes a receber o feedback diretamente dos clientes. Uma ferramenta bastante utilizada usa a inteligência artificial para selecionar comentários de clientes atendidos recentemente por um representante que merecem consideração e análise. Essas ferramentas de "autoajuda" permitem que os representantes aprendam a ser mais eficazes sem ser pressionados por um supervisor ou coach. Esse processo ajuda os representantes a se responsabilizar pelos próprios programas de melhoria, o que muitas vezes os ajuda a se tornar mais receptivos ao feedback e se abrir a novas abordagens.

Desafio n. 5: Anonimato

Construir uma cultura de responsabilização requer que o comportamento de uma pessoa – tanto o bom quanto o mau comportamento

– seja visível e notado pelos líderes e pelos outros membros da comunidade. Em outras palavras, o anonimato muitas vezes dificulta praticar a Regra de Ouro. Sob a proteção do anonimato, valentões, preguiçosos e trapaceiros podem abusar dos membros da comunidade – e da própria comunidade – sem consequências negativas. Nos bons e velhos tempos, os comerciantes das cidades pequenas tinham uma boa ideia dos clientes que eram confiáveis e pagavam as contas em dia. Todo mundo se conhecia e sabia em quem podia confiar; a reputação das pessoas se baseava em comportamentos e ações observáveis. Mas, nos dias de hoje, é impossível sempre saber com que tipo de pessoa estamos lidando. Hoje, o anonimato permite que as pessoas se escondam em meio à multidão e não prestem contas por suas ações. O problema se agrava em comunidades digitais de todo tipo que permitem o anonimato completo. As pessoas recorrem a uma linguagem incendiária que jamais usariam presencialmente. Dado o papel cada vez mais importante desses canais digitais no mundo de hoje, esse anonimato *precisa* ser mitigado para a Regra de Ouro prevalecer neste nosso mundo cada vez mais digital.

Feedback e avaliações anônimas podem levar a um comportamento irresponsável, até repreensível. Mas, ao mesmo tempo, a total transparência – associando cada feedback à pessoa que o fez – pode reduzir a sinceridade e a franqueza. A pressão social para ser gentil muitas vezes silencia as críticas e inflaciona as pontuações. O problema se agrava na presença de um desequilíbrio de poder. Os pacientes podem não querer fazer uma avaliação sincera de seu dentista, por exemplo, se estiverem no meio de um tratamento.

A conclusão é que, apesar de o total anonimato ser hostil à prática da Regra de Ouro, o *anonimato estruturado* costuma ser imprescindível. "Estruturado" significa que, enquanto as identidades individuais são apropriadamente compartimentalizadas e ocultas sobre quem dá e quem recebe o feedback – digamos, o passageiro e o motorista do Uber –, o sistema sabe tudo. Os executivos responsáveis têm acesso a todos os detalhes para tomar decisões melhores e garantir a integridade do sistema. As avaliações na Amazon não revelam a identidade dos avaliadores, mas a Amazon sabe quem eles são e pode tomar medidas para melhorar a prática dos padrões da Regra de Ouro. O segredo é pensar no design de cada processo de feedback com o grau ideal de anonimato – o mínimo possível para gerar um feedback sincero e construtivo.

Soluções para otimizar o anonimato

- **Feedback na Bain:** Nosso processo interno garante que as pessoas certas tenham direito a voto – e apenas um voto – e garantimos o anonimato, quando solicitado, para que as pessoas digam o que realmente pensam e sentem. Quando coletamos o feedback de nossos clientes, também damos a opção de não revelar a identidade. É verdade que isso dificulta para as equipes identificarem o que levou a um determinado feedback, já que elas não têm como conversar diretamente com os respondentes. Mas aprendemos que alguns membros das equipes do cliente (especialmente os menos seniores) não nos dirão o que realmente pensam se acharem que podem dar a impressão de não quererem cooperar ou que sua opinião sincera pode afetar a imagem que eles querem manter com seu superior.

- **Amazon:** As avaliações da Amazon (de 1 a 5 estrelas) são anônimas para encorajar a franqueza. A empresa tem trabalhado para melhorar a credibilidade das avaliações com seu programa de compra certificada e permitindo que os outros usuários digam se as avaliações foram úteis. Mas ainda há muito o que melhorar, visto que, de acordo com especialistas, uma parcela considerável das avaliações na Amazon não são autênticas.

- **Airbnb:** O Airbnb tenta extrair o maior valor possível do feedback dos hóspedes e anfitriões com um sistema de avaliação mútua que possibilita avaliações sinceras. As avaliações ficam ocultas por um determinado período e, passado esse tempo, os dois lados são revelados simultaneamente. Avaliações e comentários públicos – visíveis aos visitantes do site e à equipe corporativa do Airbnb – são complementados com canais privados. Com isso, os hóspedes têm a chance de fazer recomendações ou dar sugestões amigáveis, como a perna bamba de uma mesa, sem prejudicar a reputação pública do hóspede e sem gerar medo de alguma intervenção por parte da Airbnb. Além disso, um canal privado permite ao anfitrião reportar problemas com hóspedes que poderiam justificar uma intervenção do Airbnb.

- **Uber:** Para evitar uma possível retaliação e constrangimento para os passageiros, as avaliações no Uber – de motoristas por passageiros e de passageiros por motoristas – são mantidas anônimas para os dois lados. Mas os executivos da sede têm acesso total às avaliações e se esforçam para criar incentivos e penalidades apropriadas quando necessário.

Desafio n. 6: Mau comportamento

A Regra de Ouro funciona melhor em comunidades compostas basicamente de pessoas boas – ou seja, pessoas que buscam viver o tipo certo de vida, inspirados pela missão de enriquecer a vida dos outros. Mas, lá fora, no mundo real, algumas pessoas só se preocupam com os próprios interesses. O psicólogo organizacional Adam Grant chama essas pessoas de "tomadores" (ou aproveitadores).[7] Os tomadores não são motivados por fazer do mundo (ou de sua comunidade) um lugar melhor; eles só querem pegar o máximo possível para si.

Perguntei a Adam qual parcela da população ele acha que são indiscutivelmente tomadores. Sua resposta: 19%. Essa doeu! Eu suspeito e espero que o número de pessoas realmente más seja menor do que isso. O Twitter estima que todas as mensagens abusivas, ameaçadoras e abjetas em sua plataforma são postadas por apenas 1% a 2% dos usuários.[8] Seja qual for o verdadeiro número, as más ações não podem ser toleradas. Para que a Regra Áurea atue como um princípio orientador coletivo, deve haver um processo para lidar com clientes, colegas, fornecedores, parceiros e investidores que tendem a se comportar mal. Tolerar essas transgressões prejudica a comunidade e suga a energia e os recursos das pessoas que os merecem. Atenção especial deve ser dada para garantir que nossos líderes pratiquem a Regra de Ouro. Se os bullies, preguiçosos e trapaceiros egoístas conseguirem assumir papéis de liderança, a comunidade estará condenada a um padrão inferior de comportamento, uma vez que os membros da comunidade tenderão a reproduzir os padrões morais exemplificados pelos líderes.

Uma grande vantagem das comunidades corporativas é que elas são associações voluntárias das quais clientes, funcionários, fornecedores e investidores são livres para escolher participar e construir relacionamentos mutuamente benéficos. Mas esses relacionamentos também devem servir para reforçar a vitalidade da comunidade. Quando as pessoas não conseguem contribuir para a comunidade ou quando prejudicam o bem-estar dos outros, elas devem ser responsabilizadas. Os líderes devem ser corajosos, tomar decisões e definir prioridades com base em valores e princípios morais e proteger todos os stakeholders dos integrantes mal-intencionados da comunidade – sejam eles clientes ou colegas de trabalho.

Soluções para desestimular o mau comportamento

- **Motoristas de Uber:** Se as pontuações dadas pelos clientes a um motorista caírem para os 10% inferiores em comparação com outros motoristas da mesma cidade (4,6% ou menos na maioria dos mercados), ele recebe uma advertência. Ele também recebe sugestões para melhorar seu desempenho com base nos comentários dos passageiros. Se os motoristas não conseguirem melhorar com essas orientações de sua equipe de gerenciamento local, eles são incentivados a fazer um curso on-line oferecido por uma empresa especializada para ajudá-los a fornecer uma experiência melhor ao cliente. Se nada disso der certo, os motoristas são banidos da plataforma.

- **Clientes da Uber:** A Uber também analisa as avaliações que os motoristas fazem dos passageiros. O sistema penaliza automaticamente os clientes com baixa pontuação, já que os motoristas têm acesso a esses dados e podem recusar chamadas desses clientes. Em casos extremos, a Uber impede os clientes de usar seu serviço. O diretor regional da empresa na Austrália e Nova Zelândia revelou que sua equipe desativa a conta de centenas de clientes a cada ano. São clientes que abusam física ou verbalmente de outros passageiros ou motoristas. Para garantir a ausência de circunstâncias atenuantes e para dar aos clientes a chance de se justificar, um executivo da Uber liga para o cliente. Dessa forma, a empresa pode decidir se o cliente merece uma segunda chance.
- **JetBlue:** A maioria das companhias aéreas mantém listas de passageiros proibidos de embarcar em seus voos. Passageiros também podem ser banidos por tratamento abusivo de outros passageiros ou da tripulação, o que normalmente requer a intervenção direta do piloto da aeronave. Recentemente a JetBlue chamou a atenção da imprensa quando descobriu que um passageiro embarcou em um voo da empresa ciente de que havia sido exposto ao novo coronavírus, colocando em risco outros passageiros e a tripulação. O passageiro foi banido da companhia aérea... para sempre.
- **Airbnb:** Anfitriões e hóspedes que recebem baixas pontuações são punidos por mecanismos de livre mercado. Os anfitriões que recebem pontuações baixas têm dificuldade de obter preços competitivos e a taxa de ocupação cai. Os hóspedes que recebem pontuações baixas têm dificuldade de alugar acomodações

desejáveis. Se o mau comportamento continuar, os infratores são excluídos da plataforma. Após o ataque ao Capitólio dos Estados Unidos em 2021, o Airbnb trabalhou em estreita colaboração com a polícia para identificar pessoas envolvidas nos crimes e as impediu de usar a plataforma.

- **Apple:** Perguntei a um grupo de funcionários de uma loja da Apple quais mudanças poderiam ser feitas para melhorar sua experiência no trabalho. Muitos sugeriram encontrar alguma maneira de penalizar os poucos clientes que prejudicam a experiência dos funcionários (e de outros clientes). Esses clientes abusivos se aproveitam com frequência do sistema da Apple, amigável ao cliente, para se beneficiar. Um funcionário contou que um cliente ameaçou lhe dar uma nota zero na próxima pesquisa de satisfação se ele não substituísse gratuitamente a tela de seu celular, que já tinha saído da garantia há muito tempo. Um funcionário do Genius Bar chegou a levar uma cabeçada de um cliente violento que se enfureceu quando foi informado de que os dados de seu celular não poderiam ser recuperados. Os clientes abusivos merecem ser incluídos em uma "lista de compradores proibidos".

Para um fã dos produtos da Apple, seria uma bela punição!

• • •

Uma única frase tem o poder de transformar nosso mundo: *ama o teu próximo como a ti mesmo*. Ou, se você preferir uma versão não religiosa para usar no trabalho, *enriqueça as vidas que toca*.

As grandes empresas devem buscar concretizar esse propósito, criando a cultura e o ambiente corretos e usando o NPS para medir e administrar o progresso. Quais empresas se destacam como exemplos a serem seguidos? Recorrerei à linguagem bíblica: *Vocês os reconhecerão por seus frutos*. Net Promoter Scores nas alturas, acompanhados de elogios entusiásticos, revelam quais empresas estão fazendo os clientes se sentirem amados.

Uma das grandes vantagens de uma empresa é que seus líderes têm muita liberdade para moldar sua comunidade visando a possibilitar e reforçar a prática da Regra de Ouro e proteger clientes, funcionários e investidores de pessoas ou grupos mal-intencionados. As abordagens inovadoras resumidas neste capítulo ilustram maneiras práticas de colocar a Regra de Ouro no centro de uma organização.

Você pode ter chegado à conclusão de que as dificuldades são enormes e que superar as barreiras seria uma tarefa hercúlea. Se foi o caso, você entendeu este capítulo.

Será que vale a pena praticar a Regra de Ouro? Sem dúvida! Com base nas evidências apresentadas neste e nos capítulos anteriores, apenas as empresas com um histórico espetacular de enriquecer a vida dos clientes conseguem atingir um crescimento e uma prosperidade sustentáveis. Tratar as pessoas do jeito certo deve ser a responsabilidade de todas as boas empresas e de todas as boas pessoas que as constituem. As empresas que optam por operar de maneira responsável em um sistema de livre mercado oferecem nossa maior esperança de criar comunidades que praticam continuamente os padrões de comportamento da Regra de Ouro.

Alguns leitores podem estar se perguntando: "Você só está falando de empresas, mas e os governos, igrejas, instituições de caridade e outras organizações sem fins lucrativos?" Claro que eles também têm um papel importantíssimo. Mas o milagre de uma grande empresa é que ela se autofinancia. E financia essas outras organizações, seja diretamente, por meio de impostos ou doações, ou indiretamente, por meio do valor criado para funcionários, fornecedores e investidores. Os governos podem decretar leis, mas os padrões regulamentares e jurídicos só ecoam a noção do Antigo Testamento de não fazer mal ao próximo. As empresas vencedoras vão mais longe e criam maneiras inovadoras de *amar o próximo*. Esse é o tipo de comunidade na qual eu quero viver.

CAPÍTULO 7

Seja extraordinário
Não meramente satisfatório

Não muito tempo atrás, eu e minha esposa, Karen, fomos passar o Natal na casa nova do nosso filho Bill e sua esposa, Alicia – os recém-casados que se conheceram na Apple Store, apresentados no Prefácio.

A certa altura da conversa, perguntei a Bill se ele tinha observado uma experiência extraordinária de algum cliente durante a temporada de Natal. Confesso que esperava ouvir algumas novas histórias da Apple. Em vez disso, Bill contou uma experiência recente que teve com a Amazon, uma história que ilustra por que muitos clientes da Amazon passaram a amar a empresa tanto quanto seus investidores.

Ironicamente, a história que ele me contou provavelmente fará um investidor financeiro do capitalismo tradicional estremecer.

Bill explicou que tinha comprado um presente de despedida para um colega que seria transferido para a Apple em Dubai. O presente, que custou algo em torno de US$ 100, era para ser entregue pela Amazon diretamente na casa do amigo, mas ele já estava prestes a viajar para Dubai e a encomenda ainda não tinha chegado. Bill ligou para a Amazon para saber o que estava acontecendo e foi informado pela atendente que constava no sistema que a encomenda já tinha sido entregue. Nesse ponto, Bill se deu conta de que havia digitado o endereço errado da casa de seu amigo. Ele pediu desculpas, admitiu seu erro à atendente e perguntou se seria possível ele pagar por outro pedido se ela pudesse ajudá-lo a entregar a encomenda a tempo. Ela viu que o endereço que ele digitou por engano não existia e que, portanto, a Amazon deveria ter percebido o erro. E então pegou o endereço correto e abriu outro pedido com entrega expressa sem que Bill tivesse de pagar nada. Extraordinário!

Essa história me lembrou de uma experiência menos espetacular, mas também muito gratificante, que tive com a Amazon um ano antes. Não reconheci o nome de um filme alugado na minha fatura e ninguém da minha família se lembrava de ter visto aquele filme. Liguei para a Amazon e disse ao atendente que a cobrança devia ter sido um erro. O atendente foi muito educado e concordou imediatamente em estornar a cobrança, mas mencionou de passagem que o sistema de cobrança da Amazon poderia me dizer o tipo de TV na qual o filme supostamente foi visto, se eu quisesse saber.

Anotei a informação e fui investigar. Descobri que de fato tínhamos aquele modelo de TV em nosso quarto de hóspedes. Depois de mais uma pequena investigação, descobri que um convidado havia assistido àquele filme com a intenção de nos reembolsar, mas acabou se esquecendo. Voltei a ligar para a Amazon, pedi desculpas e disse à atendente que queria pagar pela locação do filme. A atendente respondeu educadamente que não havia uma maneira fácil de fazer isso. Em seguida, ela disse que dava para ver pelo meu histórico que sou um excelente cliente e perguntou se eu aceitaria a locação do filme como um presente, com os cumprimentos da Amazon.

Mais uma vez, extraordinário!

Dois epílogos para essa história: no dia seguinte, recebi uma breve pesquisa perguntando sobre minha experiência. Depois de responder, recebi a seguinte mensagem digital da Amazon: *Obrigado por nos ajudar a nos tornarmos a empresa mais centrada no cliente do mundo.*

Como você pode imaginar, isso chamou minha atenção. "Uma ambição e tanto", pensei com meus botões. Lembrei-me do episódio meses mais tarde, quando tivemos uma emergência em casa. Alguém estava devorando todas as carpas do lago no nosso quintal. Não faltam suspeitos na área onde vivemos para esse tipo de crime, incluindo garças, lontras, martas, raposas, guaxinins e coiotes. Antes que eu pudesse tomar qualquer providência, era necessário identificar o criminoso. Como não vimos qualquer atividade durante o dia, concluímos que os ladrões deviam estar operando à noite. Entrei no site da Amazon e procurei uma câmera de visão noturna para monitorar a vida selvagem. Escolhi a que tinha as melhores avaliações e comprei.

Quando a câmera chegou, as instruções eram ininteligíveis e não consegui descobrir como fazer a coisa funcionar. (Falarei mais sobre instruções ininteligíveis mais adiante neste capítulo.) Derrotado, voltei ao site da Amazon para devolver o produto. Na minha pressa para instalar a câmera – decidido a resgatar a última carpa restante antes que fosse tarde demais –, rasguei a caixa do produto. Eu já estava me preparando psicologicamente para todas as chateações que se seguiriam: encontrar uma caixa apropriada, empacotar bem o produto, imprimir uma etiqueta, levar o pacote aos correios, esperar na fila, preencher um formulário e assim por diante. Mas descobri no site da Amazon que a empresa havia criado um novo e simplificado processo de devolução. No mesmo instante, a empresa me enviou um código de autorização por e-mail. Tudo o que eu precisava fazer era levar a câmera e meu celular à agência dos correios mais próxima, mostrar o código no meu celular ao atendente e os correios se encarregariam de embalar e etiquetar o produto.

Nos correios, o jovem atendente escaneou o código de autorização no meu celular e os créditos caíram imediatamente na minha conta da Amazon – eu nem tive de esperar que o pacote fosse recebido e processado no depósito para a empresa me devolver o valor pago. Nos

correios, a transação toda levou menos de sessenta segundos. Espetacular, Amazon!

Não muito tempo depois, li algumas pesquisas da Bain sobre a Amazon que previam que a empresa em breve responderia por mais de *50%*
de todo o varejo on-line. A pesquisa concluía que uma importante razão
para o sucesso da Amazon era a precificação amigável ao cliente. Você
pode ter se surpreendido; admito que eu mesmo fiquei surpreso. Nos últimos anos, eu havia lido artigos acusando a Amazon de usar sofisticados
algoritmos de precificação dinâmica para cobrar dos clientes o preço
mais alto possível – alegando, em outras palavras, que a Amazon usava
sua expertise em análise de big data para extrair o máximo de dinheiro
dos clientes com base em fatores como onde eles moram, seu comportamento de compra anterior, o modelo de computador ou celular que eles
usam, o tipo de navegador da internet e assim por diante.

Essas acusações me pareceram plausíveis, dado o amplo apelo de
algoritmos de precificação dinâmica aparentemente científicos que já
estavam sendo usados no mercado, maximizando por debaixo dos pa-
nos a receita de cada transação. Essas ferramentas são muito utilizadas
em setores como entretenimento e viagens. Você já deve ter passado
por isso ao comprar uma passagem de avião. O preço pode variar
muito para o mesmo lugar no mesmo voo dependendo da hora do dia
em que você está fazendo a busca, de sua localização e até do dia da
semana. Cookies de terceiros estão espionando seus padrões de cliques
e alimentando algoritmos furtivos criados para arrancar o máximo de
dinheiro de você.

Fico furioso só de pensar. Conversei com vários conhecidos que
passaram um tempo trabalhando na Amazon e perguntei sem rodeios
se a empresa realmente usa o big data e sua expertise técnica para cobrar o preço mais alto possível dos clientes. Todos eles ficaram céticos,
sabendo que isso contrariava os princípios centrais da Amazon.[1]

A pesquisa da Bain confirma o ceticismo deles. Compramos uma
variedade de itens em todas as principais categorias de varejo e des-

cobrimos que a Amazon colocava seu discurso em prática. A empresa oferceu o preço mais baixo da internet (ou ficou empatada com outro varejista on-line) em mais de 80% das vezes. A maioria dos itens para os quais a Amazon não cobrou os preços mais baixos custava menos de US$ 25. Como a maioria das coisas que a Amazon faz, isso não é por acaso. Acontece que, em uma manhã de sábado na primavera de 2001, Jeff Bezos se encontrou com Jim Sinegal em um café da Starbucks e Jim explicou a abordagem de precificação da Costco. Na segunda-feira seguinte, Bezos anunciou à sua equipe de liderança que a estratégia de precificação incoerente da Amazon estava para mudar. "Existem dois tipos de varejistas", ele disse. "Aqueles que tentam descobrir como cobrar mais e aqueles que tentam descobrir como cobrar menos. Faremos parte do segundo grupo e ponto final."[2]

Vi essa transição acontecendo com meus próprios olhos. Nos velhos tempos, eu tinha de perder muito tempo procurando em vários sites para encontrar a melhor oferta, porque os preços – incluindo os da Amazon – variavam muito. Mas aos poucos foi ficando claro que, se o preço da Amazon não era o melhor, ficava bem perto do melhor. Também era claro que a Amazon não cobrava taxas abusivas no frete dos produtos. Outras varejistas ofereciam preços baixos pelo produto, mas recuperavam suas margens de lucro extorquindo o cliente no valor do frete. Às vezes, elas ocultavam essas taxas de envio exorbitantes até o cliente quase concluir o pedido, com base na suposição de que alguns não notariam e que outros – embora insatisfeitos com o roubo – optariam por pagar o frete abusivo para não ter de recomeçar o processo em outro site.

Essa situação abriu as portas para a Amazon criar uma oferta verdadeiramente espetacular para seus clientes: o Amazon Prime.

Amazon Prime

Em fevereiro de 2005, a Amazon mudou as regras do e-commerce a favor do cliente ao criar o Amazon Prime, um programa de assinatura anual de US$ 79 oferecendo frete grátis ilimitado para receber as compras em até dois dias. Parecia óbvio que essa ideia radical seria um enorme sucesso entre os clientes, mas ninguém tinha como prever com precisão como isso afetaria os lucros da empresa. Uma estimativa grosseira: até aquele momento, a Amazon cobrava US$ 9,48 pela entrega em dois dias, de modo que qualquer cliente que comprasse mais de oito vezes por ano se beneficiaria às custas da empresa. Algumas pessoas se preocupavam com a possibilidade de compradores frequentes abusarem do sistema, prejudicando as margens já minúsculas da Amazon.

Mesmo assim, Bezos seguiu em frente. Como ele explicou à sua equipe: "Quero criar um muro de contenção ao redor dos nossos melhores clientes. Não vamos ignorar nossos melhores clientes".[3] Ele sabia que impressionar esses clientes com soluções inovadoras criaria defensores leais da marca que não só aumentariam seus gastos na Amazon como também falariam bem da empresa aos amigos. Ele explicou essa ideia na mensagem que postou no site da Amazon anunciando o lançamento do Prime, reproduzida abaixo.[4] Atenção especial ao último parágrafo:

Prezados clientes,

É com grande satisfação que anuncio o Amazon Prime, nosso primeiro programa de assinatura, que oferece frete expresso *à vontade*. É simples: por uma anuidade, vocês recebem frete grátis ilimitado de dois dias para mais de um milhão de itens em estoque. Os membros do programa também recebem frete no dia seguinte por apenas US$ 3,99 por item – para compras feitas até as 18h30.

O Amazon Prime facilita as compras: vocês não precisam mais ficar esperando para fazer várias compras ao mesmo tempo para atingir um valor mínimo e ser elegíveis ao frete grátis. Receber as compras em dois dias vai passar a ser uma experiência do dia a dia, em vez de um luxo ocasional.

Estamos oferecendo a assinatura do Amazon Prime pelo valor inicial de US$ 79 por ano e vocês vão poder compartilhar os benefícios com até quatro membros da sua família.

Considerando que normalmente cobramos US$ 9,48 pela entrega em dois dias de um único livro e US$ 16,48 pela entrega no dia seguinte, tenho certeza de que muitos dos nossos clientes adorarão o programa. Ele se aplica a livros, DVDs, CDs, eletrônicos, utensílios de cozinha, ferramentas, produtos de saúde, cuidados pessoais etc. etc.

Sabemos que o Amazon Prime vai custar caro para a Amazon.com em curto prazo. Em longo prazo, esperamos lucrar ainda mais com as compras que vocês fizerem no nosso site, o que também será bom para nós. Esperamos que vocês gostem da nossa mais recente inovação.

Vocês podem se inscrever no programa usando a compra com 1-Clique.

Atenciosamente,

Jeff Bezos, fundador e CEO

Essa corajosa inovação centrada no cliente me lembra da decisão do CEO da Discover, David Nelms, de arriscar US$ 200 milhões em receitas provenientes de multas por atraso enviando aos clientes um alerta por e-mail um dia antes de a multa ser cobrada, como vimos acima. A inovação da Amazon também me lembra da Costco decidindo vender jeans da Calvin Klein com a margem de lucro padrão da empresa de 14%, quando claramente podia lucrar mais. Não custa repetir, também neste contexto: *Se a sua empresa se empenha para ser extraordinária* – sempre agindo para beneficiar os clientes, fornecendo produtos e serviços que realmente enriquecem a vida deles e encontrando maneiras de reduzir os preços –, *seus clientes pagarão por essas inovações com prazer e contarão aos amigos.*

Lembrando que, quando a Amazon lançou o Prime, ninguém sabia ao certo quem assumiria a liderança no comércio eletrônico. Na época, a potência do e-commerce era o eBay, com um valor de mercado de US$ 33 bilhões. Em 2004, a Amazon ainda vendia principalmente livros e CDs, e seu valor de mercado era de US$ 18 bilhões. O CEO de uma das empresas de pesquisa de clientes mais proeminentes do mundo proclamou que, ao se expandir para incluir linhas de negócios adicionais, a Amazon.com (como a empresa era conhecida na época) teria de mudar o nome para "Amazon.Toast" (algo como "Amazon.Quebrada").[5] Quinze anos depois, o valor de mercado da Amazon já ultrapassava os US$ 900 bilhões, enquanto o do eBay tinha caído um pouco, para US$ 30 bilhões. Penso que isso aconteceu porque a Amazon não apenas expandiu implacavelmente suas linhas de produtos como também melhorou implacavelmente a experiência de seus clientes.

Veja um resumo dos principais upgrades do Amazon Prime que a empresa fez para melhorar a experiência do cliente:

- **2005:** o Prime é lançado (frete grátis e ilimitado para entrega em dois dias por uma anuidade de US$ 79).
- **2006:** terceiros podem vender através do site da Amazon (e também se qualificam para o frete grátis de dois dias do Prime).
- **2011:** streaming instantâneo de vídeos grátis para os assinantes do Prime.
- **2014:** acesso antecipado de trinta minutos a ofertas-relâmpago na Amazon.com.
- **2014:** lançamento do Prime Pantry (compra on-line de produtos domésticos de uso diário em "tamanhos de uso diário"), com entrega grátis para assinantes do Prime em pedidos acima de US$ 35. Streaming de música e armazenamento ilimitado de fotos também são disponibilizados.
- **2014:** lançamento do Prime Now, que entrega aos assinantes de grandes cidades itens populares no mesmo dia – geralmente em até duas horas.
- **2017:** uma série de inovações, incluindo descontos em produtos da rede de supermercados Whole Foods, o Prime Wardrobe (que oferece marcas de roupas exclusivas para assinantes do Prime, como a Goodthreads) e o cartão Visa Prime Rewards do Chase Bank, oferecendo 5% de cashback em todas as compras na Amazon e Whole Foods.

- **2019:** a Amazon implementa retirada e entrega grátis de produtos da Whole Foods, expandindo a entrega grátis no mesmo dia para mais de dez mil cidades médias e pequenas, incluindo um sistema que permite que o entregador deixe a encomenda dentro da casa dos assinantes do Prime.

A inovação obcecada pelo cliente, com novas ofertas mais ou menos a cada dois anos, transformou o Amazon Prime em um sucesso extraordinário. Em uma década e meia, o programa cresceu para incluir duzentos milhões de membros ao redor do mundo. Os membros do Prime gastam 2,3 vezes mais do que os clientes não Prime (US$ 1.400 por ano em comparação com US$ 600 por ano, respectivamente) e pesquisas da Bain mostram que os Net Promoter Scores dos clientes Prime da Amazon são repetidamente mais altos em todas as categorias de varejo – em alguns casos, em até 30 pontos. Recentemente a empresa aumentou o preço da assinatura do Prime para US$ 119 por ano, mas mesmo assim a economia para os clientes é espetacular. Por exemplo, nos Estados Unidos, o streaming de vídeo gratuito do Prime oferece três vezes mais filmes do que a Netflix sem nenhum custo adicional além da assinatura anual do Prime, enquanto a assinatura padrão da Netflix custa US$ 168 por ano para uma cesta de serviços infinitamente menor.

Extraordinário!

Satisfazer o cliente não é o bastante

O escritor e consultor Peter Drucker – considerado por muitos o pai da gestão moderna – escreveu: "Satisfazer o cliente é a missão e o propósito de toda e qualquer empresa".[6]

Com todo o respeito, eu discordo.

É claro que eu concordo com a ideia de que o propósito da empresa deve focar os clientes, mas a empresa deve ir muito além de simplesmente satisfazer seus clientes. Considere a palavra "satisfazer". A definição do dicionário é "atender às expectativas de alguém". Um de seus sinônimos é "bastar".

Você ficou inspirado com essa definição? Acho que não.

O NPS vai mais longe, ou seja, vai de atender às expectativas a superá-las e vai de satisfazer os clientes a encantá-los. Como enfatizei até aqui, o principal propósito de uma grande empresa é enriquecer a vida dos clientes. Concretizar esse propósito requer muito mais do que satisfazer as pessoas, sendo que o mínimo para isso seria apenas a ausência de reclamações. Enriquecer a vida dos clientes implica proporcionar experiências tão extraordinárias que eles se sentem amados – tão amados que fazem questão de contar aos amigos. Você precisa *impressionar* os clientes. Mais do que saciá-los, você deve deixá-los nas nuvens. *Somente* ao atingir esse ambicioso padrão é que você converterá clientes em Promotores: ativos preciosos que voltam para comprar mais e trazem os amigos.

Os melhores exemplos do NPS atingem regularmente o extraordinário de maneiras sistemáticas e em constante evolução. Jim Sinegal, da Costco, me contou que para ele não basta apenas oferecer o preço mais baixo em suas lojas para garantir o sucesso da empresa no longo prazo. O cérebro humano é um pouco difícil de agradar nesse aspecto: assim que percebe um padrão, começa a ficar entediado com ele. Ficamos empolgados com uma novidade – digamos, com algo *muito bom* – e com o tempo perdemos o interesse, mesmo quando a novidade continua sendo muito boa.[7] Precisamos de alguma surpresa inesperada para nos impressionar e nos levar a falar dessa experiência com amigos e colegas. É por isso que a Costco tenta transformar cada visita a uma loja em uma caça ao tesouro, oferecendo novos itens e pechinchas incríveis. A empresa recompensa nossa necessidade de *descobrir*. Ela nos dá uma injeção de adrenalina, sugerindo (sem enganação) que é melhor aproveitar essa barganha *agora*, porque são grandes as chances de não encontrarmos o produto na nossa próxima visita. E o negócio é tão bom que nunca saímos nos sentindo forçados ou manipulados a comprar. Na verdade, a Costco facilita a devolução de qualquer item, eliminando o risco de nos arrepender da compra.

Pense na longa lista de inovações que nos impressionaram no começo, mas logo se transformaram em algo esperado. Em 2009, por exemplo, a USAA se tornou o primeiro banco a permitir depósitos de cheques pelo seu app no celular. Na época, foi uma evolução incrível. Você nunca mais precisaria ir a uma agência para depositar um cheque! E o dinheiro caía quase imediatamente na sua conta! Parecia mágica. Mas agora todas as grandes instituições financeiras e a maioria das pequenas oferecem esse recurso, que passou, em questão de apenas alguns anos, de um serviço impressionante a algo comum.[8]

Foi o que aconteceu com a tecnologia de retorno automático de ligações em centros de atendimento ao cliente. Conheci essa funcionalidade durante uma nevasca, quando tentei entrar em contato com a Southwest Airlines para remarcar meu voo. Uma outra companhia aérea tinha me deixado 35 minutos na espera antes de eu ligar para a Southwest. Em vez de me obrigar a esperar na linha (e perder outro jantar com a família), um sistema interativo de voz se ofereceu para retornar minha ligação assim que um atendente ficasse disponível e me garantiu que eu não perderia meu lugar na fila. Eu poderia até agendar um intervalo de tempo para receber a ligação. Na ocasião, fiquei tão impressionado que me lembro como se fosse hoje. Hoje em dia, não só não me impressiono com esse recurso como fico extremamente irritado quando ele não é disponibilizado e sou forçado a esperar em uma fila aparentemente interminável para falar com um atendente e quero morrer com as mensagens gravadas que são claramente mentirosas ("Sua ligação é muito importante para nós!") ou condescendentes ("Você sabia que pode encontrar as respostas às suas perguntas no nosso site, www.voemal.com, sem precisar esperar?").

Nossa fome de inovação é insaciável. O que nos impressionou ontem é o bocejo de hoje e o mínimo aceitável de amanhã. Como uma organização pode saciar essa nossa fome e entregar um fluxo constante de inovações extraordinárias? Para a maioria das empresas, a resposta requer a utilização do super recurso cognitivo que é um acervo quase infinito de talentos criativos: o cérebro de seus funcionários da linha de frente e de seus clientes.

A pergunta de Jenny

Sempre fiz questão de pregar, para minha filha Jenny e seus três irmãos, o evangelho de E. B. White, o lendário escritor da *New Yorker* e coautor (com William Strunk Jr.) do atemporal *The Elements of Style*, um guia espetacular para escrever bem.

Uma mensagem central do evangelho de Strunk e White é que *a simplicidade tem um enorme poder*. Você pode ver essa abordagem refletida na pesquisa clássica do Net Promoter System, que incluía apenas duas perguntas: (1) *Qual é a probabilidade de você nos recomendar a um amigo?* (0–10) e (2) *Justifique a sua resposta* (pergunta aberta). Quando Geoff Colvin, editor sênior da *Fortune*, analisou por que o NPS se tornou a principal métrica de sucesso do cliente, ele concluiu que grande parte do sucesso do sistema resultava da simplicidade radical e "blasfema" de basear o sistema na "pesquisa do cliente mais curta do mundo".[9]

É neste ponto que Jenny entra na história. Na época, ela trabalhava em uma grande rede varejista de vinhos e destilados. Entre outras coisas, ela era responsável por gerenciar o feedback do NPS da empresa e queria conversar comigo a respeito. "Pai, você não vai gostar do que vou dizer", ela começou, "mas passamos de duas para três perguntas".

"Pelo jeito, não vou gostar mesmo", pensei. "E qual é a terceira pergunta?", perguntei.

Ela deu um sorriso corajoso, sabendo que seria uma batalha difícil. "Nós perguntamos: *'Poderíamos ter feito alguma coisa para tornar sua experiência mais excepcional?'*"

Fiquei de queixo caído. Minha própria filha, questionando o trabalho da minha vida inteira!

Minha luta pessoal contra o "chato das perguntas" remonta ao nascimento do NPS. Muitos novatos concluem que podem melhorar o sistema incluindo uma pergunta, muitas vezes na tentativa de adaptar o processo às circunstâncias específicas de uma empresa. Essa pergunta adicional se transforma em duas e depois três ou quatro e, quando você vê, já está com um questionário que os clientes têm preguiça só de olhar, como qualquer outro instrumento aparentemente interminável de pesquisa de mercado que não dá valor ao tempo dos clientes, que, irritados, se limitam a apertar a tecla *delete*, encerrando o diálogo antes que ele tenha a chance começar.

Eu disse a Jenny que, se os clientes tivessem algo importante a dizer sobre isso, eles poderiam escrever no campo da segunda pergunta (pergunta aberta). Meio que de brincadeira, lhe dei uma pequena bronca. "Jenny, você introduziu complexidade: a força do mal que absorve poder e suga a energia. E. B. White deve estar rolando no túmulo".

Mas eu e Karen, minha esposa, criamos filhos fortes. Nós os ensinamos a praticar o respeito e a bondade, mas com firmeza. Jenny comprovou sua decisão me apresentando evidências e percebi que ela tinha razão. Ao responder à segunda pergunta, os promotores normalmente respondiam com comentários como: "Adoramos comprar na loja da Fairfax porque a Angela, do caixa, sempre nos atende superbem. O trabalho dela é fantástico". E, sim, esse é um feedback muito importante. Dava à gerente da loja a chance de elogiar Angela na próxima reunião com os funcionários, reconhecendo diante de todos um trabalho bem-feito e exemplificando o valor de um bom atendimento ao cliente.

Mas o que o feedback *não* dava a Jenny era uma visão clara e frequente de como a equipe poderia melhorar. E era aí que entrava a terceira pergunta dela: *"Poderíamos ter feito alguma coisa para tornar sua experiência mais excepcional?"* Ela direciona a terceira pergunta para dois grupos de clientes: os que responderam à primeira pergunta com uma nota

9 ou 10 – os Promotores – e aos que deram à empresa uma nota 7 ou 8 – os Passivos –, que estão satisfeitos por enquanto, mas que não pensariam duas vezes se um concorrente chegasse oferecendo algo melhor.

Em resposta à terceira pergunta, um Promotor observou que, nas últimas vezes que foi à loja, ele não encontrou sua cerveja artesanal favorita. O comentário criou a oportunidade para a gerente da loja ligar para aquele cliente e agradecer por ter se dado ao trabalho de responder à pesquisa. Ela disse que deixou separadas algumas garrafas da cerveja da qual ele gostava e prometeu que o cliente encontraria a cerveja na próxima vez que fosse à loja. É o que nós, da Bain, chamamos no contexto do NPS de "fechar o ciclo", e a pergunta de Jenny transformou o processo em uma chance de realmente encantar esse valioso cliente.

Essa terceira pergunta, que passei a chamar de Pergunta de Jenny, se provou útil em uma ampla gama de circunstâncias. Ela ajuda as empresas a aprender com os clientes que as conhecem melhor e que desejam torcer por seu sucesso. É verdade: os Promotores conhecem bem a sua empresa – melhor do que você, em alguns aspectos – e fazer a Pergunta de Jenny lhe possibilita beneficiar-se da boa vontade e da capacidade criativa deles.

Dito isso, já deixei avisado a Jenny e a seus três irmãos (Chris, Bill e Jim) que acho *muito difícil* pensar em adicionar qualquer outra pergunta. Não queremos destruir a simplicidade do NPS. E não queremos E. B. White, um eloquente defensor da simplicidade, se contorcendo no túmulo.

A Chick-fil-A só se contenta com o extraordinário

Durante os anos nos quais trabalhei mais de perto com a Chick-fil-A, tive o privilégio de participar de alguns encontros anuais de operadores de restaurante. Em um encontro memorável, a empresa exibiu um vídeo que recriava uma cena da Bíblia. A lei romana exigia que os judeus locais atuassem como uma espécie de guia e carregador para os soldados romanos, levando pacotes pesados por uma milha romana (mais ou menos um quilômetro e meio) quando as legiões passavam por sua cidade. Quando questionado sobre esse pesado dever, Jesus os aconselhou a não se esquivar da tarefa nem se ressentir, mas aceitar de bom grado os pacotes e carregá-los não só pela distância obrigatória, mas ir além e dobrar essa distância.[10]

Esse exemplo foi usado para apresentar o programa Serviço da Segunda Milha da Chick-fil-A, que encorajava os operadores e suas equipes a ser criativos ao pensar em maneiras de encantar os clientes, indo além de meramente satisfazer os clientes. Nos anos que se seguiram, os executivos da Chick-fil-A passaram a chamar a iniciativa de "Seja Extraordinário" e passaram um tempo se referindo à pontuação do NPS de cada restaurante como "Pontuação do Seja Extraordinário". Não importa o nome ou a pontuação, o importante era liberar a criatividade das equipes da linha de frente da Chick-fil-A para encantar os clientes e convertê-los em verdadeiros Promotores, fãs entusiásticos que voltavam com mais frequência e traziam os amigos e a família.

E deu certo. O que se seguiu foi um fluxo constante de inovações extraordinárias, principalmente por parte dos operadores de restaurante e suas equipes. Por exemplo, foi um restaurante local que inventou o milkshake de hortelã que acabou sendo um enorme sucesso nas festas de fim de ano. Foi outro restaurante local que criou os nuggets de frango (um sucesso estrondoso). Outro restaurante local sugeriu distribuir petiscos de pets para clientes que chegavam no drive-thru com um pet no carro. A lista é interminável.

Às vezes, a equipe da sede ajuda um operador a testar uma ideia promissora e a adapta para facilitar a adoção por outros restaurantes. A sede não deixa de identificar histórias de sucesso e compartilha as estatísticas relevantes. Mas a sede raramente exige que essas inovações locais sejam adotadas por todos os outros restaurantes. Cada franqueado pode tomar as próprias decisões, adotando as inovações que parecem se adequar a sua região, sua clientela e a capacidade da equipe.

Lembro-me de ter levado meu caçula, Jim, a um restaurante da Chick-fil-A na Flórida depois de jogarmos uma partida de golfe nas proximidades. Na época, não havia restaurantes da Chick-fil-A perto de nossa casa em Massachusetts e eu queria que Jim visse o que tornava a rede tão especial. Pedi o sanduíche de frango apimentado, que na época era uma novidade. Pouco depois de nos sentarmos com nossas bandejas, uma funcionária simpática nos perguntou o que estávamos achando dos lanches e perguntou se queríamos um refil de nossas bebidas. (Jim nunca tinha visto esse serviço de refil grátis de bebidas em um restaurante de fast-food antes.) Ela me perguntou se eu gostaria de provar o molho de gorgonzola – normalmente reservado para saladas – no meu sanduíche. Eu concordei, empolgado – "Sim, por favor!" –, e ela foi para trás do balcão e voltou com um sachê de molho para salada. Era contra as regras, ela nos disse em um tom conspiratório, mas ela achou que eu gostaria da combinação – e ela estava certa.

Mencionei que volta e meia escrevo sobre a Chick-fil-A e dou o exemplo da empresa em algumas de minhas palestras e seminários. Perguntei se ela sabia de alguma ideia nova e interessante que poderia se qualificar como uma inovação extraordinária. "Ah, sei sim", ela respondeu, com um claro entusiasmo. "O operador da nossa loja tem um monte de ideias geniais!" Ela se pôs a listar uma inovação após a outra, muitas delas bastante criativas. Quando Jim e eu voltamos para o carro meia hora depois, tive de reservar alguns minutos para anotá-las para não esquecer.

Uma ideia específica ficou gravada na minha mente. Ela contou que o operador do restaurante conhecia o gerente da Home Depot (uma rede de lojas de materiais de construção e bricolagem) da cidade e o convenceu a fornecer os materiais e funcionários para fazer um workshop de artesanato para pais e filhos em um sábado de manhã no restaurante. O primeiro workshop, que ensinou a construir uma casa de pássaros, fez tanto sucesso que o restaurante repetiu o evento várias vezes, incluindo novos projetos como floreiras de janela, pistas de corrida e assim por diante. Também fiquei sabendo que era comum o restaurante vender todos os combos de café da manhã aos sábados.

Contei essa história a um grupo de sócios do escritório da Bain em Dallas e um deles me disse que a Chick-fil-A havia se tornado o restaurante favorito de sua família. Mais precisamente, era o favorito de seu filho de 3 anos, o que significava que ir uma vez por semana ao Chick-fil-A havia se tornado uma tradição familiar para eles. Mas o mais interessante da história foi *o porquê*. Meu colega contou que, na primeira vez que a família foi ao restaurante, um funcionário foi especialmente simpático com o menino. O nome do funcionário, de acordo com seu crachá, era José, e na ocasião ele estava limpando o chão, usando um daqueles grandes baldes com rodinhas. O menino ficou fascinado com o equipamento. José perguntou aos pais se o menino poderia ajudá-lo a limpar o chão e, ao receber a aprovação, lhe deu uma carona pelo restaurante no esfregão. (Ele explicou ao menino que precisava do peso extra para deixar o chão bem limpinho.) Depois daquilo, sempre que a família voltava, José recebia o filho pelo nome e o recrutava para ajudá-lo no que estivesse fazendo: encher porta-guardanapos, distribuir canudinhos, emprestar guarda-chuvas aos clientes em dias de chuva e por aí vai. Meu colega da Bain concluiu sua história dizendo que, apesar de toda a família gostar da comida, do atendimento e do ambiente, o que tornava o restaurante verdadeiramente extraordinário era José.

O operador de outro restaurante usava um smoking no jantar especial do Dia dos Namorados, quando o restaurante abria só para quem tinha reserva. Ele decorava as mesas com toalhas de mesa e vasos com cravos vermelhos e fazia uma serenata para cada casal com seu violino para ajudá-los a celebrar sua noite especial – a preços realmente especiais. Outro operador criou um evento mensal: a Noite Especial de Pais e Filhas. Os pais faziam uma reserva para levar as filhas ao restaurante especialmente decorado para eles passarem um tempo juntos, só os dois. Para evitar qualquer constrangimento – talvez alguns desses pais não estivessem acostumados a passar muito tempo sozinhos com suas filhas –, o restaurante fornecia aos pais uma "cola" com sugestões de perguntas como "Então, com quem você passou o recreio hoje?"

Minha sobrinha e seu marido levam seus dois filhos ao Chick-fil--A de seu bairro para a Noite de Terça em Família. As atividades variam, mas incluem palhaços, mágicos, gincanas e excursões para conhecer a cozinha. As refeições são acompanhadas de pequenos projetos de artesanato para as crianças – por exemplo, um kit para montar uma máscara de vaca feita de papelão.[11] Mas o que o filho da minha sobrinha mais adora naquele restaurante é Duane, um funcionário que o cumprimenta pelo nome a cada visita e está sempre disposto a se envolver em um duelo amigável (porém animado) de sabres de luz. Ser reconhecido por um adulto era tão especial para o menino que ele insistiu em incluir Duane na lista de cartões de Natal da família.

Liguei para Mark Moraitakis, o executivo da Chick-fil-A que produziu aquele filme sobre o conselho de Jesus para ir além. Na ocasião, Mark era responsável por criar o *plano de carreira do futuro* para os funcionários dos restaurantes. Perguntei se ele sabia de algumas novas experiências extraordinárias para eu incluir neste livro. Ele contou de uma iniciativa lançada por um operador no início da crise da Covid-19, quando nenhum cliente tinha permissão de entrar nos restaurantes, que estavam sofrendo com as receitas em queda livre. Mas aquele operador estava usufruindo de um *aumento* de 20% das receitas. Como? Ele foi criativo e usou o estacionamento para acomodar quatro pistas de drive-thru com um iPad montado em um estande improvisado em cada pista. Os clientes do drive-thru podiam usar o FaceTime do iPad para falar diretamente com os funcionários dentro do restaurante, que acenavam pela janela de atendimento.

Outra inovação de um operador criativo – que ficou temporariamente em espera durante a pandemia – foi a Experiência da Noite com o Ursinho de Pelúcia. O restaurante enfrentava baixo tráfego de clientes em algumas noites da semana e decidiu oferecer uma hora de leitura de livros infantis em uma dessas noites. A ideia era promover uma experiência ao mesmo tempo divertida e instrutiva, oferecendo um evento social para famílias e uma oportunidade para as crianças praticarem suas habilidades de leitura. Os pais iam ao restaurante no início da noite para participar da hora de leitura e, ao fim da história, as crianças colocavam seus ursinhos de pelúcia para dormir na primeira festa do pijama dos ursos e voltavam para casa com os pais. Na manhã do dia seguinte, todos voltavam para tomar café com seus ursinhos de pelúcia. Mais do que extraordinário, simplesmente brilhante!

Por fim, Mark sugeriu que eu verificasse um podcast criado por Shawn York, um operador da Chick-fil-A na Califórnia. Em seu podcast, Shawn compartilha a filosofia de liderança que ele desenvolveu em seu restaurante da Chick-fil-A, incluindo insights e ações que inspiram os membros de sua equipe a tratar os colegas, e especialmente os clientes, do jeito certo. Foi um gesto extraordinário de generosidade, considerando que Shawn e seu restaurante não receberiam qualquer benefício direto do considerável investimento de tempo para produzir o podcast, e o produto resultante fornece um guia que pode se aplicar a praticamente qualquer pessoa que administra uma pequena empresa.

O nome do podcast é *Love Works Here* ("o amor trabalha aqui", em tradução literal).

O poder da inovação digital

Vamos voltar a algumas empresas apresentadas nos capítulos anteriores e ver como as soluções digitais oferecem incontáveis oportunidades para melhorar – e até reimaginar – a experiência dos clientes.

Poucas empresas fizeram um trabalho melhor do que a Warby Parker, que na última década revolucionou o processo de compra de óculos e lentes de contato. Os fundadores da Warby, quatro estudantes de MBA da Wharton (dos quais dois trabalharam na Bain), colocaram a filosofia do Net Promoter de buscar o *extraordinário* no centro de um novo modelo de negócios. Os fundadores viram um setor preso à antiga mentalidade de cobrar o preço mais alto possível, fazer um marketing agressivo e fazer de tudo para empurrar os produtos usando vendedores comissionados ao mesmo tempo que fornece um serviço medíocre. Os óculos ficavam trancados em displays de vidro para que os clientes só pudessem vê-los de perto com a ajuda de um vendedor comissionado (eu já mencionei que esse tipo de tática raramente leva a clientes felizes?). A Warby descobriu que, ao eliminar as comissões e os gastos com marketing, eles poderiam oferecer um par de óculos de grau por US$ 95 e ainda ter lucro – enquanto o setor vendia o mesmo produto por US$ 400 a US$ 500. Só que o objetivo da Warby não era competir com base no preço, mas criar Promotores entusiasmados, entregando surpresas ao longo da experiência do cliente. Para fazer isso, a empresa reinventou completamente cada etapa da jornada do cliente.

Quando encomendei meu primeiro par de óculos da Warby Parker, fiquei encantado ao me deparar com um site fácil de navegar que me ajudou a encontrar algumas armações que me pareceram promissoras. Então, sem qualquer custo ou obrigação, a Warby me enviou uma caixa com minhas cinco opções, que chegaram em alguns dias. Pude experimentá-las na privacidade e no conforto do meu lar, ver no espelho como elas ficaram em mim e pedir a opinião da minha família. Encomendei a armação escolhida (com apenas alguns cliques no app da Warby no meu celular), devolvi as amostras usando uma caixa de remessa pré-paga e minha nova armação com lentes de grau chegaram alguns dias depois. Na caixa, meus óculos vieram acompanhados de uma mensagem informando que, em virtude da minha compra, a Warby doou um novo par de óculos para uma pessoa necessitada. Incrível!

É claro que recomendei a Warby a muitas pessoas, incluindo minha filha, Jenny, que também se tornou uma Promotora leal. O co-CEO da Warby, Dave Gilboa, me contou que não éramos os únicos Promotores – a maioria dos novos clientes da Warby chega por indicação de clientes existentes. Além disso, muitos deles decidem comprar mais de uma armação da coletânea de amostras.

Também fiquei impressionado com a atenção que a Peloton dedica a ouvir seus clientes (que eles chamam de "membros") e seus representantes de atendimento para identificar oportunidades de impressionar. Por exemplo, quando as equipes de atendimento relataram que muitos membros estavam ligando para saber detalhes de uma música usada durante uma sessão de exercício, a empresa lançou o recurso Track Love, que permitia aos membros curtir uma música com um toque na tela e incluí-la em seu playlist do Apple Music ou Spotify.

A empresa também notou que, em vez de colocar sua localização geográfica no campo do perfil específico para essa informação, alguns membros estavam inserindo hashtags como #BlackGirlMagic (literalmente #GarotasNegrasMágicas, uma abreviação da tag original #BlackGirlsAreMagic, ou seja, "Garotas Negras São Mágicas", para celebrar mulheres negras) e #RN (abreviatura de "registered nurses", "enfermeiros" em português) para organizar eles mesmos grupos de exercícios ou curtir os colegas no ranking. Em vista disso, a Peloton criou um recurso chamado Tags, permitindo que os membros adicionassem até dez hashtags em seus perfis. Isso os ajuda a se conectar com diversas comunidades específicas, como uma determinada faculdade, cidade natal, funcionários de empresas ou setores específicos, hobbies e estilos de treinamento. A plataforma mostra categorias de tags em alta para ajudar os membros a encontrar novas comunidades e permite que as comunidades se formem e cresçam naturalmente. Mais de 325 mil tags foram adicionadas desde o lançamento do recurso.

#BlackGirlMagic se tornou um dos maiores grupos de tags, com mais de 29 mil membros. Além de facilitar sessões em grupo, a Peloton organiza eventos virtuais para as comunidades, convidando membros de Tags específicas para participar de conversas com a equipe de liderança da Peloton, instrutores e outros membros. O primeiro evento comunitário virtual foi com a Tag #BlackGirlMagic e John Foley, CEO da Peloton, realizado em meados de 2020. O feedback das centenas de participantes foi extremamente positivo; o evento recebeu um Net Promoter Score de nada menos que 94! Veja o comentário de uma membra: "Foi uma grande oportunidade de ouvir o CEO. Participar do grupo BGM me ajudou muito na minha jornada com a Peloton. Saber que você está se exercitando com pessoas do grupo e que o grupo está torcendo por você faz uma diferença enorme. Sou muito grata à Peloton por dar a este grupo a oportunidade de ser visto e ouvido". Extraordinário!

A Chewy é outro exemplo de inovador digital que não para de impressionar os clientes. A empresa se diz obcecada por "superar as expectativas em cada interação". Aproximadamente 70% das vendas líquidas resultam do programa de assinatura da empresa (que facilita a vida dos clientes e da Chewy). Muitas empresas, incluindo a Amazon, oferecem um recurso semelhante, mas a Chewy foi muito mais longe.[12] A Chewy envia uma lembrete simpático por e-mail pouco antes de cada remessa automática. Em uma resposta direta a esse lembrete, os clientes podem alterar ou adiar a remessa com facilidade. A Chewy garante que uma variedade de itens possa ser adicionada ao pedido. A empresa trabalha com 65 mil produtos diferentes, incluindo rações, brinquedos e caixas de transporte – um aumento de 30% nos últimos dois anos. A Chewy também oferece serviços, incluindo o recém-lançado Connect with a Vet (Conecte-se com um Veterinário, em tradução literal), que fornece consultas veterinárias iniciais pela internet.

Os clientes da Chewy podem criar um perfil para seus pets em sua conta, informando a raça, o peso, a dieta e a data de nascimento, o que permite que o algoritmo da empresa apresente opções relevantes para seu pet (da mesma forma como a Netflix recomenda filmes com base nas avaliações de clientes com preferências semelhantes). Esses dados também ajudam a experiente equipe de atendimento ao cliente, que fica disponível 24 horas por dia, 365 dias por ano, a fornecer o tipo de orientação personalizada que você esperaria encontrar apenas no pet shop de seu bairro.

A Chewy também conta com uma equipe especial batizada de Wow, composta por mais de cem pessoas, que concebe e implementa formas inovadoras de encantar os clientes. Ciente do vínculo emocional especial entre os donos e seus pets, a equipe Wow pode enviar flores ou um cartão quando um dono cancela um pedido devido à morte de seu pet. Os retratos de pets pintados à mão que a equipe da Wow envia de surpresa a título de agradecimento encantam tanto os clientes que eles os postam em suas redes sociais com depoimentos entusiasmados, dando à Chewy um endosso sincero e poderoso.

Derrotando os inimigos da inovação

Em parte para controlar os custos, as organizações maiores muitas vezes se estruturam em silos funcionais, como finanças, operações e marketing. Dentro desses silos, elas definem meticulosamente os processos e buscam a perfeição, eliminando implacavelmente os desvios da norma.

Essa abordagem de fato pode resultar em uma qualidade uniforme e custos mais baixos e, para alguns produtos, pode fazer muito sentido. Mas, quando se trata de produtos e serviços mais complexos, a busca incessante da perfeição dentro de silos pode ser contraproducente porque pode sufocar a inovação e a criatividade. A maioria das inovações significativas deve transcender esses tipos de fronteiras funcionais.

O problema não é só teórico. Nos primeiros anos do NPS, muitas burocracias inchadas concentraram seus programas de NPS em "consertar" (ou seja, prevenir ou converter) Detratores e acabaram atrelando o programa do NPS a iniciativas de qualidade voltados a reduzir a perda de clientes. À primeira vista, esse raciocínio até pode parecer fazer sentido: reduzir a deserção dos clientes e problemas no relacionamento ajudará a manter os clientes satisfeitos.

Mas aí voltamos à palavra problemática "satisfazer". E se você não se contentar com apenas satisfazer? E se você precisar criar uma experiência extraordinária que *impressionará* tanto os clientes que eles se tornarão Promotores?

A maioria das burocracias organizadas em silos teve dificuldade de fazer isso. As primeiras tentativas de criar mais Promotores normalmente se concentram em identificar os Promotores existentes, identificar as melhores práticas estudando os comentários gerados pela segunda pergunta da pesquisa e tentar reforçar e replicar essas práticas. Mas isso não basta. Para impressionar repetidamente os clientes, as empresas vencedoras descobrem que elas – e especialmente suas equipes de linha de frente – precisam encorajar a variação e a experimentação. Elas precisam manter as vantagens de um processo confiável – a qualidade do produto continua sendo importantíssima –, mas também devem criar o que pode ser chamado de "fábrica de surpresas" para fornecer um fluxo constante de inovações.

Esse desafio é ainda maior em setores altamente regulamentados com muitos requisitos de conformidade. Ao incluir a padronização de processos e o gerenciamento burocrático a essas organizações que já engessam a criatividade devido a sua estrutura em silos, você acaba com uma receita infalível para ofertas comoditizadas e não diferenciadas – incapazes de encantar clientes, funcionários e investidores.

E onde você pode encontrar essa receita sendo usada com frequência? Basta olhar para um banco tradicional, que parece atolado até o pescoço em uma mentalidade avessa ao risco e modelos operacionais complexos que desaceleram a tomada de decisão e o progresso.

Isso ajuda a explicar por que minha primeira visita a uma agência do First Republic Bank foi tão incrivelmente extraordinária. Minha gerente – a mesma pessoa que atendeu o telefone quando liguei diretamente para a agência, me salvando de um labirinto interminável de opções em um sistema automatizado – sabia muito bem do que dizia e fez de tudo para dar um jeito de dizer "sim" a todas as minhas solicitações. Ela me deu biscoitos caseiros para provar (e levar para casa) e meu presente de agradecimento por abrir uma conta no First Republic foi um guarda-chuva novo que não deixa a água escorrer no banco do meu carro. Não faltavam canetas – sem aquelas correntes horrorosas – no balcão de autoatendimento e óculos de leitura com variados graus eram disponibilizados para ajudar os clientes a ler as letras miúdas. Como logo descobri, as agências promovem encontros no intervalo de alguns meses para ajudar os clientes a conhecer a equipe toda e uns aos outros. Eles celebram datas importantes e não tão importantes. Acabei de receber um e-mail do CEO do banco comemorando o trigésimo quinto aniversário do banco. Duas frases do e-mail chamaram minha atenção: "Nosso crescimento ao longo dos anos nunca foi nosso objetivo. O crescimento não passa do resultado direto de dar um atendimento excepcional aos nossos clientes, um cliente por vez, repetidamente durante décadas".

O investimento do First Republic em impressionar logo de cara mostra que a empresa sabe da importância de os novos clientes sentirem que tomaram uma boa decisão ao abrir uma conta no banco. É verdade: um dos episódios mais marcantes de qualquer experiência do cliente é a recepção inicial. Se a sua marca conseguir encantar o cliente nesse momento crítico – para que seus clientes se sintam bem-vindos, acreditem que a empresa cuidará de seus interesses e concluírem que pertencem à sua comunidade –, você não apenas começará o relacionamento com o pé direito como aumentará suas chances de manter um relacionamento saudável com seus clientes. É bem verdade que isso eleva os padrões para todos os episódios que se seguirão. Mas essa grande vitória inicial tende a lhe dar o benefício da dúvida. Malcolm Gladwell escreveu um livro inteiro sobre a importância da primeira impressão, que ao mesmo tempo prepara o terreno e influencia todo o resto do relacionamento.[13]

Montando o encantamento com a BILT

É verdade: você só tem uma chance de causar uma primeira impressão. Com a rápida transição para o comércio eletrônico, as empresas estão tendo cada vez mais dificuldades em causar uma boa impressão nos novos clientes com uma recepção envolvente, cordial e personalizada. É por isso que fiquei tão impressionado quando Bill Wade, um sócio do escritório da Bain em Dallas, me falou sobre o BILT, um app com avaliações estelares que transforma em um prazer digital o episódio de dar as boas-vindas ao cliente e ajudá-lo a seguir instruções para montar um produto.

Pensei em todos aqueles horrendos livretos de instruções indecifráveis que deveriam me ajudar a montar os produtos que comprei ao longo dos anos – livretos mal traduzidos impressos em letras minúsculas para permitir incluir meia dúzia de outros idiomas, contendo diagramas e ilustrações inescrutáveis. O BILT evita tudo isso, usando animações em 3D com comandos de voz e texto para demonstrar a sequência ideal de etapas de montagem, configuração ou instalação, bem como dicas para evitar as armadilhas mais comuns.[14] O BILT se comunica automaticamente no idioma do seu celular.

A explosão do e-commerce aumentou a necessidade de enviar produtos desmontados para um transporte eficiente, dificultando a entrega daquela importante primeira impressão. A cada dia que passa, cada vez mais coisas precisam ser montadas pelos próprios clientes. Fiquei me perguntando se o BILT não teria o poder de transformar a tarefa de seguir instruções para montar um produto da mesma maneira como o Google Maps revolucionou a tarefa de ir de um lugar a outro.

Baixei o app gratuito para fazer um teste e simulei que tinha acabado de comprar uma churrasqueira nova. Minha esposa e eu ainda fazemos piada de uma tentativa anterior de montar uma churrasqueira usando as instruções que vieram em um manual tradicional. Aquele episódio – bem como minha tentativa de usar um manual de instruções tradicional para montar um parquinho infantil – se destaca como uma das piores experiências nos nossos mais de quarenta anos de casamento. O app BILT transformava em um sonho a experiência de montar um produto. Depois de uma rápida apresentação do produto, o BILT mostrava as ferramentas necessárias para a montagem e uma lista das peças que vinham incluídas na embalagem. O app me informou o tempo esperado para concluir a montagem e – usando animações inteligentes dirigidas por voz e texto – me guiou pelo procedimento de montagem passo a passo, no meu próprio ritmo. No meu celular, era possível aumentar o zoom para ampliar as imagens, arrastar o dedo pela tela para girá-las ou tocar em uma peça para obter mais informações.

O BILT também inclui uma pasta virtual para guardar recibos, bem como informações de garantia e cadastro. Imagino que o app reduzirá consideravelmente o número de devoluções e ligações para o atendimento ao cliente, o que poupará dinheiro para varejistas e fabricantes. O app conta o tempo que o usuário passa em cada etapa, dando aos fabricantes a possibilidade de identificar pontos de atrito que precisam ser reduzidos com melhorias nas instruções e no design do produto. As atualizações das instruções acontecem em tempo real. Imagine a economia substancial de não ter de reimprimir e distribuir instruções relacionadas a recalls de produtos. Por último, mas não menos importante, o BILT torna as instruções em papel desnecessárias, o que ajuda a reduzir o desperdício de papel.

"Muito legal", eu estava pensando. Mas o recurso que mais me chamou a atenção foi a última tela que apareceu ao final de uma série de instruções: uma pesquisa do NPS de duas perguntas pedindo aos clientes para dar uma nota para o produto ou serviço e explicar a nota. Um verdadeiro baú do tesouro na forma de um valiosíssimo feedback do cliente vinculado a um produto específico!

Isso me levou a agendar uma conversa com o CEO da BILT, Nate Henderson, que me surpreendeu ao dizer que construiu a empresa com base nos princípios que apresentei em *A pergunta definitiva 2.0*. Nate pede aos candidatos que leiam meu livro antes da entrevista a emprego para que possam discutir o que aprenderam. "Se os olhos do candidato não brilharem quando falamos sobre *A pergunta definitiva 2.0*", Nate explicou, "ele não se encaixa no perfil da nossa empresa". A missão da empresa é "criar uma experiência que dê tanta autonomia e empoderamento [que] transforma os usuários em promotores das marcas que servimos". Que achado incrível: uma empresa fundada com base nos princípios do NPS e inteiramente dedicada a ajudar *outras* empresas a ter um desempenho melhor no NPS – um verdadeiro impulsionador do NPS!

Sempre que encontro uma empresa comprometida com a filosofia do NPS de tornar o mundo melhor para os clientes, tento ajudá-la a ter sucesso (obrigado, Bob Herres). Nesse caso, fiz um investimento substancial na BILT, entrei em seu conselho de administração e recomendei o app aos meus amigos. Também devo notar que essa decisão de investimento foi uma das primeiras aplicações práticas da nova ferramenta estatística que descrevi no Capítulo 5, a Taxa de Crescimento Conquistado. Sim, as receitas da BILT vinham crescendo mais de 175% ao ano, mas, como a maioria das startups de software como serviço (SaaS), o negócio também consumia dinheiro rapidamente. O que realmente chamou minha atenção foi que a retenção líquida de receita da BILT estava em 150% e a maioria de seus novos clientes vinha por indicação, resultando em uma Taxa de Crescimento Conquistado de 160%. Essa evidência me convenceu de que o crescimento da empresa era sustentável, de modo que dobrei meu investimento planejado. Então, sim, esse é apenas mais um exemplo provando que, ao amar seus clientes, você trata os investidores com respeito. E a melhor maneira de demonstrar seu amor pelos clientes é entregando experiências verdadeiramente extraordinárias – repetidamente.

CAPÍTULO 8

Seja persistente

Construa sistemas de reforço da cultura

Um dos meus lugares favoritos no mundo inteiro é o jardim de nossa casa em Cape Cod.

A jardinagem é mais do que uma obsessão para mim. Para você ter uma ideia, o computador que estou usando para escrever este livro está apoiado em uma pilha de revistas de jardinagem *Gardens Illustrated*, cuidadosamente equilibradas em cima de uma volumosa enciclopédia de botânica cheia de orelhas. Minha impressora está em cima de antigos catálogos de sementes, bulbos e plantas raras, que, por sua vez, estão em cima das minhas edições recentes de outra revista de jardinagem, a *The English Garden*.

Devo dizer que ainda tenho muito o que aprender sobre jardinagem e não é por falta de entusiasmo que não aprendo mais. Ficamos empolgadíssimos quando nossos vizinhos (e queridos amigos) concordaram em nos vender o terreno baldio que ficava entre nossas casas quase vinte anos atrás. O terreno desce abruptamente de nossos quintais em um buraco formado dezenas de milhares de anos atrás, quando uma geleira empurrou seu enorme peso sobre um bloco gigante de gelo, que ficou enterrado cada vez mais fundo no solo. Com o tempo, a geleira recuou e o bloco de gelo derreteu, deixando para trás um buraco gigante na forma de uma tigela. Quando compramos o terreno, o buraco era um emaranhado quase impenetrável de ervas daninhas e silvestres.

Por que gosto tanto de jardins? Para começar, arte, ciência e história natural convergem em um jardim. A jardinagem abre um portal que dá acesso aos maravilhosos sistemas da natureza. Por exemplo, as forças de cooperação e competição estão incorporadas nos delicados líquenes que enfeitam nossos muros de pedra. Os líquenes são na verdade dois organismos – uma alga verde ou cianobactéria e um fungo – aliados em uma relação simbiótica tão resistente que pode sobreviver por séculos e até ao ambiente hostil do espaço sideral. O fungo limoso que vi outro dia desses é uma coletânea de organismos unicelulares que demonstram algo semelhante a uma inteligência coletiva quando trabalham em conjunto para encontrar e se aproximar de sua próxima refeição. Sempre me espanto com esses sistemas naturais maravilhosamente resistentes que me lembram do quanto eu ainda tenho a aprender.

Em segundo lugar, a jardinagem me lembra de que todo ser vivo depende de um relacionamento harmonioso com a comunidade a seu redor. E, por fim, a jardinagem requer paciência – é o maior exercício de gratificação postergada que conheço. A beleza de hoje é provavelmente o resultado de muitos anos de atenção persistente. Os jardins não são para quem busca a gratificação imediata; atalhos como fertilizantes químicos podem render uma vantagem passageira, mas acabam enfraquecendo a saúde e a vitalidade do jardim. Enquanto isso, a natureza muitas vezes trabalha contra você – na forma de pulgões, brocas, pragas, criaturas famintas, furacões e doenças –, demandando um esforço continuado, ano após ano.

E, sempre que me aventuro no meu jardim, outra influência entra em ação. Tenha paciência comigo – porque corro o risco de soar um pouco moralista aqui –, mas um dos princípios básicos da minha vida é deixar as coisas pelo menos um pouco melhores do que estavam quando as encontrei. É um impulso que herdei de meus pais. Seja no bairro deles, no coral da igreja, na Sociedade para Cegos ou no Clube Kiwanis, meus pais sempre deram mais do que receberam – sempre melhorando as coisas.

Então, quando esse buraco cheio de ervas daninhas se tornou uma responsabilidade minha e da minha família duas décadas atrás, arregaçamos as mangas e nos pusemos a trabalhar. Foi uma transformação demorada, mas bem-sucedida – valeu a pena tudo o que investimos nele. Aquele buraco cheio de mato se transformou em um cenário mágico para reuniões familiares, incluindo o casamento de nossos filhos, bem como apresentações musicais do nosso bairro e encontros anuais do meu grupo de cantores à capela da faculdade, os Harvard Krokodiloes. Minha grande esperança é que esse espaço um dia se torne o playground e o retiro favorito de nossos netos.

Um destaque do jardim – e a parte que as crianças mais adoram – é nosso lago de carpas, mencionado em um capítulo anterior quando contei sobre a criatura furtiva que se esgueirava na escuridão da noite para jantar carpas. O que me levou a criar um lago de peixes? Em primeiro lugar, as carpas são lindas, dando um toque de cor e movimento à paisagem. Mas também descobri que, na arte tradicional chinesa, elas simbolizam a *persistência*. A carpa evoluiu na foz de rios de água salobra na Ásia, onde a água doce flui para a água salgada do mar. O corpo da carpa precisa de água doce – ligeiramente salobra para o funcionamento ideal dos rins e do sistema imunológico – para sobreviver. Como a corrente do rio de água doce flui incessantemente em direção ao oceano, a carpa precisa nadar constantemente contra essa corrente para não ser arrastada para a morte no mar salgado.

· · ·

O que explica essa minha obsessão pela persistência? A persistência fornece uma base para construir a lealdade. Você *não pode parar*. Você precisa despender energia, constantemente, para lutar contra correntes contraproducentes e as tentações das soluções imediatistas. Nas organizações de negócios de hoje, as correntes mais fortes resultam de métricas orientadas às finanças e sistemas de governança. Além disso, como já vimos, a maioria das organizações é exposta a um fluxo constante de recém-chegados e não foca o desafio de construir a lealdade do cliente. Isso dificulta ainda mais a tarefa dos defensores da cultura da organização de resistir a tomar atalhos e persistir em conquistar a lealdade do cliente.

E isso me leva a um segundo destaque de meu jardim: o Sino da Lealdade. Quando a primeira etapa de nosso projeto de jardinagem estava quase concluída, eu e minha esposa, Karen, decidimos adicionar um toque pessoal e simbólico. Compramos um sino feito sob encomenda com as mesmas dimensões do famoso Sino da Liberdade da Filadélfia. Mas, enquanto o Sino da Liberdade tem a inscrição "Apregoareis liberdade na terra a todos os seus moradores", nosso sino tem apenas uma palavra, "LEALDADE", com nosso sobrenome (em letras muito menores) logo abaixo.[1]

O sino fica em uma pequena colina logo acima do lago de carpas. Ele é sustentado por dois pilares de granito, sendo que um representa a liberdade e o outro, a sabedoria. A ideia é que a liberdade de fato é preciosa, mas não deve servir como um fim por si só, porque, uma vez que a liberdade é alcançada, é preciso decidir o que *fazer* com ela. Usar a liberdade para agir de maneira egoísta ou irresponsável – buscando obter lucros pessoais acima de tudo, o que pode ser chamado de uma existência sem princípios – desperdiça essa preciosa dádiva. Mas usar a sabedoria para decidir o que fazer com nossa liberdade nos permite escolher o que queremos que nossa vida represente e, por extensão, quais princípios, organizações e pessoas são dignos de nossa lealdade.

A estas alturas acho que já dá para você ter uma ideia do argumento que estou desenvolvendo aqui. Ter sucesso na difícil tarefa de construir e manter a lealdade do cliente em face de forças contrárias requer uma enorme persistência. Mas a persistência implica na concretização inflexível de um princípio específico ou conjunto de princípios: *O que representamos?* Por que esses princípios são dignos da nossa lealdade? É preciso adaptar o que entendemos por esses princípios (e suas implicações) à medida que incorporamos lições no decorrer de nossa vida?

E não podemos nos esquecer de um fator adicional. A única esperança para as organizações que buscam incorporar, com persistência, os princípios do capitalismo de cliente – amar os clientes, honrar as equipes, respeitar os investidores, honrar a Regra de Ouro e criar e implementar inovações extraordinárias – é adotar sistemas e processos que ajudem as equipes a lutar e vencer todas as correntes que nos empurram na direção errada. Sem sistemas como esses, a energia dos funcionários será varrida rio abaixo pela torrente de reuniões de orçamento, metas de vendas semanais, modelos de alocação de capital e outros sistemas semelhantes, todos reforçando a tendência de maximizar os lucros de curto prazo.

Isso revela com clareza uma deficiência da minha metáfora das carpas: o tempo. Os líderes não têm como esperar pacientemente que a evolução imbua cada uma de suas investidas com o ímpeto genético de nadar contra as correntes predominantes nocivas. Os melhores líderes precisam criar sistemas para reforçar as tendências certas em suas equipes. É verdade que eles precisam contratar o maior número possível de funcionários que pensam como ele. Mas, à medida que as organizações crescem e incorporam um grande número de novos funcionários, os líderes precisam ser criativos e desenvolver sistemas para incorporar e reforçar uma cultura da Regra de Ouro focada diretamente no propósito de amar os clientes. Apenas os executivos seniores têm o poder e a perspectiva para construir e nutrir sistemas como esses. Eles precisam ser os jardineiros de sua comunidade corporativa.

Este é um ponto importante, então vale a pena dizer de outra forma: *Grandes organizações são construídas com base em grandes princípios.* Mas esses princípios não têm como orientar as decisões e prioridades do dia a dia se os líderes da organização não tiverem um entendimento claro das correntes naturais que arrastam suas equipes rio abaixo para poderem desenvolver sistemas práticos que ajudem a facilitar para as equipes fazer a coisa certa e dificultar fazer a coisa errada – ou seja, sistemas que as ajudarão a nadar contra a corrente para fazer do mundo um lugar melhor.

E como fazer isso? Um dos sistemas mais eficazes (e antigos) para fazer valer os princípios orientadores envolve imbuí-los de simbolismo e disseminá-los por meio de rotinas e rituais. Pense no grande apelo emocional gerado por símbolos como talismãs religiosos, a bandeira de uma nação e o Sino da Liberdade. Os símbolos esclarecem e inspiram. Os sistemas – como os descritos neste capítulo – inculcam e reforçam. Juntos, eles *possibilitam a persistência*.

O poder das palavras reforçadas por ações

Vamos nos aprofundar examinando um exemplo bastante concreto de um setor aparentemente prosaico: o setor de seguros.

Já falamos sobre a seguradora PURE Insurance no Capítulo 3. No início da evolução da empresa, seus executivos perceberam que a mentalidade tradicional das seguradoras poderia levar a consequências negativas para a PURE: as equipes de precificação da empresa poderiam cair na tentação de seguir a prática do setor de cobrar mais dos clientes leais para subsidiar preços abaixo do mercado na tentativa de atrair novos clientes. Para evitar isso, a PURE publicou sua filosofia de precificação na internet, lembrando *todos* os stakeholders do objetivo da empresa de cuidar de seus clientes existentes (como eu). A empresa mantém esse esforço até hoje, enviando relatórios anuais e outros comunicados aos clientes com o objetivo de enfatizar esse ponto com frequência. Além disso, a empresa dá um desconto quando os clientes fazem a quinta renovação de sua apólice e, depois de dez anos de adesão, oferece benefícios em dinheiro (reduzindo ainda mais os custos líquidos da cobertura).

Essa mensagem – embora dirigida ao mundo externo – também fica clara para os funcionários, incluindo as equipes de precificação, que, de outra forma, poderiam sentir-se tentadas a se desviar do caminho.

Também recebo relatórios anuais do First Republic Bank destacando os valores centrais do banco juntamente com muitas histórias de clientes sobre como o First Republic impactou sua vida.[2] "As histórias dos nossos clientes são a história do nosso banco", li no campo de assunto do e-mail que o banco me mandou, o que, a propósito, me parece uma excelente maneira de mostrar que a empresa é verdadeiramente centrada no cliente. Em um relatório recente, essas histórias foram seguidas de uma seção intitulada "Quem somos e o que valorizamos". Como o título indica, o texto que se segue consiste em biografias de executivos seniores e membros do conselho do First Republic. Essas biografias, por sua vez, foram seguidas de uma lista ilustrada de valores corporativos (Figura 8-1).

Reserve um momento para ler o breve parágrafo que acompanha cada valor. Também não deixe de observar as prioridades indicadas pela ordem na qual esses valores são apresentados. Penso que não é por acaso que a empresa decidiu apresentar os valores "Fazer a coisa certa" e "Prestar um serviço extraordinário" antes de outros valores como "Crescer" e "Divertir-se". Não deixe de observar as ilustrações – símbolos que ajudam a tornar esses valores memoráveis. No início dos anos 2000, o fundador, presidente e CEO Jim Herbert constatou que seria crucial esclarecer esses valores para que a organização pudesse manter sua cultura orientada aos serviços à medida que continuava a crescer.

O diretor de operações do First Republic, Jason Bender, me explicou que esse projeto foi uma de suas primeiras atribuições quando ele entrou no banco depois de se formar na Faculdade de Administração da Stanford. "Fui incumbido de ir com nossa diretora de marketing, Dianne Snedaker, em uma viagem por todo o país para conversar com mais de cem funcionários", disse ele. "Não estávamos em busca de

Seja persistente 241

uma lista de ambições. Tudo o que fizemos foi perguntar às pessoas o que realmente nos diferencia dos outros bancos". A lista resultante representa o resumo das respostas que eles receberam, explicando o que fazia com que a cultura do First Bank fosse especial.

A lista não é tão diferente da FirstService Residential – que é a líder nacional em gerenciamento de condomínios e associações de proprietários de imóveis –, mas, nesse contexto, a tarefa de esclarecer os valores e convencer as pessoas a apoiá-los representava um desafio muito maior. Em vez de ser construída em torno dos valores de um fundador – como Jim Herbert, no First Republic –, a FirstService Residential foi criada pela aquisição de uma série de concorrentes regionais independentes espalhados por todo o país, cada um com a própria cultura e valores distintos.

Esse foi o desafio enfrentado por Chuck Fallon em 2013, quando assumiu o comando como o CEO da FirstService Residential. Uma de suas primeiras prioridades foi criar uma única cultura para unir todas essas empresas distintas em torno de valores e sistemas em comum. Com um grande incentivo de Chuck, as equipes regionais se reuniram e elaboraram a lista ilustrada na Figura 8-2, que foi amplamente divulgada e promovida na empresa e hoje adorna a entrada de todos os escritórios regionais.

Também nesse caso, observe a simplicidade das declarações de valor, reforçadas por ilustrações simbólicas. (Posso dizer que adorei ver o item "ser sinceramente prestativo" no topo da lista.) Imagine ver essas frases estampadas na parede, em letras garrafais – constituindo um símbolo forte – na entrada de todos os locais de trabalho mais importantes da empresa.

FIGURA 8-1
Valores centrais do First Republic Bank

Fazer a coisa certa
Buscamos sempre fazer a coisa certa no First Republic. Sabemos que somos pessoas prestando serviços a pessoas e que os erros são inevitáveis. Portanto, é imprescindível fazermos a coisa certa: agir com integridade, assumir a responsabilidade pelas nossas ações, corrigir erros, aprender com a experiência.

Respeitar a equipe
Cada pessoa do First Republic faz uma diferença e merece sentir que sua contribuição é valorizada. Damos muito valor à colaboração porque sabemos que a união faz a força.

Ser positivo
Trabalhamos em um ambiente de confiança e incentivamos a abertura e a flexibilidade. Contratamos pessoas positivas com uma atitude positiva. Nosso objetivo é "trabalhar para poder dizer sim".

Crescer
Evoluímos muito desde a nossa fundação, expandindo a nós mesmos e ao propósito da nossa empresa. No First Republic, não nos esquivamos de mudar e todas as pessoas têm a chance de crescer e contribuir. Queremos que nosso pessoal voe alto.

Prestar um serviço extraordinário
Sempre buscamos superar as expectativas e atender nossos clientes de maneiras inesperadas. Só faremos o que pudermos fazer do jeito certo. Podemos atuar no setor bancário e de gestão de patrimônio, mas nosso sucesso depende do serviço que prestamos aos nossos clientes — um atendimento excepcional ao cliente.

Avançar rapidamente
Existem dois tipos de organizações: as organizações que passam seu tempo checando e as organizações que passam seu tempo fazendo. Nós fazemos. Valorizamos a ação e a determinação e sabemos que as melhores oportunidades só são aproveitadas pelos que não demoram a agir.

Assumir a responsabilidade
No First Republic, não basta fazer bem o nosso próprio trabalho. Todos são responsáveis por garantir a satisfação de nossos clientes. Portanto, se vemos que algo precisa ser consertado, arregaçamos as mangas, assumimos a responsabilidade pelo problema e corrigimos a situação.

Divertir-se
Sabemos que as pessoas farão um trabalho melhor se curtirem o trabalho — e nossos clientes sentirão a diferença. É simples assim.

First Republic Bank/É um privilégio te servir®

FIGURA 8-2
FirstService Residential: nossos valores

Ser sinceramente prestativo. Temos orgulho de servir a cada uma de nossas comunidades. Seja abrindo uma porta com um sorriso amigável ou resolvendo um problema, o que nos define é o fato de sermos sinceramente prestativos.

Mirar alto. Nossa paixão é sermos os melhores no que fazemos. Ao atrair, treinar e reter excelentes talentos, estabelecemos o padrão-ouro de atendimento e profissionalismo no nosso setor.

Fazer a coisa certa. Nossos clientes confiam que faremos o melhor para sua comunidade. Somos orientados pela nossa ética e pela defesa dos interesses dos clientes em tudo o que fazemos.

Assumir a responsabilidade. Todos nós somos responsáveis. Resolvemos qualquer problema com perseverança, integridade e comunicação aberta.

Melhorar. Aprendemos com nossas experiências. Somos abertos a novas ideias, colaborativos e estamos sempre em busca de maneiras de melhorar.

Construir excelentes relacionamentos. Relacionamentos baseados no respeito, confiança e boa comunicação são uma base do nosso sucesso.

Chuck voltou a reunir a equipe de liderança e lhes pediu para definir os comportamentos que indicariam que as equipes estavam colocando esses valores em prática. Eles se saíram com quinze padrões de atendimento que ajudaram a definir, na descrição de Chuck, "como deve ser uma boa experiência". Por exemplo, a equipe decidiu que, para a empresa "ser sinceramente prestativa", os pedidos não emergenciais por e-mail deveriam ser respondidos rapidamente – dentro de, no máximo, doze horas. Em seguida, Fallon criou um sistema de rápidas reuniões em pé diárias conhecido na empresa como FirstCall. Nessas reuniões em pequenos rupos, os membros da equipe relatavam suas experiências (ou desafios) ao praticar um ou mais desses valores e padrões de atendimento. É basicamente o mesmo sistema criado nos hotéis Ritz-Carlton pelo cofundador Horst Schulze. Ele estabeleceu reuniões em pé diárias com base em um importante insight: *os valores só são colocados em prática quando as equipes falam sobre eles regularmente e de maneira estruturada*, e o melhor processo envolve os membros da equipe contando as próprias histórias sobre como eles foram afetados por um determinado princípio.

Outra rotina que Chuck está testando envolve fazer pelo menos uma reunião em pé por trimestre com uma abordagem um pouco diferente. Nela, cada um dos membros da equipe deve escolher o valor que acha que a equipe está incorporando melhor e dar um exemplo para justificar sua escolha. Em seguida, eles identificam o valor que mais precisa melhorar, também com um exemplo. Com esse processo, cada equipe (e cada unidade da hierarquia mais ampla da empresa) concentra-se nos valores que estão sendo bem praticados e nos que requerem melhorias. Assim, esses valores acabam sendo ao mesmo tempo *pessoais* e *compartilhados*. E o fato de isso ser feito repetidamente reflete a recomendação mais importante deste capítulo: *seja persistente*.

Um dos meus exemplos favoritos da importância de disseminar os princípios centrais é o chamado "Livro da Cultura" da Discover.[3] Já falamos, em um capítulo anterior, sobre a Discover, uma empresa de cartões de crédito e uma rede de pagamentos extraordinariamente focada no cliente. O Livro da Cultura foi uma das primeiras coisas que recebi quando fiz minha primeira visita à sede da Discover, ao norte de Chicago, vários anos atrás, para entrevistar os executivos seniores da empresa. É um livreto de 140 páginas com uma capa laranja bem chamativa, disponibilizado a todos os funcionários da Discover e que declara os princípios centrais da empresa. As iniciais desses princípios formam a palavra "DISCOVER" ("descobrir" em inglês):

- *Doing the right thing*: fazer a coisa certa
- *Innovation*: inovação
- *Simplicity*: simplicidade
- *Collaboration*: colaboração
- *Openness*: abertura
- *Volunteerism*: voluntariado
- *Enthusiasm*: entusiasmo
- *Respect*: respeito

Cada valor é ilustrado com histórias contadas por funcionários, explicando como eles tentaram colocar esses princípios em prática no trabalho.

Como eu logo viria a descobrir em minhas entrevistas, o Livro da Cultura era visto apenas como um primeiro passo na empresa. Os líderes da empresa também criaram sistemas e rituais para reforçar esses princípios, como o ritual usado pela equipe da sede para dar as boas-vindas aos vencedores do Prêmio Pináculo da Excelência, que eram ovacionados de pé pelos funcionários da sede olhando para baixo em cada andar de um átrio de quatro andares. Os representantes voltados para o cliente eram nomeados e eleitos pelos colegas usando os seguintes critérios:

- O funcionário dá repetidamente bons exemplos de comportamento e resultados aos colegas?
- O funcionário tem uma sólida reputação em nossa cultura?
- Os colegas ficam empolgados com as realizações do funcionário?
- O funcionário tem um profundo orgulho ou gratidão pela Discover?

Os aplausos demonstram respeito pelos vencedores e pelo processo baseado em valores pelo qual eles foram escolhidos. O ritual demonstra a importância que a Discover dá a seus representantes de atendimento ao cliente. O mesmo pode ser dito sobre o processo no qual todos os executivos ouvem algumas horas de ligações de representantes de atendimento ao cliente todos os meses, se reúnem com os colegas para discutir o que aprenderam e as mudanças no processo ou na tecnologia que ajudariam a facilitar o trabalho dos atendentes – e, assim, ajudá-los a encantar os clientes.

Os princípios da Discover também são reforçados pelo sistema de bônus dos executivos. Os executivos seniores encarregados do marketing e das operações têm uma meta de bônus compartilhada que se baseia em reduzir o número de reclamações de clientes em 10% a cada ano. Para isso, eles precisam criar sistemas práticos que mantenham valores como inovação e respeito no topo da lista de prioridades das equipes.

Os catorze princípios da Amazon

A Amazon também se baseia em robustos princípios centrais.[4] Em uma reviravolta interessante, a empresa optou por explicitar como os *líderes* devem praticar esses princípios, como mostra a lista a seguir, publicada no site da empresa:

Obsessão pelo cliente
Os líderes começam com o cliente e "trabalham de trás para a frente". Eles trabalham vigorosamente para conquistar e manter a

confiança do cliente. Os líderes ficam de olho nos concorrentes, mas são obcecados pelos clientes.

Senso de participação

Os líderes participam. Eles pensam em longo prazo e não sacrificam o valor de longo prazo por resultados de curto prazo. Eles agem em nome da empresa toda, não apenas de sua própria equipe. Eles nunca dizem "não sou pago para fazer isso" ou "isso não é da minha alçada".

Inovação e simplificação

Os líderes esperam e exigem inovação e invenção de suas equipes e sempre encontram maneiras de simplificar as coisas. Eles sabem o que está acontecendo no mundo, procuram novas ideias em todos os lugares e não se deixam restringir pela mentalidade do "não foi inventado aqui". Quando ousamos fazer uma mudança, sabemos que podemos passar um bom tempo sem ser compreendidos.

Excelente capacidade de julgamento

Os líderes acertam muito. Eles têm uma excelente capacidade de julgamento e bons instintos. Eles buscam perspectivas diversas e se empenham para refutar as próprias crenças.

Aprendem e são curiosos

Os líderes nunca param de aprender e sempre buscam melhorar. Eles são curiosos para descobrir novas possibilidades e fazem de tudo para explorá-las.

Contratam e desenvolvem os melhores funcionários

Os líderes elevam os padrões de desempenho a cada contratação e promoção. Eles têm um bom olho para identificar talentos excepcionais e não se recusam a transferi-los por toda a organização. Os líderes desenvolvem líderes e levam a sério seu papel de orientar os outros. Trabalhamos em nome do nosso pessoal para criar mecanismos de desenvolvimento como o Career Choice, um programa de desenvolvimento profissional para os funcionários.

Insistem nos padrões mais elevados

Os líderes têm padrões implacavelmente elevados – muitas pessoas podem não ver sentido em padrões tão altos. Os líderes estão sempre elevando os padrões e encorajam suas equipes a fornecer produtos, serviços e processos de alta qualidade. Os líderes cortam o problema pela raiz e eliminam os defeitos e as falhas assim que surgem.

Pensam grande

Quem pensa pequeno nunca cresce. Os líderes criam e comunicam uma direção ousada que inspira resultados. Eles pensam diferente e procuram maneiras que ainda não foram inventadas de servir os clientes da melhor maneira possível.

Tendência a agir

A velocidade faz uma grande diferença nos negócios. Muitas decisões e ações são reversíveis e não requerem muita análise. Valorizamos líderes que correm riscos calculados.

Frugalidade

Os melhores líderes fazem mais com menos. As restrições levam as pessoas a desenvolver a engenhosidade, a autossuficiência e a criatividade. Os líderes não ganham pontos a mais por contratar mais funcionários, conquistar mais verbas ou ter mais despesas.

Conquistam a confiança

Os líderes ouvem com atenção, falam com franqueza e tratam as pessoas com respeito. Eles não tentam esconder seus erros, mesmo se isso causar estranheza ou embaraço. Os líderes não acreditam que são melhores que os outros. Eles avaliam a si mesmos e suas equipes em comparação com os melhores.

Mergulham profundamente

Os líderes operam em todos os níveis, se mantêm atentos aos detalhes, fazem auditorias frequentes e ficam de antenas ligadas quando as métricas e os relatos subjetivos diferem. Eles não se acham importantes demais para se encarregar de alguma tarefa.

São firmes quando discordam, mas são capazes de se comprometer

Os líderes se sentem obrigados a contestar respeitosamente as decisões quando discordam deles, mesmo quando fazer isso for inconveniente ou exaustivo. Os líderes têm convicção e são tenazes. Eles não fazem concessões só para se dar bem com as pessoas. Uma vez que uma decisão é determinada, eles se comprometem de corpo e alma.

Entregam resultados

Os líderes se concentram nos fatores que mais importam para a empresa e os entregam com a qualidade certa e em tempo hábil. Eles não se deixam abater pelos contratempos e nunca se contentam com menos.

"Usamos nossos Princípios de Liderança todos os dias", diz o preâmbulo da lista acima, "quer estejamos discutindo ideias para novos projetos ou decidindo a melhor abordagem para resolver um problema. É só mais uma das coisas que fazem com que a Amazon seja uma empresa peculiar".

Gosto da escolha da palavra "peculiar". Eu gostaria que não fosse verdade – no mundo ideal, praticar valores de liderança como esses não seria uma exceção –, mas acho que é. Que mais empresas sigam esse caminho e façam com que a Amazon seja uma empresa menos peculiar!

Acredito que a declaração acima também é verdadeira. Minhas entrevistas com executivos atuais e ex-executivos da Amazon me convenceram de que esses princípios de fato são discutidos todos os dias e são profundamente incorporados em todos os processos de gestão – incluindo contratação, treinamento, promoções e, é claro, a maneira como a empresa trata os clientes. Observe que *nem uma única palavra* desses princípios relativamente abrangentes tem a ver com crescimento da receita ou metas de lucro. Em um mundo tão dominado pelo capitalismo financeiro, é muito bom saber que algumas empresas pensam diferente. Note também que várias ideias se repetem em palavras diferentes. Por exemplo, os líderes "nunca dizem 'não sou pago para fazer isso' ou 'isso não é da minha alçada'" e "os líderes não se acham importantes demais para fazer alguma tarefa". Os líderes "procuram novas ideias em todos os lugares", "nunca param de aprender", "são curiosos para descobrir novas possibilidades" e "procuram maneiras que ainda não foram inventadas de servir os clientes da melhor maneira possível". Repetir deliberadamente uma mensagem pode ser muito eficaz para inculcar valores.

Apesar do desempenho extraordinário da empresa, contudo, vejo algo preocupante nos quatorze princípios da Amazon: não há menção – direta ou indireta – à Regra de Ouro. Nenhum princípio se refere a tratar os funcionários com amor e bondade ou cuidar de sua segurança e bem-estar. E não há nada sobre "tratar as pessoas do jeito certo". Portanto, se uma parte do modelo da Amazon me leva a me perguntar se o sucesso da empresa é sustentável, é o fato de a empresa não se dedicar a se tornar um lugar verdadeiramente excelente para se trabalhar, onde os funcionários podem levar uma grande vida.[5]

Em sua carta aos acionistas no relatório anual de 2020 – sua última como o CEO da empresa –, Jeff Bezos pareceu compartilhar essa preocupação.[6] A empresa acabara de vencer uma tentativa de sindicalização em sua instalação na cidade de Bessemer, Alabama, obtendo 71% dos votos. Mesmo assim, a experiência claramente afetou Bezos, que observou em sua carta: "Precisamos fazer um trabalho melhor para nossos funcionários". Ele assumiu o seguinte compromisso: "Sempre quisemos ser a Empresa Mais Centrada no Cliente do Planeta. Não vamos mudar isso. Foi o que nos trouxe até aqui. Mas precisamos nos comprometer com um acréscimo. Seremos o Melhor Empregador do Planeta e o Lugar Mais Seguro para se Trabalhar".

Só o tempo dirá se a Amazon conseguirá ajustar sua cultura nessa direção. Em qualquer empresa desse porte, há muitas oportunidades para os executivos tomarem decisões ruins – decisões a favor dos lucros, mas contra o amor. Uma dessas políticas, revelada recentemente pelo *Wall Street Journal*, foi a decisão da Amazon de sufocar os concorrentes no varejo de smart speakers (alto-falantes inteligentes) e campainhas com vídeo (também chamadas de "vídeo porteiros") ao se recusar a vender anúncios em destaque no seu site que poderiam impulsionar os resultados da busca para esses vendedores.[7] O *Wall Street Journal* também publicou acusações de vendedores do Amazon Marketplace de que funcionários da Amazon coletavam dados da plataforma para competir injustamente. A rapidez com que essas transgressões serão resolvidas a favor da Regra de Ouro – supondo que elas serão resolvidas! – indicará como os princípios da empresa se manterão sob as constantes pressões financeiras de uma empresa de capital aberto.

Mesmo sem esse tipo de tropeço, qualquer empresa gigante – cujo sucesso foi acelerado por uma pandemia que impôs sofrimento a tantas pessoas – pode facilmente ser vista como odiosa e exploradora. Há indícios de que Bezos reconheceu isso muito tempo atrás. Por exemplo, quando a empresa ultrapassou US$ 100 bilhões em vendas, ele elaborou e divulgou um memorando intitulado "Amazon.love" (Amazon. amor), declarando que queria que a empresa fosse amada, não temida. "Não é legal derrotar os pequenos", ele escreveu. "Não é legal capturar todo o valor só para a nossa empresa."[8] Agora que Bezos passou o bastão de CEO a Andy Jassy, o mundo terá a chance de ver até que ponto essa nova geração de líderes está comprometida em praticar os princípios da Regra de Ouro.

Com esses alertas e advertências em mente, qualquer empresa que queira ser mais centrada no cliente deve estudar o exemplo da Amazon de colocar os princípios em prática de forma explícita, sistemática e persistente. O preceito dominante da empresa – o princípio colocado no topo de sua lista – é a "obsessão pelo cliente". Observe que muitos dos princípios subsequentes servem para apoiar e reforçar o conceito de obsessão pelo cliente: por exemplo, "Inovação e simplificação" e "Insistem nos padrões mais elevados".

A "persistência" também afeta a carreira de um gerente da Amazon. Veja alguns trechos de uma conversa que tive com um ex-executivo que descreveu como a empresa incorpora seus princípios de liderança em seu sistema de gestão:

- Ao se candidatar a um emprego na Amazon, você é entrevistado com base nesses princípios.
- Desde o primeiro dia de trabalho, você é treinado para aprendê-los.
- Ao entrevistar candidatos, você deve votar "sim" ou "não" estritamente com base nos princípios de liderança, que são mais importantes do que a experiência ou as habilidades dos candidatos.
- Seu feedback aos colegas é baseado nos princípios de liderança.
- Os encontros com a empresa toda têm como tema os princípios de liderança.
- Seus relatórios de promoção são redigidos com base em seu desempenho em relação a esses princípios de liderança.
- Você corre o risco de ser afastado se não demonstrar que é capaz de cumprir os princípios de liderança.
- Trabalhar dentro desses princípios não é uma escolha na Amazon, não é apenas uma recomendação ou algo bom de se ter – é a base do que significa ser um "amazoniano". É um compromisso implacável com a excelência. Ou você está 100% comprometido ou está fora.

Os sistemas de gestão da Amazon também se entrelaçam de maneiras a reforçar o foco no cliente. Por exemplo, para ser promovido a um cargo sênior, os líderes devem ter um histórico comprovado de inovações que melhoraram a vida para os clientes. Mas *entregar* esse tipo de inovação requer financiamento, e o sistema que controla o financiamento de novas iniciativas na empresa requer que o patrocinador redija um comunicado simulado à imprensa explicando os novos recursos e benefícios da inovação, que devem ser extraordinários a ponto de chamar a atenção dos jornalistas. O comunicado também deve incluir perguntas esperadas (acompanhadas das respostas) sobre como o serviço será entregue, os recursos necessários e o cronograma. Em outras palavras, o patrocinador deve demonstrar que sabe como a inovação impressionará os clientes e o que será necessário para entregar a inovação dentro do prazo e do orçamento. Só *depois* que o líder conseguiu superar esses obstáculos bastante elevados repetidamente é que ele é considerado para um cargo de gestão sênior.

Estarei observando a Amazon com atenção enquanto sua nova geração de líderes inicia o próximo capítulo da história da empresa. Se tudo der certo, a transição será tão eficaz quanto a da Apple, onde Tim Cook recebeu o bastão do fundador Steve Jobs e demonstrou um compromisso ainda maior em tratar os clientes e funcionários do jeito certo. O sucesso da Apple fica claro em seu crescimento continuado e também se comprova por seus Net Promoter Scores fenomenais. Mas a verdade hoje é que os resultados do NPS para a Amazon apontam para uma nuvem tempestuosa no horizonte: os rankings da empresa no NPS relativo de clientes caíram na maior parte das categorias de varejo. A Prática de Varejo da Bain, que analisa dez setores todos os anos, relatou que, em 2020, a Amazon detinha a liderança no Net Promoter Score em apenas um setor: móveis para o lar. Desde 2017, os concorrentes da varejista assumiram a liderança na maioria das categorias e a liderança foi para um concorrente diferente em cada setor. Minha conclusão é que Jassy e sua equipe têm muito trabalho pela frente. Espero que eles respondam alinhando seus princípios centrais com a Regra de Ouro e sejam ainda mais persistentes em sua prática.

Mais do que palavras

Correndo o risco de dizer o óbvio, não basta publicar uma lista de valores inspiradores. A persistência e os símbolos devem ser reforçados pelos princípios e sistemas e, o mais importante, pelo *exemplo dado pelos líderes da empresa*. Eles exemplificam esses princípios com persistência?

Você se lembra da implosão da Enron, que levou executivos seniores para a prisão por buscar os lucros em detrimento de qualquer princípio moral? Aquela empresa outrora promissora acabou se revelando um exemplo claro de falar da boca para fora sem colocar o discurso em prática. Para você ter uma ideia, veja os quatro valores corporativos que a Enron celebrou em um de seus relatórios anuais:

- Comunicação: temos a obrigação de nos comunicar.
- Respeito: tratamos os outros como gostaríamos de ser tratados.
- Integridade: somos abertos, honestos e sinceros com nossos clientes existentes e potenciais.
- Excelência: só nos contentamos com sermos os melhores em tudo o que fazemos.[9]

Sabendo o que aconteceu, é meio deprimente de ler, não é mesmo? Mas o caso da Arthur Andersen consegue ser ainda pior. Aquela enorme empresa de contabilidade, que empregava cerca de 85 mil pessoas, entrou em colapso quase da noite para o dia graças a seus vínculos com a Enron (e com a Waste Management, a Sunbeam e a WorldCom). E o desastre aconteceu apesar de a Arthur Andersen defender com veemência um conjunto de valores aparentemente robustos que foram transmitidos por várias "gerações" de executivos desde o fundador da empresa:

- Integridade e honestidade
- Modelo de parceria "Uma Empresa e Uma Voz"
- Treinamento de um Único Método Compartilhado[10]

Fica claro que, por mais eloquentes e grandiosas, não são as declarações de valor que diferenciam as grandes empresas das demais. É a capacidade da liderança de construir sistemas de reforço para garantir que esses princípios sejam praticados por toda a organização. E é a disposição da equipe de liderança de agir como exemplos da prática desses princípios, especialmente quando as coisas vão mal. Os líderes colocarão os princípios e o sucesso da equipe acima de seus próprios interesses pessoais quando as coisas ficarem difíceis?

O problema é que *só é possível saber quando acontecer*. Fiquei impressionado com a rapidez na qual o conselho da FirstService decidiu reduzir a remuneração dos membros do conselho e dos executivos seniores quando a crise da Covid-19 atingiu as equipes da linha de frente da empresa. Acredito que a capacidade de tomar esse tipo de decisão com esse nível de determinação será crucial à medida que avançamos para sair desta crise e da próxima – quando acontecer. Todos os funcionários estarão observando para ver se os líderes realmente se empenham para evitar demissões motivadas pela crise ou se eles preferem embolsar generosos pacotes de remuneração enquanto cortam empregos na linha de frente. Correndo o risco, mais uma vez, de dizer o óbvio, não há maneira melhor para os líderes enfatizarem seu compromisso com os princípios do que fazer sacrifícios consideráveis a serviço desses princípios.

Steve Grimshaw sabia bem disso e é por isso que ele e sua equipe sênior reduziram a própria remuneração quando a Caliber Collision entrou em uma crise provocada pela pandemia. O pagamento foi reduzido para todas as pessoas que recebiam um salário anual de mais de US$ 100.000. A Caliber se comprometeu a manter todas as suas oficinas abertas (enquanto os concorrentes fecharam até 50%). Em seguida, Grimshaw garantiu aos técnicos de funilaria um salário mínimo mesmo se o volume semanal na oficina não conseguisse cobrir esse valor com os incentivos por volume padrão. Meu palpite é que, quando o setor de funilaria retornar aos níveis pré-pandêmicos, a participação de mercado que a Caliber conquistou durante a pandemia aumentará ainda mais. Afinal, os líderes demonstraram a todos (funcionários, fornecedores, seguradoras e clientes) que a Caliber de fato segue seus princípios.

Caminhos para a persistência

Já descrevi uma série de sistemas que a Bain implementou ao longo dos anos para garantir que a empresa não perca de vista sua missão focada no cliente – *ajudar nossos clientes a criar níveis tão elevados de valor que, juntos, definimos novos padrões de excelência* – e também para garantir que essa missão seja apresentada com eficácia e persistência. Gostaria de apresentar alguns desses sistemas. Nas reuniões em pé semanais, por exemplo, os membros da equipe são solicitados a avaliar como seu trabalho está entregando valor ao cliente. Enquanto isso, o Desafio Anual de Resultados motiva as equipes de todos os escritórios ao redor do mundo a competir na entrega dos melhores resultados a seus clientes.

Outro princípio central que reforça nossa missão é *fazer da Bain um excelente lugar para se trabalhar*. Para nos ajudar a garantir que esse princípio está sendo colocado em prática, perguntamos semanalmente aos membros da equipe qual a probabilidade de eles recomendarem sua equipe a colegas da organização. As respostas são discutidas nas reuniões em pé para que as equipes possam resolver a maioria de seus próprios problemas e, além disso, os resultados agregados são apresentados na reunião mensal do escritório, quando as equipes são ranqueadas. As pontuações são usadas para tomar importantes decisões de gestão do escritório, desde coaching até alocação de recursos às equipes. As pontuações também são compartilhadas com todos os consultores e consultores associados, focando ainda mais as pessoas no desafio de *tornar as equipes divertidas e produtivas*. E, no que talvez seja o sistema mais eficaz de todos, a cada seis meses as equipes avaliam a qualidade de sua liderança, e os líderes que não conquistam o apoio de suas equipes não podem ser promovidos a um cargo de mais poder e autoridade.

Mais uma vez, meu argumento é que os valores – até os valores mais robustos – precisam de uma mãozinha para se manter. Sim, como acabei de enfatizar, os líderes devem se comportar como exemplos a serem seguidos e colocar os valores em prática. Mas também devem reforçar os valores culturais construindo bons sistemas, que geram a *persistência*. Eles atuam em segundo plano, 24 horas por dia, 7 dias por semana e 365 dias por ano, mesmo se as pessoas não notarem seu impacto ou poder cumulativo.

Você não precisa acreditar só porque eu estou dizendo. Veja a seguir um trecho de um artigo publicado no *Boston Business Journal* com base em uma entrevista com Tamar Dor-Ner, conduzida logo depois de ela ser nomeada a diretora do escritório da Bain em Boston:

> Quando Tamar Dor-Ner ingressou na Bain & Co. em 1999, depois de se formar em história intelectual europeia pela Universidade Northwestern, seu plano era ficar apenas seis meses na empresa. "Pensei em fazer uma expedição antropológica", ela disse. "A ideia era observar executivos em seu habitat natural e partir para escrever o Grande Romance Americano do ambiente de trabalho."
>
> Ela nunca saiu da empresa. Duas décadas depois, Dor-Ner gerencia o escritório da Bain em Boston – com pouco menos de 1.000 funcionários, o maior escritório da gigante do setor de consultorias – e lidera o grupo de posicionamento de marca e estratégia que ela ajudou a fundar. Foi a cultura da Bain, ela disse, que a convenceu a transformar sua expedição temporária em um acampamento mais permanente...

Longe dos robôs corporativos que esperava encontrar, ela viu que seus colegas eram inteligentes, engraçados e trabalhadores. "Assim que cheguei senti imediatamente um alinhamento de valores ao ver que as pessoas de quem eu gostava eram as pessoas que todos respeitavam e admiravam e eram as pessoas que recebiam as promoções", disse Dor-Ner. "As pessoas de quem eu não gostava não demoravam a ser eliminadas rapidamente do sistema como toxinas."[11]

O "alinhamento de valores" a que Tamar se refere é, à primeira vista, um encontro inesperado entre seus próprios valores e os de seus novos colegas. Mas acredito que, em um nível mais profundo, Tamar estava observando o impacto cumulativo dos sistemas persistentes da Bain. Por que as pessoas que ela admirava eram promovidas e as pessoas de quem ela não gostava eram afastadas? Isso acontecia devido aos valores, explicitamente disseminados e reforçados de forma sistemática e persistente. Acredito que a Bain conseguiu se recuperar de sua experiência de quase morte trinta anos atrás não em virtude de uma série de iniciativas estratégicas brilhantes, mas porque retomamos nossa missão central de ajudar os clientes a alcançar excelentes resultados por meio da liderança servidora. E projetamos sistemas que reforçavam com persistência os princípios que sustentavam essa missão. É por isso que pessoas como Tamar decidem ficar na Bain e fazem da empresa um lugar ainda melhor para se trabalhar.

Você pode tender a achar que a Bain é algum caso especial – um clube exclusivo de profissionais formados nas melhores faculdades do mundo. Mas os mesmos princípios e sistemas de reforço impulsionam o sucesso em todos os setores. Vejamos, por exemplo, a experiência de uma das subsidiárias da FirstService Brands, a CertaPro Painters, a maior franquia de pintura residencial e comercial da América do Norte. Recentemente, os líderes da CertaPro apresentaram uma atualização de sua estratégia de negócios ao conselho de administração, no qual atuo. Eles nos explicaram que escolheram o dourado como a cor da empresa – apresentada em destaque no logo e em todos os materiais publicitários

– para comunicar que a empresa se esforça para seguir a Regra de Ouro.

Na verdade, isso faz parte de um quadro mais amplo. Todas as empresas da FirstService Brand se empenham para viver de acordo com os seguintes valores:

- Cumpra suas promessas.
- Respeite as pessoas.
- Orgulhe-se do que faz.
- Pratique a melhoria contínua.

Quando pedi a Charlie Chase, o CEO da FirstService Brands, para explicar como esses valores foram escolhidos, ele respondeu que esses valores simplesmente refletem "diferentes dimensões da Regra de Ouro, que se aplicam igualmente aos nossos negócios de pintura, inspeções residenciais, reformas, revestimentos de pisos e armários".

Acho que Charlie tem razão. A lista de valores centrais de todas as empresas de sucesso simplesmente divide a Regra de Ouro em componentes que a tornam mais prática e compreensível para os funcionários em seu setor de atuação específico. Quando pedi a Charlie para descrever como a FirstService Brands desenvolveu sistemas e rituais para reforçar esses valores e torná-los persistentes, ele disse que a empresa começou transformando esses valores nos "Princípios de Serviço" a seguir para ajudar as equipes a saber se realmente estavam colocando esses valores em prática:

- Garanta que suas palavras e ações estão alinhadas com a nossa Promessa da Marca.
- Exiba nossa Marca com orgulho.
- Use tudo o que fazemos para criar lealdade à Marca.
- Resolva você mesmo o problema dos clientes, e na hora.
- Engaje-se com os clientes para eles não terem de repetir a história deles.

- Instrua, comunique-se e colabore com os clientes.
- Peça o feedback dos clientes ao longo da jornada deles.
- Seja preparado, presente e pessoal.
- Respeite a propriedade e as preferências dos clientes.
- Celebre e confirme a conclusão do projeto com os clientes.

Charlie também explicou o ritual anual da FirstService Brands para identificar as pessoas da organização que mais se destacaram na prática desses ideais. O ritual é chamado de Premiação da Regra de Ouro, um processo de nomeação pelos colegas que culmina na seleção de quatro vencedores para cada marca: um membro da equipe de vendas voltado para o cliente, um membro da equipe de produção voltado para o cliente, um gerente geral de franquia e um funcionário da sede. Os vencedores participam do Encontro de Experiência da FirstService Brand e sobem ao palco para contar sua história e compartilhar reflexões sobre os valores centrais e os princípios baseados em serviço da marca. Essas histórias exemplificam uma vida pautada pela Regra de Ouro e definem o padrão de excelência para funcionários e executivos espalhados por toda a América do Norte.

Quando os analistas financeiros pedem a Charlie ou seu chefe, Scott Patterson, para explicar por que a FirstService acha que conseguirá continuar crescendo e superando muitos de seus concorrentes em suas linhas de negócios ou como acha que conseguirá manter seu histórico extraordinário de retorno total para o acionista – imagine uma empresa composta de linhas de negócios maduras como administração de propriedades residenciais, pintura, reformas residenciais e armários feitos sob medida oferecendo, ao longo da década, retornos comparáveis aos da Amazon e da Apple –, eles observam que os analistas geralmente não esperam ouvir respostas como *garantindo que nossas equipes sejam cada vez mais diligentes e persistentes na missão de colocar em prática a Regra de Ouro*. Mas, na verdade, essa é uma grande parte da resposta.

Amor e persistência

Os melhores líderes sabem que correntes poderosas, com a força das Cataratas do Niágara, tentarão empurrar sua carpa favorita rio abaixo. A maior parte dos funcionários, clientes, investidores e sociedade presume que o principal propósito de uma empresa é obter lucros. Não importa a filosofia de negócios que estiver na moda no momento, as pessoas sempre acreditam mais no que os líderes fazem do que no que eles dizem. Elas veem que os chefes continuam definindo orçamentos, alocando capital, medindo o sucesso e pagando bônus com base principalmente nos indicadores financeiros. Portanto, se você quiser que sua mensagem de amor pelos clientes seja levada a sério, precisa sustentar essas palavras com uma cultura, rituais e sistemas meticulosamente planejados para reforçar a Regra de Ouro.

Acho que cabe lembrar, aqui, a famosa passagem sobre o amor que costuma ser lida nas cerimônias de casamento. Trata-se de um trecho da primeira carta de São Paulo aos Coríntios:

> O amor é paciente, o amor é bondoso. Não inveja, não se vangloria, não se orgulha. Não maltrata, não procura seus interesses, não se ira facilmente, não guarda rancor. O amor não se alegra com a injustiça, mas se alegra com a verdade. Sempre protege, sempre confia, sempre tem esperança, sempre persevera.

No caso do amor pelos clientes, acho que todo mundo sabe que o amor só pode perseverar com muita ajuda sistemática de líderes comprometidos.

CAPÍTULO 9

Seja humilde

O Net Promoter 3.0 e além

Na Bain, ensinamos que, em cada comunicação, você deve *começar com a resposta* e *sempre terminar em grande estilo* – com uma chamada à ação.

Tentarei seguir essa orientação neste último capítulo.

Vamos começar com a resposta: você vai ter de exercitar a humildade ao ver a distância que ainda deve percorrer para se tornar verdadeiramente centrado no cliente. Este capítulo ajudará a esclarecer essa distância, fornecendo um checklist dos componentes necessários para construir um Net Promoter System 3.0 de última geração. Aqui, tentei destilar vinte anos de lições que aprendi trabalhando e observando líderes que atuam na vanguarda do movimento em direção ao capitalismo de cliente.

Antes disso, contudo, eu gostaria de retomar o que considero a ideia central deste livro: que um entendimento esclarecido da Regra de Ouro fornece o princípio fundamental que sustenta o capitalismo de cliente e serve como a base para gerar lucros bons – em oposição aos lucros ruins – e sustentáveis. Você deve se lembrar que abri o capítulo 6, "Honre a Regra de Ouro", contando sobre um almoço que tive com um velho amigo que era um pastor e lecionava em um seminário. Duas lições importantíssimas me acompanharam durante toda a minha vida depois daquela conversa. Já contei uma dessas lições: que meu amigo – um homem inteligentíssimo e muito ponderado – disse não acreditar muito que o preceito *ama o teu próximo como a ti mesmo* pode ter alguma relevância no mundo dos negócios.

Espero que ele leia este livro e chegue a uma conclusão diferente, mas, se isso não acontecer, pelo menos ele vai saber que levei sua cautela a sério. Foi com relutância que admiti que a maioria das pessoas concordaria com ele e teria dificuldade de acreditar que "fazer do mundo um lugar melhor para os clientes" pode representar uma estratégia de sucesso nos negócios e, ainda por cima, ser adotado como o principal propósito de uma organização vencedora. Muitas pessoas – que acreditam que as empresas se baseiam no egoísmo e não em servir os clientes – devem achar minha proposta irremediavelmente ingênua ou simplória. A noção de que enriquecer a vida do cliente deve ser priorizada em detrimento de todos os outros stakeholders como o principal propósito da empresa deve soar no mínimo afrontosa para o pessoal do mercado financeiro.

Mas, se você persistiu e leu este livro até aqui – quase até o fim –, pode estar pronto para se unir ao pequeno bando de insurgentes que acredita que o capitalismo de cliente é inevitável. Se você estiver pronto, seja bem-vindo a bordo – e saiba que você faz parte de um grupo muito seleto. Lembrando que apenas 10% dos executivos acreditam que o principal propósito de sua empresa é enriquecer a vida dos clientes.

Eu gostaria de retomar aquele almoço com meu amigo pastor e falar da segunda lição que aprendi com nossa conversa. Quando estávamos saindo do restaurante, eu disse que não conseguia entender um trecho da Bíblia e isso me incomodava muito. Uma das bem-aventuranças do belo Sermão da Montanha nunca fez muito sentido para mim: "Bem-aventurados os mansos, porque eles herdarão a Terra".[1]

Mansos? É sério? Usar a mansidão como uma estratégia para vencer? Pela minha experiência, pessoas leais e de elevados princípios morais não devem se curvar, dóceis, diante das dificuldades. Se quiserem fazer deste mundo um lugar melhor, elas devem defender suas crenças com coragem.

Pensando nisso agora, acho que meu amigo deve ter achado graça da minha indignação. Ele me disse para não me preocupar, porque já é praticamente um consenso, entre os estudiosos da Bíblia, que "manso" (em inglês, *"meek"*) não foi uma tradução muito precisa. Os escribas da Bíblia em inglês escolheram essa palavra simplesmente porque sua única sílaba se adequava à cadência da interpretação poética que eles queriam dar aos versos. A tradução mais exata, ele me assegurou, não é *manso*, mas *humilde* (no sentido de ter humildade): Bem-aventurados os humildes, porque eles herdarão a Terra.

Um pouco menos poético, mas faz muito mais sentido. Sem humildade, há poucas esperanças de desenvolver uma verdadeira liderança servil, um pré-requisito para conquistar a lealdade. Sem humildade por toda a organização, a presunção egoísta – que impede o aprendizado e o crescimento – toma conta de tudo. E, para vincular isso aos temas principais deste livro, sem humildade, os funcionários da organização como um todo, de cima a baixo, não priorizarão nem processarão o feedback, que é crucial para inovar e melhorar a experiência do cliente. A humildade salienta a necessidade de nunca deixar de aprender para melhor servir os outros e, portanto, é um ingrediente indispensável do sucesso sustentado em um mundo centrado no cliente.

Já analisamos o livro *Empresas feitas para vencer* de Jim Collins e sua coletânea de supostas empresas exemplares. Como vimos, muitas dessas empresas não demoraram a passar por dificuldades. Collins, para seu crédito, tentou descobrir onde errou. Em seu livro seguinte, *Como as gigantes caem*, ele concluiu que a decadência das empresas "feitas para vencer" começou quando os executivos ficaram arrogantes, inebriados pelo sucesso e comprometidos com a busca indisciplinada por *mais*.[2] Acho que Collins estava em grande parte correto, mas eu também argumentaria que, além da arrogância e da ganância, esses executivos foram, em certa medida, vítimas do nosso sistema capitalista financeiro, que costuma recompensar o desempenho e o crescimento trimestrais de curto prazo (independentemente de sua qualidade ou sustentabilidade) e não o foco de longo prazo no crescimento dos ativos constituídos por funcionários e clientes, enriquecendo a vida deles.

Eu acrescentaria que a fragilidade do sucesso de uma empresa de grande porte não se limita a esse punhado de empresas "feitas para vencer". Você pode achar que as empresas que demonstram sua capacidade de subir até o topo do ranking das grandes empresas devem ser capazes de alavancar as vantagens resultantes de sua escala, experiência, solidez financeira, familiaridade com a marca e poder de lobby para permanecer no topo. Não é bem assim. Mais de uma década atrás, descobri que a meia-vida das empresas da *Fortune* 500 era de apenas dezessete anos. O ritmo acelerado da destruição criativa dos dias de hoje provavelmente encurtará ainda mais essa meia-vida. Pense em empresas como a Blackberry, Blockbuster, Compaq e America Online, gigantes de outrora das quais poucos se lembram hoje.

Em outubro de 1997, em minha Mesa-Redonda sobre Lealdade, perguntei a um grupo de CEOs de empresas líderes em lealdade por que eles achavam que tantas empresas de sucesso tropeçam e caem. O encontro incluiu os CEOs da Intuit, State Farm, USAA, Harley Davidson, Bain, Enterprise Rent-A-Car, Dan e Truett Cathy, da Chick-fil-A, e Tom Donahoe, ex-vice-presidente da Price Waterhouse.[3] Todos concordaram que os maiores inimigos do sucesso sustentado não são ameaças externas, como novos concorrentes munidos de tecnologias inovadoras. Eles disseram que os verdadeiros inimigos muitas vezes surgem de dentro, os hediondos quatro cavaleiros: ganância, arrogância, complacência e presunção. Esses quatro pecados capitais representam diferentes facetas da mesma transgressão: perder a humildade.

Quanto mais tempo uma empresa usufrui de sucesso e quanto mais poderosa ela se torna, maior o risco de a ganância, a arrogância, a complacência e a presunção unirem forças para impedir o progresso. Ao mesmo tempo, fica mais fácil para os executivos se voltarem para dentro – entrando em disputas políticas por território, reformulando organogramas e assim por diante – em vez de ouvir os clientes. Tempo é desperdiçado em disputas internas, em vez de ser alocado a criar maneiras inovadoras de resolver os problemas dos clientes e enriquecer a vida deles.

Como evitar essa armadilha? A melhor maneira que conheço é abraçar a missão de *enriquecer a vida de cada cliente que você toca* e certificar-se de que está ouvindo os clientes e examinando seu comportamento para saber se realmente está cumprindo essa missão. Pedir o feedback dos clientes e agir de acordo com esse feedback requer muita humildade e esse desafio aumenta à medida que a empresa cresce em poder e porte. Ainda estamos para encontrar uma empresa sem detratores, de modo que até as maiores empresas têm espaço para melhorar. Abraçar esse propósito, inspirado na Regra de Ouro, de enriquecer cada vida que você toca o mantém humilde. Ser humilde o ajuda a chegar ao topo, mas tem um papel ainda mais importante para ajudá-lo a permanecer lá.[4]

A boa notícia é que dois terços das empresas da *Fortune* 1000 já usam o NPS, sendo que muitas reportam suas pontuações do NPS aos investidores. A má notícia é que poucas delas adotaram a mentalidade do Net Promoter System necessária para vencer na era do capitalismo de cliente. Para facilitar a vida das empresas, elaborei, no formato de um manifesto, a mentalidade e os elementos básicos que compõem o NPS 3.0.[5]

O Manifesto do Net Promoter (na Era do Capitalismo de Cliente)

As grandes empresas ajudam as pessoas a ter uma grande vida, atuando como uma força do bem. Os grandes líderes constroem e sustentam essas comunidades. Eles inspiram os membros de suas equipes a ter uma vida repleta de sentido e propósito por meio do serviço que prestam às pessoas – um serviço que não se limita a ser meramente satisfatório e é tão ponderado, criativo e atencioso que encanta os clientes e enriquece a vida deles.

A base das melhores comunidades são os bons relacionamentos, fundamentados no princípio de *tratar os outros como gostaria que um ente querido fosse tratado* ou, em sua forma mais pura, *amar o próximo como a si mesmo*. Essa Regra de Ouro estabelece o mais elevado padrão de excelência em todas as questões humanas.

Quando as empresas criam políticas, procedimentos, culturas e regras de afiliação para reforçar a responsabilização e a prestação de contas pelos padrões da Regra de Ouro – para todos os membros da comunidade –, elas fornecem as bases para construir relacionamentos dignos de *lealdade*.

As empresas conquistam a lealdade dos clientes tratando-os com cuidado amoroso. Essa lealdade se evidencia quando os clientes voltam para buscar mais, recrutam os amigos e dão um feedback valioso sobre como melhorar ainda mais o relacionamento. Dessa forma, *o amor gera lealdade*, que impulsiona o crescimento sustentável e lucrativo e ilumina o caminho que leva à grandeza para a organização, suas equipes e cada membro individual da equipe. Esse sistema fundamenta a prosperidade financeira desfrutada pelas comunidades que seguem rigorosamente os padrões da Regra de Ouro.

Portanto, a principal missão de toda organização que busca a grandeza deve ser *construir uma comunidade cujo principal propósito seja enriquecer de forma sustentável a vida dos clientes e na qual todos os membros sejam tratados de acordo com a Regra de Ouro (e se responsabilizem por segui-la).*

Para cumprir essa missão, os líderes devem:

1. **Adotar um propósito imbatível.** Os líderes deixam claro que enriquecer a vida dos clientes é o principal propósito da organização. Eles ensinam os membros da equipe que esse princípio deve orientar as prioridades, decisões e compromissos, iluminando o caminho para o sucesso pessoal e organizacional.

2. **Liderar com amor.** O principal dever dos líderes é cuidar de seu pessoal. Eles devem inspirar as equipes a adotar o propósito de amar os clientes e possibilitar o sucesso das equipes alocando tempo, orientação e recursos suficientes para cumprir essa missão. Os líderes devem praticar (servir como exemplos a serem seguidos), pregar e ensinar os princípios e valores da Regra de Ouro, reforçando sistematicamente uma cultura de amor por meio de símbolos, palavras e ações.

3. **Inspirar suas equipes.** Os membros da equipe devem sentir-se energizados com essa missão de enriquecer a vida dos clientes e ser empoderados para erradicar políticas, procedimentos e comportamentos contrários à Regra de Ouro, confiantes de que contarão com o apoio da empresa em seus esforços de sempre fazer a coisa certa.

4. **Liberar fluxos de feedback do calibre do NPS.** Sistemas e tecnologias dão suporte a um feedback atualizado e confiável de clientes e colegas, complementando as pesquisas ao incorporar todos os sinais, incluindo comportamento de compra, uso, comentários na internet, avaliações e interações do atendimento ao cliente. É preciso inovar constantemente para coletar, organizar e distribuir o feedback certo em um mundo sobrecarregado com uma torrente de dados e pessoas cansadas de responder pesquisas – um mundo que usa cada vez mais robôs digitais, ciência de dados e algoritmos.

5. **Cultivar a aprendizagem implacável.** Os líderes devem criar uma cultura de feedback amoroso, um pré-requisito para honrar a Regra de Ouro. Isso inclui disponibilizar treinamento sobre as técnicas mais eficazes de dar, coletar e receber feedback e proporcionar um espaço seguro para processá-lo.

6. **Quantificar os indicadores do crescimento conquistado.** Os líderes e funcionários devem entender e utilizar métricas contábeis baseadas no cliente (fornecidas e endossadas pelo diretor financeiro) para avaliar os prós e contras e as decisões de investimento.

7. **Redefinir regularmente o extraordinário.** Os líderes e as equipes devem ser humildes e reconhecer que muito progresso e inovação

são necessários para garantir que cada cliente se sinta amado. Os líderes devem buscar continuamente inventar novas maneiras de encantar os clientes com produtos e experiências extraordinárias. Cada pessoa, equipe e grupo deve se sentir empoderado e responsável por criar experiências tão extraordinárias que os clientes voltarão para comprar mais e trarão os amigos.

Abraçando o movimento

Os preceitos do meu manifesto podem parecer intimidadores, especialmente para os líderes de empresas consolidadas com uma arraigada mentalidade financeira. Praticamente todos os líderes terão de exercitar a humildade diante de nosso abrangente checklist dos requisitos do NPS 3.0 apresentado no apêndice A. Mas deixar de redirecionar a mentalidade de sua empresa para amar os clientes incorporando o checklist completo das melhores práticas provavelmente é o caminho mais arriscado de todos, considerando as evidências crescentes – resumidas no Capítulo 5 – de que *as empresas que estão ficando para trás no NPS são incapazes de entregar um verdadeiro valor aos investidores.*< Para ajudá-lo a fazer uma avaliação precisa de como sua organização se posiciona em relação aos vencedores no amor pelo cliente, criamos um diagnóstico do NPS 3.0, disponível gratuitamente no site NetPromoterSystem.com.

Eu já tive a esperança de que, com meus colegas da Bain e nossos clientes, seríamos capazes de impulsionar a revolução do NPS, mas, na última década, eu mesmo fui forçado a exercitar minha humildade. Para mudar a maneira como o mundo dos negócios define e mede o sucesso, precisamos que mais líderes corajosos se unam ao movimento. Precisamos construir uma comunidade mais forte e mais ampla, englobando todos os stakeholders para acelerar a transição do capitalismo financeiro para o capitalismo de cliente. Precisamos de:

- **Investidores e diretores financeiros que adotem os indicadores do crescimento conquistado.** A contabilidade financeira – e a análise e o planejamento financeiro que a acompanham – devem incorporar a contabilidade baseada no cliente, que mede de maneira confiável a saúde dos relacionamentos da empresa com seus clientes (o ativo mais valioso da maioria das empresas). A contabilidade com base no cliente deve monitorar, entre outras coisas, o número de clientes ativos e quando eles se tornaram clientes da empresa, aumentos e diminuições de suas compras em cada período, evasões por segmento e coorte de tempo de relacionamento com a empresa, receitas por cliente e por tempo de relacionamento com a empresa, volume de novos clientes, custo de aquisição, divisão de novos clientes entre conquistado (indicação, recomendação, boca a boca etc.) e comprado (publicidade, promoções, comissões, vendas etc.) – em outras palavras, todos os elementos-chave necessários para estimar o valor do ciclo de vida de cada cliente.
- **Sites de avaliação por clientes e plataformas de comércio eletrônico que tornem suas avaliações confiáveis.** Os sites de avaliação por clientes precisam inovar e criar soluções para fornecer avaliações ao mesmo tempo sinceras e relevantes e, portanto, mais úteis. Para você ter uma ideia do cenário atual, a Fakespot estima que, em 2020, 42% das avaliações que os clientes fizeram na Amazon são falsas.[6] Penso que, em muitos setores, as preferências dos clientes individuais variam tanto que, para as avaliações serem relevantes, elas terão de ser selecionadas e organizadas para destacar os avaliadores mais relevantes.
- **Investidores que questionem as pontuações autorrelatadas do NPS (não certificadas).** Como já vimos, muitas empresas relatam as próprias pontuações não auditadas de

feedback de clientes. Os investidores que quiserem conhecer o verdadeiro valor dos clientes de uma empresa precisam saber como essas métricas foram calculadas e exigir metodologias robustas e confiáveis.

- **Conselhos que atuem como verdadeiros defensores do cliente.** Os conselhos de administração devem se responsabilizar por garantir que as políticas e práticas da organização tratem os clientes do jeito certo – um padrão mais elevado do que meramente seguir as leis. Os conselhos devem considerar a criação de um comitê de clientes para atuar ao lado dos comitês existentes de nomeação/governança, auditoria e remuneração. Essa supervisão ganhará ainda mais importância à medida que as empresas abraçam a promessa (e o risco) de interagir com os clientes usando a inteligência artificial. As empresas não podem se limitar à utilização ética da inteligência artificial e aos requisitos legais e devem elevar-se ao padrão da Regra de Ouro de amor pelo cliente. Para que esse comitê tenha responsabilidade e influência reais, ele precisará de dados de NPS confiáveis. Esses dados serão disponibilizados por terceiros, como o NPS Prism da Bain, para algumas empresas e por processos internos confiáveis para outras. Mas, para muitas empresas, isso só acontecerá quando tivermos uma robusta contabilidade baseada no cliente que permitirá métricas como o crescimento conquistado, que avalia o amor pelos clientes e é auditável e, portanto, mais apropriada para relatórios aos investidores e para definir os bônus dos executivos.
- **Conselhos que recompensem os executivos que pensam em longo prazo.** Os executivos devem ser protegidos das distrações provocadas por especuladores imediatistas se quiserem tomar decisões para tratar os clientes do jeito certo. Como o maior retorno total para o acionista (TSR) se acumula para as empresas com as avaliações de NPS mais altas, os interesses dos investidores de longo prazo são mais bem atendidos enco-

rajando as equipes de liderança a amar os clientes. Os planos de remuneração dos executivos devem evoluir para que bônus generosos sejam alocados aos líderes que entregarem um verdadeiro valor aos acionistas de longo prazo – ou seja, um TSR superando a linha de corte dos retornos médios do mercado de ações. Além do TSR, os resultados dos clientes e funcionários também devem ser incluídos nos planos de remuneração.

- **Funcionários mais seletivos e que insistam que os empregadores os ajudem a viver a vida do jeito certo.** Os funcionários já estão exigindo que seu trabalho seja imbuído de um senso de propósito, especialmente à medida que a força de trabalho faz a transição para as gerações dos millennials e a geração Z. Já falamos bastante neste livro sobre como as empresas conquistam a lealdade dos funcionários. Os melhores funcionários – como atendentes de call center em Phoenix, no Arizona, designers de experiência do usuário em Xangai e fornecedores de entrega de refeições em Madri – podem escolher onde trabalharão. O empregador que eles escolherem afetará profundamente sua capacidade de viver a vida do jeito certo, de maneira que eles deverão usar as informações certas para fazer a melhor escolha.

Estou ciente de que o caminho que acabo de delinear requer muito trabalho. Você pode estar tendo uma crise de humildade neste exato momento e se perguntando se realmente será capaz de fazer tudo isso. Minha resposta é que *vale a pena tentar*. Afinal, empenhar-se para acelerar a transição do capitalismo financeiro para o capitalismo de cliente proporcionará o caminho mais gratificante para você e sua equipe e os ajudará a *vencer*. Lembra-se do espetacular desempenho do TSR dos vencedores em amor pelo cliente? Não foi fácil, mas tenho certeza de que os líderes dessas empresas diriam que valeu a pena o esforço.

Vejamos um exemplo.

O serviço em primeiro lugar

Conheci Scott Patterson, o CEO da FirstService, quando ele participou do Fórum de Lealdade do NPS da Bain no outono de 2011. No carro, voltando para o hotel, Scott explicou que tinha muito interesse em saber mais sobre como o NPS poderia ajudar os líderes de sua empresa a construir relacionamentos ainda mais fortes com os clientes. Com um valor de mercado de mais de US$ 7 bilhões e 25 mil funcionários, a FirstService é a maior administradora de comunidades residenciais (condomínios e associações de proprietários) da América do Norte e também possui um portfólio de serviços imobiliários, incluindo a CertaPro Painters (pintura de imóveis), California Closets (armários sob medida), Century Fire (sistemas contra incêndios) e First Onsite Restorations (reformas de imóveis). Ao longo dos anos, tive a chance de aprender muito mais sobre essas marcas, inclusive como elas conquistam uma lealdade superior dos clientes e como a filosofia da liderança orienta o FirstService, que é bem resumida na hashtag: #FirstServeOthers ("sirva os outros primeiro", em tradução literal).

Um dia, recebi um convite do fundador e presidente do conselho da FirstService, Jay Hennick, para tomar um café da manhã à sombra de palmeiras em um restaurante com vista para a baía de Biscayne, em Miami. Eu não sabia na época, mas aquele café da manhã marcou o início de um longo processo com o objetivo de me recrutar para atuar em seu conselho. Quanto mais eu aprendia sobre Jay e a empresa que ele fundou, mais eu ficava intrigado, principalmente porque ele e seus colegas pareciam se importar com a lealdade do cliente tanto quanto eu.

A FirstService começou a implementar o Net Promoter System em todos os seus negócios em 2008. Mas, na verdade, Jay já conhecia importância de tratar os clientes da maneira certa e conquistar a fidelidade deles há muito tempo. Aos 15 anos, quando ainda estava no ensino médio, ele começou a trabalhar como salva-vidas/ajudante de piscina em um complexo de apartamentos e abriu uma empresa de fornecedora de serviços para piscinas com centenas de funcionários.

Um artigo recente sobre Jay, intitulado "From Pool Boy to Billionaire" ("De piscineiro a bilionário", em tradução livre), explica como Jay continuou administrando a empresa de manutenção de piscinas enquanto estudava Direito e praticava advocacia.[7] Em 1989, ele criou uma empresa de serviços imobiliários (a FirstService) e deixou seu escritório de advocacia para se concentrar no negócio em tempo integral.

Quanto mais eu aprendia sobre a FirstService em minhas visitas regulares para participar das reuniões do conselho da empresa em Toronto, mais eu me convencia de que tinha diante de mim um exemplo espetacular de amor pelo cliente. Todos os executivos que conheci se preocupavam muito em conquistar uma lealdade superior do cliente – e se empolgavam sempre que aprendiam maneiras ainda melhores de implementar o NPS para atingir seu pleno potencial em seus negócios. Os resultados fornecem um estudo de caso fantástico sobre os benefícios econômicos de conquistar a lealdade superior do cliente. Como vimos na Figura 5-1 (Capítulo 5), o TSR da FirstService ficou no mesmo nível que o da Amazon e Apple na última década. Mas essa performance extraordinária da FirstService começou muito antes disso. Suas ações foram listadas na Nasdaq em 1995. Das aproximadamente 2.800 empresas de capital aberto da América do Norte que na época tinham receitas acima de US$ 100 milhões, o TSR da FirstService nos 25 anos subsequentes ficou em oitavo lugar (no percentil 99,7) – quase 22% ao ano. Um investimento de US$ 100.000 em ações da FirstService em 1995 teria crescido para US$ 13,6 milhões em 2019. Olhando para trás agora, eu gostaria que Jay tivesse me convidado para um café da manhã alguns anos antes!

O que explica esse histórico extraordinário? Você já sabe a resposta. A FirstService é impulsionada por um motor de crescimento alimentado pela lealdade que gera um fluxo de caixa superior. Jay e sua equipe usaram aquela máquina de fazer dinheiro movida pelo amor para adquirir outras empresas ao longo dos anos, incluindo a Colliers International, uma importante empresa de corretagem de imóveis e gestão de investimentos. Quando a Colliers cresceu a ponto de conseguir se sustentar como uma empresa independente, Jay propôs um spin-off para que ela se tornasse uma empresa de capital aberto independente e pudesse receber a atenção que merecia de seu próprio conselho e atrair os próprios investidores de longo prazo que conhecem e valorizam o serviços globais de corretagem e gestão da empresa.

Esse tipo de spin-off é incomum porque hoje em dia a humildade não é uma característica natural de muitos CEOs. Eles querem construir impérios e ser convidados para participar do Fórum Econômico Mundial anual em Davos, na Suíça, para ver Torneio Masters de Golfe no exclusivo Augusta National Golf Club, para estreias de filmes, festas do Oscar e outros eventos de alta visibilidade para massagear o ego. E os consultores de remuneração executiva presumem que, quanto maior a empresa, maior deve ser o salário do CEO.[8]

Já líderes sábios (e humildes) como Jay Hennick e Scott Patterson sabem da importância de pensar como o dono do negócio. Eles garantem que o líder de cada um de seus negócios tenha incentivos alinhados aos de seus investidores de longo prazo.[9] Essa abordagem é mais eficaz quando a participação acionária não é dissipada por muitos negócios não relacionados que operam sob o mesmo guarda-chuva corporativo. Por exemplo, é muito melhor para um franqueado da California Closets em Miami ter ações daquela franquia local do que ter ações da marca FirstService como um todo. Desse modo, um dos pilares da FirstService é garantir que os líderes de negócios tenham uma participação acionária substancial nos negócios que administram. Essa mesma abordagem é aplicada na organização toda, inclusive ao CEO Scott Patterson e sua equipe de liderança sênior, que só ganham bônus quando a empresa atinge uma meta ambiciosa de crescimento dos ganhos por ação. Isso garante que os investidores de longo prazo, bem como os clientes e os funcionários, sejam tratados com respeito.

A participação acionária de Jay (reforçada por ações com direito a supervoto) protegia seus líderes para que eles pudessem focar as medi-

276 Vencendo com Propósito

das certas de sucesso.[10] Com isso, os executivos podem criar estratégias resilientes baseadas no amor pelos clientes. Como uma prova dessa resiliência, basta pensar em como a pandemia da Covid-19 devastou o setor de corretagem imobiliária, no qual a FirstService compete. Mesmo assim, de alguma forma, a empresa continuou avançando.

Scott explica que "a FirstService tem muitos pequenos motores de crescimento, com cada gerente de filial agindo mais como um proprietário do que um funcionário porque eles é avaliado e remunerado com base no sucesso de seu pequeno motor". Essa estrutura organizacional, aliada a uma mentalidade focada no cliente fundamentada no serviço e na lealdade, provou que amar os clientes fornece uma estratégia vencedora e resiliente – inclusive para empresas de capital aberto, se forem construídas como a FirstService.

Humildade

Normalmente não esperamos muita humildade de líderes com um histórico de sucesso tão extraordinário, mas Jay e Scott nunca param de aprender e crescer. Quando contei sobre meus planos de desenvolver uma estatística de crescimento conquistado, Scott exclamou: "Que ideia excelente, Fred! Essa métrica reflete à perfeição a maneira como pensamos aqui na FirstService".

Scott atribui grande parte do desempenho de sua empresa ao cultivo de uma cultura de serviço ao cliente, reforçada pela participação acionária local. Os gerentes locais conseguem ver a importância de gerar o que Scott chama de crescimento *orgânico*. Cada líder de negócios local sabe da enorme despesa necessária para substituir um cliente perdido. Eles também sabem como é muito mais eficiente conquistar novos clientes por meio de referências, indicações e boca a boca de clientes existentes. Scott estima que metade de todos os novos clientes do negócio de administração de comunidades residenciais da FirstService chega por indicação. Tanto na California Closets quanto na CertaPro, 70% dos melhores clientes chegam por esse caminho. Os franqueados locais sabem que, quando um novo cliente chega por indicação, são grandes as chances de fazer um bom negócio.[11]

Ao monitorar e reportar Taxas de Crescimento Conquistado confiáveis e atualizadas, empresas como a FirstService conseguirão esclarecer a fonte de sua vantagem e, desse modo, ajudar os investidores a entender a sustentabilidade de seus motores de crescimento impulsionados pela lealdade. Scott admite que não é fácil convencer os investidores da vantagem sustentável oferecida pela cultura centrada no cliente da FirstService. "Eles ouvem minhas palavras", diz ele, "mas a mentalidade financeira deles simplesmente não lhes permite entender. Eles ficam perguntando qual é o 'verdadeiro' ingrediente secreto por trás de nosso histórico de sucesso impressionante, para poderem avaliar nosso futuro". Por isso, Scott sabe que sua empresa pode se beneficiar muito do desenvolvimento de uma ciência de mensuração do crescimento conquistado e não vê a hora de chegar o dia em que, munidos de métricas confiáveis e rigorosas, seus investidores possam ver com clareza o que está impulsionando o crescimento lucrativo da FirstService.

A FirstService também nos lembra de que coisas fantásticas acontecem quando você se cerca de pessoas boas – além de elas o apresentarem a outras pessoas boas. Optei por abrir o Capítulo 1 deste livro com a história de Steve Grimshaw, da Caliber Collision, porque Jay e Scott me pediram para ajudá-los a recrutar Steve para atuar em nosso conselho. Tenho o prazer de informar que Steve aceitou nosso convite, mas me lembro de ter pensado durante nosso primeiro telefonema que, dadas as suas extraordinárias realizações na Caliber e o fato de ele ter recentemente renunciado ao cargo de CEO para atuar como o presidente do conselho da empresa, que demanda menos tempo, ele teria muitas opções para alocar seu tempo. Em vista disso, perguntei o que o levou a considerar investir seu precioso tempo atuando no conselho da FirstService. Ele respondeu: "Sabe, Jay Hennick e Scott Patterson construíram uma empresa tão incrível e alcançaram um sucesso tão espetacular e mesmo assim são sujeitos tão humildes. Eles são o tipo de pessoa com quem eu quero trabalhar".

Concordo com Steve – esse sem dúvida foi um dos principais motivos que me levaram a me oferecer para atuar no conselho deles. Conviver com Jay, Scott e sua equipe executiva tem sido uma experiência que esclareceu ainda mais meu entendimento do capitalismo de cliente. E, é claro, os benefícios para os investidores (inclusive para mim) têm sido extraordinários. Só que meu fascínio pela empresa vai além. Meu maior interesse na FirstService decorre do impacto da empresa sobre seus clientes e funcionários.

Seria tentador começar a contar histórias de gestos dramáticos por parte dos funcionários da FirstService para salvar clientes em momentos de crise, como depois de um furacão, incêndio ou inundação. E não faltam histórias como essas, visto que a recuperação de desastres e reformas de imóveis constituem negócios centrais da empresa, especialmente em suas divisões Paul Davis e First Onsite. Mas toda empresa tem histórias como essas para contar. Quando pessoas veem um membro da comunidade ou até desconhecidos em situações trágicas ou correndo risco de vida, muitas agem com heroísmo. Alguma coisa nos leva a querer ajudar os outros em uma crise. Mas nem todos nós demonstramos esse mesmo cuidado amoroso na monotonia de nossas rotinas diárias. No dia a dia, é fácil afundarmos na preguiça ou no egoísmo. E é no dia a dia que as grandes empresas se distinguem das demais. A cultura de cuidado amoroso dessas empresas, reforçada por sistemas, processos, métricas, responsabilidade e liderança, ajuda os membros das equipes a mostrar o que eles têm de melhor – dia após dia.

Neste ponto, eu gostaria de fazer uma pausa para contar alguns exemplos aparentemente triviais para ilustrar como a FirstService ajuda seus funcionários a colocar em prática a Regra de Ouro. Vou começar com uma experiência recente que tive, como um cliente: contratei a California Closets para projetar e instalar novos cabideiros e prateleiras no closet do quarto de casal em nosso apartamento

Seja humilde   279

na Flórida.[12] Os instaladores chegaram na hora marcada, explicaram com clareza o que fariam, montaram os armários e deixaram tudo limpinho. Eles terminaram antes da hora e, em vez de sair correndo porta afora para usufruir de um longo intervalo, me perguntaram se eu precisava de algum reparo no apartamento.

Por acaso, eu tinha passado algumas semanas tentando encontrar alguém para consertar o balcão de nossa cozinha americana, que estava tão inclinado que alguns objetos caíam rolando e acabavam no chão da sala. Ninguém estava aceitando o trabalho porque era um reparo pequeno demais. Comprei um suporte de prateleira e tentei fazer o conserto sozinho, mas logo percebi que me faltava o conhecimento necessário. Eu não fazia ideia de como encontrar o pino de suporte na parede, empurrar o balcão até o nível certo e mantê-lo em posição enquanto, ao mesmo tempo, prendia o suporte sem atingir nenhum fio elétrico ou encanamento que podia estar escondido na parede. Eu estava com esse problema para resolver (e muito frustrado)!

O instalador da California Closets se ofereceu para fazer o reparo com seu assistente, o que levou cerca de vinte minutos. Quando lhes ofereci uma gorjeta, o instalador disse que não precisava. Vi seu jovem assistente erguer as sobrancelhas, surpreso.[13] O instalador deve ter visto a ocasião como um momento para ensinar uma lição, porque, quando os dois saíram pelo corredor em direção ao elevador, eu o ouvi explicar ao assistente que é bom para os negócios fazer favores para os clientes. Como eles estavam falando em espanhol, não posso dizer com certeza, mas acho que ele disse ao assistente que encontrar maneiras de encantar um cliente era uma maneira inteligente de administrar um negócio – e o jeito certo de viver a vida.

Contei essa história a Charlie Chase, o CEO de negócios da marca FirstService, e ele não se surpreendeu. Ele explicou que a FirstService ensina seus funcionários a procurar maneiras de fazer mais do que os clientes esperam sempre que possível. Ele me encaminhou o seguinte comentário que uma cliente fez em um site de avaliações sobre um dos instaladores da FirstService:

Nova avaliação da California Closets em Palm Desert

⭐⭐⭐⭐⭐ 05 de abril de 2021

Este elogio não é só ao trabalho da California Closets, mas também a um dos funcionários INCRÍVEIS da empresa que por acaso notou que o pneu da frente do meu carro estava furado no estacionamento. Eu estava saindo com meu carro de uma loja de conveniência e ele chamou minha atenção, sugeriu que eu parasse em uma vaga no estacionamento e me ajudou a trocar o pneu. O nome dele é Matthew H. Eu estava desesperada, sem saber o que fazer, e Matthew se ofereceu para me ajudar quando eu mais precisava... e, mesmo depois de me ajudar a trocar o pneu, ele ainda me mostrou o que fazer e tudo mais. Aquele dia horrível se transformou em um dia que aqueceu meu coração. Muito obrigada, não apenas a Matthew, mas também à California Closets por contratar um moço tão incrível. É raro encontrar pessoas como o Matthew! Pessoas incríveis!! Vocês são demais!

Charlie entrou em contato com o chefe de Matthew para perguntar como o jovem funcionário sabia que não levaria uma bronca por dedicar esse tempo extra para ajudar uma desconhecida. Afinal, Matthew não tinha muito tempo na empresa e tinha acabado de ser promovido a instalador. O chefe respondeu que "Matthew disse que se sentiu empoderado porque era a coisa certa a fazer. Como a empresa o promoveu a instalador, ele sabia que confiávamos nele para tomar as decisões certas. Ele sabia que entenderíamos se ele explicasse o que aconteceu".

A FirstService tenta facilitar a seus funcionários fazerem a coisa certa. Os executivos da CertaPro criaram uma lista de encantamentos potenciais para inspirar suas equipes de pintura. Dois exemplos: ao pintar o átrio de uma escadaria com as luzes instaladas no alto e fora de alcance, antes de retirar as escadas, os pintores se oferecem para trocar as lâmpadas. Se a porta da frente tiver uma maçaneta de bronze, eles se oferecem para polir a maçaneta. E por aí vai.

Esses pequenos atos de gentileza custam muito pouco, mas abrem muitos sorrisos no rosto de clientes e funcionários orgulhosos de um trabalho bem-feito e o motor econômico começa a girar – os clientes contam aos amigos e contratam outros serviços. O resultado é que, sim, os investidores amam o FirstService, mas quem mais se beneficia são os milhares de funcionários e os milhões de clientes que têm a chance de experimentar uma vida que coloca "o serviço em primeiro lugar" – ou seja, uma vida que faz do mundo um lugar melhor.

Não pude deixar de incluir a observação de Charlie antes de entregar este capítulo à editora:

> Fred, o seu livro fala de coisas que colocamos em prática todos os dias. Ser humilde, empoderar as pessoas a praticar a Regra de Ouro e liderar de maneiras que as inspiram. Mas me sinto na obrigação de dizer que isso cria um grande problema. Conquistamos mais clientes do que podemos atender. Praticar a Regra de Ouro cria promotores que promovem o crescimento dos seus negócios com mais rapidez do que seria possível imaginar. Não é fácil contratar mais pessoas para atender à demanda!

O que o futuro nos reserva

Comecei este livro contando sobre alguns dias especiais que mudaram tudo o que eu achava que sabia sobre o que significa vencer nos negócios, como medir o sucesso (nos negócios e na vida) e a relação entre amor e lealdade. Espero ter deixado claro que minha definição de vencer nos negócios é medida pelo número de vidas que foram enriquecidas menos o número de vidas que foram empobrecidas. A melhor maneira de vencer é ter líderes inspirando as equipes a amar seus clientes. Os clientes que se sentem amados são leais e você pode medir o progresso analisando critérios como compras repetidas, aumento de compras, aumento do *share of wallet* (ou share de categoria), tratamento respeitoso dos funcionários, feedback construtivo e, principalmente, indicações a amigos, parentes e colegas. Essa perspectiva evoluiu no decorrer dos últimos 44 anos que passei na Bain e por meio de minhas experiências como cliente, investidor, membro de conselhos de administração, pai e, agora, avô. Muitos dias especiais abriram meus olhos para a nova abordagem do capitalismo de cliente.

Nos últimos anos, ficou claro que estamos vivemos em uma época especial – um ponto de inflexão, por assim dizer –, na qual mudanças rápidas estão gerando tantos "dias especiais" que podemos ficar atordoados com o efeito cumulativo. Computação baseada na nuvem, gigantes da tecnologia, aplicativos móveis, inovações digitais, análise de big data e inteligência artificial estão se mesclando a mudanças catalisadas pela pandemia para transformar as prioridades e os padrões de vida de clientes e funcionários. Essas transformações estão provocando mudanças tectônicas na maneira como as empresas podem amar mais os clientes (ou abusar mais deles). Estou longe de saber todas as respostas, mas estou confiante de que elas surgirão com o tempo e se transformarão no NPS 4.0, no NPS 5.0 e além. Mas, vendo as mudanças das últimas quatro décadas através das lentes do capitalismo de cliente, é possível apresentar algumas boas sugestões para ajudá-lo a definir suas prioridades neste admirável mundo novo.

Em muitos setores, a grande maioria das transações com os clientes passará para o mundo digital. Como mencionei antes, o digital já responde por 80% de todas as interações bancárias nos Estados Unidos. Esse novo contexto leva à criação de uma nova força de trabalho para atender os clientes – a linha de frente digital, consistindo principalmente de apps e balcões de autoatendimento (caixas eletrônicos, caixas de autoatendimento em supermercados etc.) guiados pela inteligência artificial, algoritmos e robôs. Os líderes devem tentar responder à seguinte pergunta: Como podemos garantir que nossos *bots* amem nossos clientes? Se os modelos de aprendizagem dos robôs se basearem em otimizar os números da contabilidade financeira – ou seja, vendendo mais ao preço mais alto possível e ao menor custo possível –, teremos um tumultuado caminho pela frente. De alguma forma, precisamos garantir que a contabilidade baseada no cliente bem como metas como o coeficiente (ou talvez o gradiente) de NPS e o crescimento conquistado predominem na função objetivo de cada interação e que essas métricas sejam completamente integradas aos nossos modelos de aprendizagem digital. Ciclos de feedback ao estilo do Net Promoter devem ser criados para que os robôs aprendam como amar os clientes e enriquecer a vida deles.

Várias das empresas exemplares apresentadas neste livro estão abrindo o caminho nesse território desconhecido. Ainda bem que a Amazon decidiu seguir uma estratégia de precificação ao estilo da Costco ou poderíamos ter nossas carteiras eletrônicas esvaziadas por cientistas da computação com acesso a uma montanha de dados sobre nossa vida pessoal, preferências, situação financeira e hábitos de compra! Ainda bem que a Apple decidiu proteger a privacidade dos dados dos clientes em vez de explorar essas informações para maximizar os lucros.

Mesmo com as melhores intenções corporativas, a transição para um mundo digital traz novos riscos. Os líderes devem saber com clareza que a organização existe para enriquecer a vida dos clientes e devem ser implacáveis para que essa missão seja integrada à linha de frente digital. Será muito menor o número de seres humanos atuando nessas linhas de frente para servir como embaixadores da cultura da organização e exercer a capacidade de julgamento necessária para garantir que as decisões sigam a Regra de Ouro.

No fim das contas, as linhas de frente digitais seguirão modelos de decisão e dados. Se você passou algum tempo trabalhando com esses modelos, já sabe de duas coisas. Para começar, eles não podem ser melhores que os dados neles contidos. Em segundo lugar, um modelo precisa de restrições claras e uma função objetivo ainda mais clara – em outras palavras, uma única dimensão que o modelo deve otimizar. Um erro pode acarretar riscos enormes. Vimos o surgimento do conceito da inteligência artificial ética à medida que os líderes em tecnologia e as empresas em geral começam a se dar conta dos riscos. Isso é importante e necessário. Precisamos de limites para garantir que nossos *bots* não causem danos. Não podemos aceitar transgressões dos limites éticos digitais no setor de serviços financeiros, no setor da saúde ou, francamente, em *qualquer* setor. As máquinas não têm capacidade de julgamento nem se importam em tratar as pessoas do jeito certo; elas não têm como evitar dar um tratamento preferencial a alguns clientes. Elas são alheias ao custo de violar a privacidade de uma pessoa e podem facilmente expor os clientes a ações danosas por parte de malfeitores que compram ou roubam dados vazados de clientes.

Mas não podemos nos limitar a uma inteligência artificial ética. Devemos nos esforçar para criar uma inteligência artificial amorosa cujo objetivo final é – você adivinhou – enriquecer a vida dos clientes. Pense em como será difícil fazer essa transição. Hoje em dia, a maioria dos modelos é executada sem qualquer controle com base em funções objetivo que visam a maximizar os resultados contábeis. É por isso que os preços das passagens aéreas disparam antes da passagem de um furacão pela cidade. É por isso que os sistemas automatizados de faturamento hospitalar cobram o preço mais alto possível (inclusive dos pacientes mais destituídos). Enquanto não aperfeiçoarmos uma maneira de incorporar a Regra de Ouro à matriz de decisão das máquinas, como uma empresa pode garantir que os clientes se sentirão amados a ponto de voltarem para comprar mais e trazerem os amigos? E como uma empresa pode oferecer retornos respeitáveis aos investidores sem esse tipo de lealdade do cliente? O desafio aumentará à medida que o aprendizado de máquina é implantado em escala e os executivos transferem ainda mais cérebros (e almas) do atendimento ao cliente aos robôs.

Então, qual é a solução?

Bem, para mim está claro. Ao contrário dos especialistas que alegam que o Net Promoter perderá relevância na era digital, acredito que a abordagem do Net Promoter e o kit de ferramentas digitais para fundamentar sua implementação estão se tornando cada vez mais vitais. À medida que pontos de atendimento físicos são fechados e os funcionários são substituídos por alternativas digitais, a voz do cliente se distanciará cada vez mais dos tomadores de decisão. É crucial que as empresas usem as ferramentas de feedback do Net Promoter (tanto os sinais digitais quanto as pesquisas) para garantir que os funcionários e seus modelos de inteligência artificial continuem ouvindo o cliente e aprendendo. Os críticos do Net Promoter sugerem que algumas de suas ferramentas centrais – pesquisas, transcrições de conversas com o cliente e ligações de retorno ao cliente – são obsoletas porque a tecnologia digital pode nos fornecer todos os dados necessários. Discordo. A tecnologia é incapaz de desvendar os sentimentos e os comportamentos dos clientes.

É verdade que estou muito empolgado com as possibilidades dos sinais digitais, NPS preditivo, análise de sentimentos na voz, *session replay* e uma série de outras inovações surpreendentes. Mas não vamos fingir que os padrões de cliques e as observações digitais são capazes de identificar o que um cliente está sentindo ou nos dizer por que ele está se sentindo assim. Nem o painel digital mais sofisticado será capaz de produzir o insight resultante de uma conversa com um cliente. A inteligência artificial ainda requer muitos anos de desenvolvimento para se aproximar do brilhantismo da inteligência humana. E sem dúvida levará muito mais tempo para o amor artificial se aproximar do verdadeiro amor. As máquinas jamais poderão compreender ou substituir o amor humano. A estratégia imbatível de amar os clientes sempre dependerá de nós, humanos.

Observações finais

Enquanto termino de escrever este último capítulo, estou me preparando para uma consulta no centro de oncologia para fazer meus exames anuais. Hoje em dia, poucas coisas me levam a exercitar tanto a minha humildade do que esses lembretes inevitáveis de que meu tempo na Terra é finito.[14] Por duas grandes razões, sou grato por minha saúde ter resistido. Consegui terminar de escrever este livro, destilando as lições dos meus 44 anos na Bain em um conjunto de princípios – um modelo baseado nos padrões de cuidado amoroso da Regra de Ouro continuamente reforçado por métricas, processos e sistemas.

Além disso, tive a bênção de poder dar as boas-vindas a duas novas netas, Adelaide e Clare, a este mundo.

Meu principal objetivo ao escrever este livro foi ajudar as empresas a fazer a transição à era do capitalismo de cliente. Mas espero que o conteúdo deste livro também ajude Adelaide, Clare e quem sabe seus irmãos e primos, bem como sua família estendida, amigos e vizinhos, de qualquer idade. Não importa o que eles escolherem fazer da vida, as ideias contidas neste livro podem facilitar esse caminho e encurtar sua trajetória para o sucesso.

Adelaide, Clare e seus companheiros na Terra certamente serão clientes. Espero que algumas das lições deste livro os ajudem a descobrir os melhores fornecedores – os que se esforçam para amar seus clientes.

Em algum ponto de sua vida, Adelaide e Clare provavelmente entrarão no mercado de trabalho e as ideias deste livro devem ajudá-las a saber quais empresas serão boas empregadoras. No trabalho, elas servirão os clientes e se beneficiarão de uma mentalidade centrada no serviço, exemplificando o objetivo de enriquecer a vida de seus clientes de maneiras verdadeiramente extraordinárias.

Talvez elas sejam líderes. Nesse caso, elas poderão ter a satisfação de ajudar os membros de sua equipe a encantar os clientes e levar uma vida cheia de sentido e propósito. Espero que elas inovem e criem melhorias para os sistemas internos reforçando com mais persistência os padrões de responsabilidade para com a Regra de Ouro. Por fim, quando Adelaide e Clare começarem a poupar, este livro deve ajudá--las a investir nas empresas certas.

Com o acúmulo desses efeitos – à medida que cada vez mais pessoas se dão conta de seu poder moral e econômico como clientes, funcionários e investidores –, as vantagens das empresas que já entraram no capitalismo de cliente aumentarão. Os melhores líderes sairão na frente. Eles acelerarão a mudança em direção a uma visão de mundo centrada no cliente e construirão a cultura corporativa certa na qual todos os membros responsabilizarão uns aos outros por praticar a Regra de Ouro e o sucesso é medido pelo número de vidas enriquecidas.

Por que a cultura é tão importante? A Regra de Ouro só funciona quando a comunidade como um todo se compromete a praticá-la. Apenas comunidades robustas e prósperas com culturas fortes – como os exemplos citados neste livro – são capazes de cultivar relacionamentos que levam a Regra de Ouro a seu pleno potencial. Somente quando seus integrantes podem confiar na comunidade para protegê-los de aproveitadores abusivos – os valentões, preguiçosos e trapaceiros que não dão a mínima para enriquecer as vidas que tocam –, é que os membros da comunidade podem se concentrar na construção de relacionamentos voltados a servir as pessoas e dedicar todas as suas energias a enriquecer a vida de seus clientes.

Como vimos, a comunidade faz toda a diferença. Certamente há um quê de verdade naquele velho ditado que diz que a vida de uma pessoa é a média ponderada das pessoas com as quais ela convive. Seus relacionamentos com as pessoas com quem você passa mais tempo influenciam profundamente os seus objetivos, suas normas, suas esperanças, seus sonhos e a maneira como você mede o sucesso. Espero que este livro ajude todos os meus leitores a buscar e nutrir comunidades que possibilitem relacionamentos capazes de reforçar os padrões da Regra de Ouro de amor e serviço. Essas organizações enriquecerão a sua vida e vencerão – *com propósito*. Elas atrairão e reterão as pessoas que seguem as sábias orientações a seguir: *Cerque-se apenas de pessoas boas e escolha bem a quem você dedicará sua lealdade. Essas pessoas moldarão sua vida e definirão seu legado. Acima de tudo, elas o ajudarão a viver a vida do jeito certo, transformando vidas empobrecidas em vidas enriquecidas e fazendo deste mundo um lugar melhor.*

APÊNDICES

Apêndice A

Checklist do Net Promoter 3.0

Com milhares de empresas utilizando pelo menos alguns componentes principais do Net Promoter System, nosso conjunto de ferramentas e processos organizacionais do NPS continua a crescer e evoluir. Nós, da Bain, inventamos apenas alguns dos componentes desse sistema; ajudamos a lançar um movimento de código aberto e integramos o melhor do que vimos dando certo em empresas inovadoras.

Muitos dos inovadores mais proeminentes são membros do Fórum de Lealdade do NPS da Bain, que compartilham as melhores práticas e se ajudam para resolver seus desafios mais difíceis.[1] Esse grupo merece um crédito enorme por ajudar a Bain a entender os componentes centrais do que há de mais avançado na área.

O que se segue é um resumo dos elementos que compõem o atual sistema de gestão do NPS, que chamo de Net Promoter 3.0. Detalhei a maioria dessas práticas no corpo do livro e as reúno aqui para servir como uma espécie de checklist. Quantos elementos do NPS 3.0 sua organização já implementou? Se você tiver a maioria desses itens, saiba que está no caminho certo para construir uma cultura da Regra de Ouro que se concentra com persistência em enriquecer a vida do cliente.

Destilei o sistema em sete componentes principais, com seus subsistemas associados:

1. Adote um propósito imbatível

Os líderes consideram que enriquecer a vida dos clientes é o principal propósito da organização

Os líderes deixam claro que enriquecer a vida dos clientes é o principal objetivo da organização. Eles ensinam os membros da equipe que esse princípio deve orientar as prioridades, decisões e compromissos, iluminando o caminho para o sucesso pessoal e organizacional.

- Tenha o hábito de declarar (por meio de símbolos, palavras e ações) que você prioriza o propósito de servir o cliente e o compromisso de tratar todos os stakeholders com base na Regra de Ouro.
- Crie e adote estratégias orientadas por esse propósito.
- Meça o progresso em direção a esse propósito para se orientar.

2. Lidere com amor

Os líderes praticam (atuam como modelos a serem seguidos), pregam e ensinam os princípios e os valores da Regra de Ouro

O principal dever dos líderes é cuidar de seu pessoal. Os líderes devem inspirar as equipes a adotar o propósito de amar os clientes e possibilitar o sucesso das equipes alocando tempo, orientação e recursos suficientes para cumprir essa missão. Os líderes devem praticar (servir como exemplos), pregar e ensinar os princípios e os valores da Regra de Ouro, reforçando sistematicamente uma cultura de amor por meio de símbolos, palavras e ações.

- Exemplifique os comportamentos certos e explique as decisões e prioridades mais importantes em termos dos valores centrais.
- Promova uma cultura que pensa em longo prazo, garantindo que as metas financeiras imediatistas nunca falem mais alto que os princípios.
- Coloque o cliente no centro de todas as decisões – incluindo o desenvolvimento de produtos, a contratação de funcionários e a automatização do atendimento ao cliente e das operações.
- Derrube as barreiras (organizacionais e outras) que impedem o progresso.

3. Inspire as equipes
Os membros da equipe devem se engajar completamente na tarefa de cumprir a missão de enriquecer a vida dos clientes e sentir que contam com o apoio da organização

Os membros da equipe devem sentir-se energizados com a missão de enriquecer a vida dos clientes e ser empoderados para erradicar políticas, procedimentos e comportamentos contrários à Regra de Ouro, confiantes de que terão o apoio da empresa em suas tentativas de sempre fazer a coisa certa.

- As equipes devem ser recrutadas, treinadas, estruturadas e organizadas para facilitar o objetivo de encantar os clientes (e ser inspiradas por esse objetivo).
  - » A capacidade das equipes de enriquecer a vida dos clientes deve ser constantemente monitorada; os líderes ouvem o feedback da equipe, tomam as medidas necessárias e identificam e priorizam as restrições e os impedimentos que devem ser eliminados.
  - » Os funcionários recebem treinamento para dar e receber feedback de maneira a reforçar e nutrir uma cultura de feedback amoroso.

» As equipes dão feedback ascendente aos líderes em um processo meticulosamente projetado que fornece orientações práticas e é apropriadamente vinculado à avaliação da liderança.

- Um processo de feedback seguro deve permitir que os funcionários digam se os princípios estão mesmo sendo seguidos e onde melhorias são necessárias.
- É preciso implementar um sistema para proteger as equipes de clientes abusivos (advertências, sanções e processos apropriados para "demitir" clientes, até para sempre, se necessário).
- Os sistemas de reconhecimento/remuneração/promoção devem reforçar os princípios.
  » Salvaguardas devem ser criadas para garantir que os executivos não possam enriquecer às custas dos clientes, funcionários ou investidores.
  » Os resultados da contabilidade baseada no cliente (incluindo o crescimento conquistado) e o NPS do relacionamento em relação à concorrência devem afetar apropriadamente a remuneração dos executivos seniores.
  » As pontuações de pesquisas com funcionários individuais da linha de frente não devem ser corrompidas ao ser transformadas em metas ou vinculadas à remuneração individual dos funcionários da linha de frente para que elas possam inspirar e orientar a aprendizagem e a melhoria.
  » Os líderes de todos os níveis devem servir (aos olhos dos colegas e das equipes) como exemplos dos princípios centrais ao serem considerados para promoção a cargos mais seniores.

4. Libere fluxos de feedback do calibre do NPS

NPS em tempo real, sinais e outros tipos de feedback do cliente devem ser integrados aos sistemas centrais para acelerar a aprendizagem, a inovação e o progresso

Sistemas e tecnologias dão suporte a um feedback atualizado e confiável de clientes e colegas, complementando as pesquisas ao incorporar todos os sinais, incluindo comportamento de compra, uso, comentários na internet, avaliações e interações do atendimento ao cliente. É preciso inovar constantemente para coletar, organizar e distribuir o feedback certo em um mundo sobrecarregado com uma torrente de dados e pessoas cansadas de responder pesquisas – um mundo que usa cada vez mais bots digitais, ciência de dados e algoritmos.

- O fluxo de feedback atualizado e confiável do NPS deve ser medido nos lugares certos com a metodologia e o objetivo certos.
  - » Use um benchmark externo da concorrência do calibre do NPS Prism para analisar o desempenho da organização em relação aos principais concorrentes e no nível do produto e da jornada.
  - » Use o NPS interno de relacionamento, produto e jornada para identificar temas específicos e oportunidades sistemáticas.
  - » Use pontos de contato individuais do NPS principalmente para fins de aprendizagem, orientação e melhoria de funcionários individuais e da equipe.

- Mapeie as jornadas do cliente, identifique episódios e pontos de contato prioritários e utilize estratégias claras e sustentáveis para consertar defeitos e impressionar os clientes (resultados monitorados em comparação com benchmarks competitivos do calibre do NPS Prism).
- Use todos os tipos de sinal (call centers, redes sociais, avaliações, chats, e-mails etc.) para complementar/substituir pesquisas. Calibre a categorização de Promotores/Passivos/Detratores em relação ao comportamento real dos clientes e utilize a inovação contínua (por exemplo, o NPS preditivo).
- Atualize regularmente o processo de pesquisa para reduzir o atrito para os clientes, evidenciado por altas taxas de resposta e muitos comentários.
- Inove continuamente para encontrar alternativas confiáveis às pesquisas tradicionais.

5. Cultive a aprendizagem implacável

Ciclos devem ser incorporados para permitir que os membros da equipe ouçam, aprendam e ajam de acordo com o feedback recebido

Os líderes devem criar uma cultura de feedback amoroso, sem a qual é impossível honrar a Regra de Ouro. Isso inclui disponibilizar treinamento sobre as técnicas mais eficazes para dar e receber feedback e fornecer um espaço seguro para processá-lo.

- Aprendizagem e melhoria da equipe
  - » Breves reuniões em pé com a equipe
- As equipes devem ser treinadas para otimizar as reuniões em pé diárias/semanais, incorporando os ritmos sustentáveis da metodologia ágil e as melhores práticas.
- Uma parte das reuniões em pé da equipe deve se concentrar em problemas/soluções para garantir que os membros da equipe continuem inspirados e trabalhem bem juntos. Um espaço seguro deve ser fornecido para conversar sobre o feedback. Mensagens e anonimato estruturado devem ser utilizados para que os membros da equipe se sintam à vontade para se abrir.
  - » Ciclo interno (o ciclo é fechado com todos os Detratores e com uma amostra de Passivos/Promotores)
  - » Os membros da equipe (ou seu supervisor) fecham o ciclo (interno) com todos os Detratores e com uma amostra apropriada de Passivos/Promotores.

- As equipes usam o feedback para definir prioridades e resolver os problemas sob seu controle.
- Os problemas que estiverem fora do controle da equipe devem ser priorizados com um responsável claro pelas resoluções.
  - » Ciclo externo (identificar e priorizar mudanças que requerem alterações nas políticas/processos ou coisas fora do controle da equipe)

- Feedback descendente (executivos ouvindo uma amostra dos atendimentos do call center)
- Responsáveis claros devem ser atribuídos a todas as questões prioritárias (bem como recursos necessários/prazos)
- Escuta/aprendizagem por parte dos executivos
  - » Os membros do conselho e executivos seniores são continuamente instruídos sobre o propósito da organização, seus princípios e principais desafios/obstáculos.
  - » Treinamento de empatia para todos os líderes para que os tomadores de decisão entendam os clientes e suas necessidades.
  - » Os executivos devem ouvir regularmente (ou atender/resolver eles mesmos) as chamadas/problemas dos clientes, ler os comentários dos clientes na íntegra e fazer o acompanhamento quando apropriado.
  - » Análises multifuncionais das pesquisas com o cliente e feedback de sinais devem orientar as prioridades/ações.

- Os problemas levantados pelos funcionários da linha de frente devem ser vistos como restrições prioritárias à capacidade da empresa de encantar um maior número de clientes.
- Corrija políticas/processos que as equipes dizem que não estão de acordo com os princípios (incluindo o equilíbrio entre trabalho/vida pessoal, sustentabilidade e impacto no meio ambiente e prioridades sociais).
- Comunicações periódicas devem atualizar os funcionários sobre as ações tomadas com base em suas opiniões e sugestões ("vocês sugeriram, nós fizemos").

6. Quantifique os indicadores do crescimento conquistado

Utilize a contabilidade baseada no cliente certificada pelo diretor financeiro para orientar as decisões e conquistar a confiança dos investidores

Os líderes e os funcionários devem entender e utilizar as métricas contábeis baseadas no cliente (fornecidas e endossadas pelo diretor financeiro) para avaliar os prós e contras e as decisões de investimento.

- Os indicadores de crescimento conquistado, certificados pelo diretor financeiro, devem ser quantificados e utilizados para avaliar as opções de investimento.
- Os indicadores de crescimento conquistado devem ser integrados à estratégia, aquisição/retenção de clientes e operações.
- A contabilidade baseada no cliente possibilita o cálculo do valor do ciclo de vida do cliente e orienta as decisões de investimento.
- As recomendações e o boca a boca devem ser rigorosamente monitorados e incorporados aos cálculos do valor do ciclo de vida do cliente.
- Resultados auditáveis da contabilidade baseada no cliente devem ser reportados aos investidores. É necessário informar com total transparência os métodos de obtenção de quaisquer pontuações do NPS reportadas ao público. De preferência, as pontuações do NPS divulgadas ao público devem ser obtidas por meio de um processo de pesquisa duplo-cego (ou seja, com o mesmo rigor utilizado para obter os indicadores financeiros padrão), com um entendimento claro dos valiosos papéis desempenhados por outras categorias do NPS e como eles se relacionam com os benchmarks duplo-cego.

7. Redefina regularmente o extraordinário

Os líderes e as equipes devem ser humildes e reconhecer que muito progresso e inovação são necessários para garantir que cada cliente se sinta amado

Os líderes e as equipes devem exercitar a humildade e reconhecer que ainda é preciso progredir e inovar muito para garantir que cada cliente se sinta amado. Os líderes devem buscar continuamente inventar novas maneiras de encantar os clientes com produtos e experiências extraordinárias. Cada pessoa, equipe e grupo deve se sentir empoderado e responsável por criar experiências tão extraordinárias que os clientes voltarão para comprar mais e trarão os amigos.

- Macroinovação
  - » Todos os executivos são responsáveis por criar e promover produtos e experiências inovadoras que agregarão mais valor para os clientes.
  - » Benchmarks regulares com a concorrência (por episódio e relacionamento em geral) destacam as oportunidades e mantêm o foco no que constitui a excelência.
  - » O processo de "elevação" empodera os funcionários da linha de frente a escalar seus melhores candidatos para aumentar o número de clientes encantados e diminuir os clientes desencantados.
  - » A equipe executiva prioriza melhorar a experiência do cliente por meio de processos de alocação de capital e orçamento (com responsáveis e prazos claros).
  - » Deve haver um foco constante na otimização de novas tecnologias para reinventar produtos e experiências.
- Microinovação
  - » O treinamento de empatia deve ser usado para que cada funcionário possa se relacionar com os clientes, utilizando suas próprias perspectivas e experiências pessoais como consumidores para encantar os clientes com inteligência e criatividade.
  - » A "Pergunta de Jenny" (Como podemos melhorar?) deve ser incorporada para ajudar os funcionários a ter mais ideias.
  - » Todos os funcionários devem ser encorajados a encontrar inovações para encantar seus clientes, confiantes de que esses esforços serão devidamente reconhecidos.
  - » Os funcionários da linha de frente devem saber como analisar o custo/benefício das inovações propostas para que possam criar melhores práticas sustentáveis.

Apêndice B

Calculando o crescimento conquistado

Os exemplos das páginas a seguir devem ajudar a esclarecer os componentes envolvidos no cálculo do crescimento conquistado e sua importância. O crescimento de todas as empresas resulta da soma de suas receitas conquistadas e compradas. Ao separar as duas, podemos ter uma ideia mais clara da qualidade e da sustentabilidade do crescimento da empresa, melhorando, assim, nossa compreensão de seu potencial. No site NetPromoterSystem.com, você encontrará mais instruções e uma calculadora do crescimento conquistado que criamos para ajudá-lo a aplicar as ideias contidas nos exemplos.

Na Figura B-1, o processo de contabilidade padrão mostraria que a empresa cresceu 30% provenientes do aumento das receitas de US$ 100 para US$ 130 (isso pode representar milhares ou milhões de dólares – o que importa é a proporção, e usar 100 para receitas do ano-base simplifica todos os cálculos) no período em questão. A terceira barra (a última à direita) ilustra como a contabilidade baseada no cliente esclarece as mudanças subjacentes nos fluxos de clientes e compras que geraram o crescimento de receita de 30%. A barra mostra que esses 30% resultaram da RLR (retenção líquida de receita ou NRR – net revenue retention) de 85% (alguns clientes existentes reduziram as compras enquanto outros aumentaram, resultando em uma diminuição líquida de 15%). As compras feitas pelos novos clientes geraram um acréscimo de 45% nas receitas, sendo que 20% dessas compras foram de clientes comprados e 25%, de clientes conquistados. Para calcular o crescimento conquistado, somamos a retenção líquida de receita de 85% às receitas de 25% dos novos clientes conquistados para obter um fator de crescimento conquistado de 110% (o que significa uma Taxa de Crescimento Conquistado de 10%). Nesse exemplo, a razão de crescimento conquistado é de 33%; em outras palavras, um terço da taxa de crescimento reportada (usando a contabilidade padrão) resultou do crescimento conquistado. Como os líderes em Net Promoter Score não precisam comprar novos clientes para crescer, é possível esperar que eles tenham taxas de crescimento muito superiores a 33%.

Atalho

Algumas empresas não terão como calcular todos os componentes da retenção líquida de receita (ou NRR) – por exemplo, pode ser impossível quantificar as receitas perdidas com o declínio de compras ou deserções de clientes – seja devido a sistemas inadequados ou porque o negócio tem um ciclo de compra longo e imprevisível (como automóveis e óculos). Não se preocupe, porque você pode usar um atalho simples para calcular sua Taxa de Crescimento Conquistado. Basta quantificar as receitas do período atual provenientes de clientes que já compraram da sua empresa antes e dividir pelas receitas totais (todos os clientes) do período anterior. O resultado será uma estimativa da retenção líquida de receita.

Agora, adicione uma estimativa das novas receitas conquistadas (como uma porcentagem das receitas totais do período atual) para calcular seu fator de crescimento conquistado (e a Taxa de Crescimento Conquistado, que é apenas o fator menos 100%). Como vimos no Capítulo 5, a receita de novos clientes conquistados (normalmente o componente muito menor do crescimento conquistado) quantifica as receitas resultantes dos novos clientes que foram conquistados por meio de recomendações e indicações de clientes existentes. Hoje, poucas empresas têm como separar os novos clientes conquistados dos novos clientes comprados, de modo que nós, da Bain (em parceria com uma equipe da Medallia), criamos uma solução prática para ajudá-lo a começar a enfrentar esse desafio. Você poderá encontrar mais detalhes sobre essa solução em nosso site, NetPromoterSystem.com, mas, em resumo, testamos estruturas alternativas para uma questão que pode ser incluída no processo de integração de novos clientes.

FIGURA B-1
Cálculo da Taxa de Crescimento Conquistado

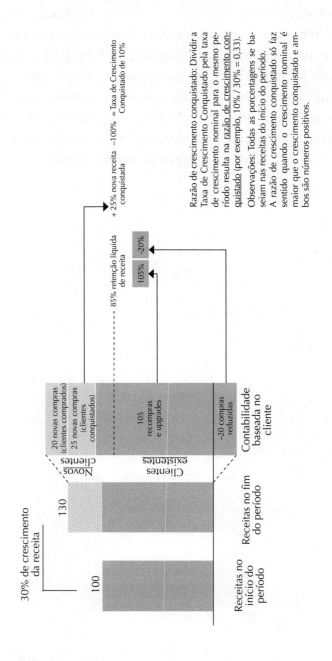

FIGURA B-2
Duas empresas: crescimento nominal idêntico, crescimento sustentável diferente

Empresa A: Taxa de Crescimento Conquistado = 10%

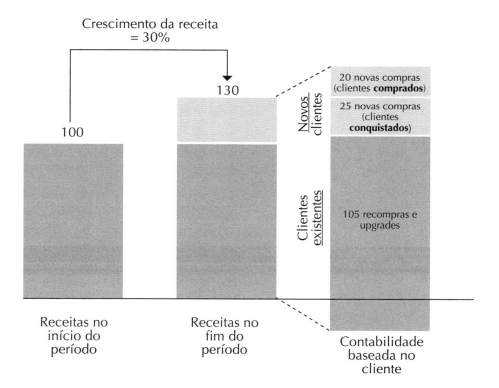

Calculando o crescimento conquistado 305

Empresa B: Taxa de Crescimento Conquistado = –30%

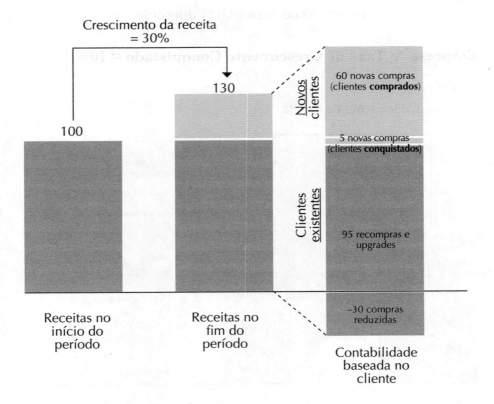

Uma análise mais profunda

A Figura B-2 ilustra duas empresas hipotéticas (A e B) com o mesmo crescimento de receita reportado usando a contabilidade padrão: 30%. Com a contabilidade baseada no cliente, os caminhos bem diferentes que essas empresas seguiram para atingir esse crescimento são revelados comparando suas Taxas de Crescimento Conquistado. A empresa A apresenta uma retenção líquida de receita e está se beneficiando de um fluxo saudável de novos clientes gerado por indicações/recomendações, enquanto a empresa B precisa comprar muito crescimento para compensar sua retenção líquida de receita fraca e seu fluxo escasso de receitas provenientes de novos clientes conquistados. Seria razoável esperar que o NPS da empresa A seja superior ao da empresa B (se as pontuações relativas forem disponibilizadas) e que empresa A desfrutará de indicadores financeiros muito superiores nos próximos anos se esses padrões se mantiverem. Se as empresas forem de capital aberto e tiverem um valor definido em múltiplos semelhantes de ganhos ou receitas, provavelmente faria sentido investir na empresa A e assumir uma posição vendida da empresa B.

NOTAS E AGRADECIMENTOS

Notas

Prefácio

1. Salvo indicação ao contrário, as fontes de todas as afirmações e citações deste livro são conversas pessoais ou entrevistas com Fred Reichheld.

Introdução

1. De acordo com uma pesquisa da Bain conduzida em julho de 2021 com executivos.

2. Para os leitores que desconhecem o método de estudos de caso das faculdades de administração, no início da aula o professor chama um pobre aluno para analisar o caso que todos os alunos deveriam ter estudado antes da aula.

3. Além disso, o marketing em geral havia caído para o segundo plano no interesse acadêmico décadas antes.

4. Frank Newport, "Democrats More Positive About Socialism Than Capitalism", Gallup News, 13 ago. 2018, https://news.gallup.com/poll/240725/democrats-positive-socialism-capitalism.aspx.

5. Nesse discurso, Bloomberg enfatizou (entre outras coisas) a importância de ser justo com os funcionários – uma "boa ação que faz muito sentido", nas palavras dele. Veja Clea Simon, "Former New York Mayor and Philanthropist Urges Grads toward Ethical Business

Practices", *Harvard Gazette*, 30 maio 2019, https://news.harvard.edu/gazette/story/2019/05/michael-bloomberg-extolls-moral-leadership-at-harvards-class-day/.

6. Todas as outras dimensões devem ser tratadas como restrições com requisitos mínimos. Uma vez atingidas essas restrições, a energia e a criatividade podem ser totalmente focadas na maximização de uma função objetivo.

7. Por exemplo, tratar o custo de capital como um custo real (digamos, 8% no ambiente de juros atual) remove a confusão de tentar maximizar o valor ao acionista ao mesmo tempo que a organização maximiza o valor ao cliente (bem como o engajamento dos funcionários, contribuições à comunidade, inovação, direitos humanos, sustentabilidade etc.). Falaremos mais a respeito em capítulos subsequentes.

8. Lembro-me de ter visto essa expressão impressa pela primeira vez no excelente artigo de Roger Martin, "The Age of Capitalism", *Harvard Business Review*, jan./fev. 2010. Depois disso, nas minhas pesquisas, encontrei um livro intitulado *Customer Capitalism*, de 1999 (Londres: John Murray Press), de autoria de Sandra Vandermerwe, professora de marketing do Imperial College de Londres que escreveu vários artigos em coautoria com outros acadêmicos, incluindo os professores da Harvard Business School Christopher Lovelock e John Quelch.

9. Você poderá encontrar uma descrição dessa pesquisa em Fred Reichheld com Rob Markey, *The Ultimate Question 2.0: How Net Promoter Companies Thrive in a Customer-Driven World* (Boston: Harvard Business Review Press, 2011), 47–51. No Brasil, *A pergunta definitiva 2.0: como as empresas que implementam o Net Promoter Score prosperam em um mundo voltado aos clientes* (Rio de Janeiro: Alta Books, 2018).

10. Veja, por exemplo, Siemens, "Sustainability Information 2020" (Berlim, 2020), 34, https://assets.new.siemens.com/siemens/assets/api/uuid:13f56263-0d96-421c-a6a4-9c10bb9b9d28/sustainability2020-en.pdf.

11. Geoff Colvin, "The Simple Metric That's Taking Over Big Business", *Fortune*, 18 maio 2020, https://fortune.com/longform/net-promoter-score-fortune-500-customer-satisfaction-metric/.

12. Fay Twersky e Fred Reichheld, "Why Customer Feedback Tools Are Vital for Nonprofits", *Harvard Business Review*, fev. 2019.

13. Código aberto significa que qualquer empresa é livre para usar as teorias, métodos e ferramentas associados ao Net Promoter System para impulsionar o crescimento sustentável e lucrativo de seus negócios. As marcas do NPS, incluindo NPS, NET PROMOTER e NET PROMOTER SYSTEM, não podem ser usadas para fins comerciais sem a autorização da Bain. Por exemplo, empresas de feedback, *analytics* e dados que incorporam o NPS em serviços e soluções que vendem a seus clientes não podem fazê-lo sem a devida autorização da Bain. Toda e qualquer utilização das marcas do NPS – seja por indivíduos ou empresas licenciadas – deve estar em conformidade com os requisitos de atribuição da marca registrada da Bain. Veja mais informações sobre o licenciamento e a utilização do NPS em https://www.netpromotersystem.com/resources/trademarks-and-licensing/.

Capítulo 1

1. De acordo com o levantamento conduzido pela Bain em julho de 2021 com executivos (citado anteriormente).

2. De acordo com a Chain Store Age, a Apple registra impressionantes US$ 59.696 por metro quadrado por ano (US$ 5.546 por pé quadrado). O segundo lugar é da Murphy USA, uma rede de postos de gasolina e lojas de conveniência (US$ 40.052 por metro quadrado ou US$ 3.721 por pé quadrado), seguida pela Tiffany & Co. (US$ 31.764 por metro quadrado ou US$ 2.951 por pé quadrado). Para os dados de 2017, veja Marianne Wilson, "The Most Profitable Retailers in Sales per Square Foot Are...", Chain Store Age, 31 jul. 2017, https://chainstoreage.com/news/most-profitable-retailers-sales-square-foot-are.

Capítulo 2

1. Para assistir ao vídeo dessa mesa-redonda, visite https://www.netpromotersystem.com/insights/journey-to-greatness-nps-video/.

2. O livro altamente influente de Collins, publicado originalmente pela HarperBusiness em 2001, continua sendo um best-seller até hoje.

3. Jim Collins, *How the Mighty Fall, and Why Some Companies Never Give In* (Nova York: HarperCollins, 2009). No Brasil, *Como as gigantes caem: e por que algumas empresas jamais desistem* (Rio de Janeiro: Alta Books, 2018).

4. Analisamos todas as empresas de capital aberto com receitas superiores a US$ 500 milhões e calculamos a mediana de todas essas empresas – não ponderada pela capitalização de mercado (*cap-weighted*), uma vez que a ponderação por capitalização de mercado confunde tamanho com grandeza.

5. Isso também calibrou o desempenho espetacular de empresas estelares de *A pergunta definitiva 2.0*, como a Amazon e a Apple, levando a uma comparação mais conservadora.

6. Veja Christopher Mims, "Apple Pitches Values along with Credit Card, News and TV Plus–but Will People Buy It?", *Wall Street Journal*, 27 mar. 2019, https://www.wsj.com/articles/apple-bets-that-plugging-its-values-can-help-create-value-11553607751.

7. Depois da publicação desse livro, percebi que era prematuro consagrar o Facebook e a Alphabet como líderes em NPS porque fizemos o levantamento com consumidores (que adoravam poder usar de graça a plataforma de mídia social e o mecanismo de busca) e não com anunciantes (que eram os verdadeiros clientes pagantes dessas duas empresas). Felizmente, os resultados do índice mudam muito pouco com a exclusão ou a inclusão dessas duas ações, de modo que as mantive por enquanto.

8. Só que o Total Stock Index é ponderado por valor de mercado (*cap-weighted*), de modo que uma referência mais apropriada seria o Índice Invesco, não ponderado por capitalização de mercado. Na última

década, esses dois benchmarks produziram resultados semelhantes, mas nem sempre é o caso.

9. Kaplan observou que um retorno de 26% colocava o IFREDS no quartil superior dos retornos líquidos para os sócios administradores de sociedade limitada de fundos de private equity. E meu investimento nas empresas do IFREDS me livrou dos riscos de alavancagem e os riscos de liquidez inerentes aos investimentos em private equity.

Capítulo 3

1. O Fórum de Lealdade do NPS da Bain é um grupo de várias dezenas de empresas que buscam conquistar uma lealdade superior do cliente. O grupo se reúne trimestralmente para ajudar seus integrantes a resolver problemas e compartilhar as melhores práticas e tem desempenhado um papel crucial no avanço da missão do NPS.

2. Veja a página 5 do prospecto da IPO da Chewy (SEC S-1 filing), 12 jun. 2019, https://www.sec.gov/Archives/edgar/data/1766502/000119312519170 917/d665122ds1a.htm.

3. Como veremos no Capítulo 6, a Bain estima que o NPS da Chewy na verdade é mais baixo – um pouco abaixo de 60 –, mas ainda assim 25 pontos acima da Amazon e outros concorrentes importantes.

4. Veja Farhad Manjoo, "New $4,000 Treadmill May Illustrate the Future of Gadgets", *New York Times*, 9 jan. 2018, https://www.bendbulletin.com/nation/new-4-000-treadmill-may-illustrate-the-future-of-gadgets/article_46dec879-6eb7-5360-9e2f-d638771f20f4.html. A empresa criou uma comunidade virtual de ciclistas – cada um em sua própria bicicleta ergométrica em casa – que podem competir uns com os outros e nomeou um grupo de líderes de grupos de fitness, sendo que alguns deles chegaram a alcançar o status de celebridades.

5. Ibid.

6. "Airbnb Statistics", iProperty Management, https://iproperty-management.com/research/airbnb-statistics.

7. Depois fui verificar essa afirmação e confirmei que os TSRs cumulativos da Costco nos 34 anos desde seu IPO superaram o TSR do Vanguard 500 Index Fund em um fator de cinco vezes no mesmo período.

8. *The Good Jobs Strategy* foi publicado em 2014 pela Amazon Publishing. Ton se concentra em como bons investimentos nos funcionários reduzem os custos e aumentam os lucros.

9. Sarah Nassauer, "Costco to Raise Minimum Hourly Wage to $16", *Wall Street Journal*, 25 fev. 2021.

10. Brendan Byrnes, "An Interview with Jim Sinegal, Co-founder of Costco", The Motley Fool, 31 jul. 2013, https://www.fool.com/investing/general/2013/07/31/an-interview-with-jim-sinegal-of-costco.aspx.

11. Falarei mais sobre isso no próximo capítulo. Acontece que os representantes de atendimento ao cliente são profundamente motivados pela possibilidade de praticar a Regra de Ouro no trabalho.

12. Isso só acontece com clientes que optaram por receber alertas por e-mail.

13. A FICO é uma marca conhecida de pontuação de crédito nos Estados Unidos criada pela Fair Isaac Company em 1989. Quanto maior for a sua pontuação, menor é o seu risco de inadimplência em empréstimos.

14. É mais divertido atender clientes satisfeitos do que irritados ou furiosos. A T-Mobile está na lista da *Fortune* das cem melhores empresas para se trabalhar.

15. Mary Loyal Springs é o nome verdadeiro dela – e que nome do meio perfeito (*loyal* significa "leal" em inglês) para uma pessoa que trabalha no atendimento ao cliente.

16. Especificamente, o NPS salta de 69 na quarta renovação para 79 no quinto ano.

17. Em outras palavras, a PURE tem um índice de sinistralidade 10 pontos melhor do que os concorrentes com menos tempo de cobertura

do seguro. Ou seja, mesmo depois do desconto, as margens de lucro ainda são 10 pontos percentuais superiores.

18. Do comunicado à imprensa da empresa, citado em Junko Fujita, "Tokio Marine to Buy U.S. Insurer Pure Group for About $3 Billion", *Insurance Journal*, 3 out. 2019, https://www.reuters.com/article/us--pure-m-a-tokio-marine-idU KKBN1WI0BJ.

19. Veja, por exemplo, o excelente artigo de Scott McCartney, "The Hotel Fees That Barely Even Make Sense", *Wall Street Journal*, 1 jan. 2019.

Capítulo 4

1. Harry Strachan e Darrell Rigby merecem agradecimentos especiais e os créditos por isso.

2. Já expliquei que não acredito muito nessas listas porque elas tendem a focar coisas que podem deixar os funcionários felizes, mas todos os outros grupos infelizes. Mas a Bain aparece em muitas delas e, ouso dizer, principalmente pelos motivos certos.

3. Veja "2021 Best Places to Work", Glassdoor, https://www.glassdoor.com/Award/Best-Places-to-Work-LST_KQ0%2c19.htm.

4. Os tempos mudaram: hoje, mais da metade dos formandos da Faculdade de Administração de Harvard se candidata a uma entrevista de emprego na empresa.

5. Uma vantagem de pedir às equipes que deem suas opiniões e sugestões anonimamente – antes da reunião em pé – é que os introvertidos e os membros mais juniores da equipe têm mais chances de se manifestar.

6. As organizações com equipes mais estáveis (que mudam menos) podem considerar a variação a seguir mais eficaz: *Qual é a probabilidade de você recomendar seu líder de equipe como uma pessoa para quem trabalhar?*

7. Devo dizer que participei do comitê de nomeação da Bain que escolheu Tierney e depois atuei no comitê de remuneração e promoção.

8. Sim, pegamos de empréstimo esse nome da Apple Retail, mas o conteúdo se baseia principalmente nos sistemas e processos que de-

senvolvemos para fazer da Bain um lugar realmente excelente para se trabalhar.

9. A inspiração pode ter vindo da vizinha Amazon. Jeff Bezos já havia declarado que, para cumprir a missão da Amazon de ser obcecada pelo cliente, a empresa passaria a usar uma estrutura de equipes de "duas pizzas" (pequenas o suficiente para ser alimentadas com duas pizzas). Veja Brad Stone, *The Everything Store: Jeff Bezos and the Age of Amazon* (Nova York: Little, Brown & Company, out. 2013), 169. No Brasil, *A loja de tudo: Jeff Bezos e a era da Amazon* (Rio de Janeiro: Intrínseca, 2019).

10. O programa Serviço da Segunda Milha (Second Mile Service), sobre o qual você lerá no Capítulo 7, tem raízes bíblicas e ilustra como servir os outros é a base para uma vida com significado e propósito.

11. Steve Robinson, *Covert Cows and Chick-fil-A: How Faith, Cows, and Chicken Built an Iconic Brand* (Nashville: Thomas Nelson, 2019), 6.

12. Para fins de comparação, a taxa de aceitação de Harvard gira em torno de 5% – cerca de dez vezes maior que a da Chick-fil-A. Até a taxa de aceitação da Bain & Company para os cerca de sessenta mil recém-formados que se candidataram a um emprego no ano passado foi de pouco menos de 2%, enfatizando o nível de exigência da Chick-fil-A na seleção de seus operadores de restaurante.

13. Matthew McCready, "5 Things You Need to Know before Investing in a Chick-fil-A Franchise", *Entrepreneur*, 13 jan. 2020, https://www.entrepreneur.com/slideshow/307000. A taxa de aceitação e as estatísticas de fluxo de clientes também foram retiradas dessa apresentação bastante informativa.

14. Frederick Reichheld, *Loyalty Rules! How Leaders Build Lasting Relationships* (Boston: Harvard Business Review Press, 2001). Veja o Loyalty Acid Test, pp. 191–198.

15. É claro que os CEOs de empresas de capital aberto fazem visitas regulares com analistas do mercado financeiro, mas a maioria jamais pensaria em colocar os pés em um call center.

16. Mesmo se o saldo passasse para o próximo mês, a taxa de juros costumava ser muito mais baixa.

17. Espera-se que os diretores e vice-presidentes participem de duas dessas sessões, agendadas para as terças e sextas-feiras todas as semanas. Os supervisores dessas áreas comparecem para ajudar a explicar as circunstâncias de cada ligação e responder às perguntas que surgirem.

Capítulo 5

1. O almoço foi um item de um leilão para levantar fundos para uma instituição de caridade de São Francisco que a finada esposa de Buffett, Susan, apoiava.

2. Howard Gold, "Opinion: Jack Bogle Even Towered over Warren Buffett as the Most Influential Investor", MarketWatch, 17 jan. 2019, https://www.marketwatch.com/story/jack-bogle-even-towered-over-warren-buffett-as-the-most-influential-investor-2019-01-17.

3. John Melloy, "Warren Buffett Says Jack Bogle Did More for the Individual Investor Than Anyone He's Ever Known", CNBC, 16 jan. 2019, https://www.cnbc.com/2019/01/16/warren-buffett-says-jack-bogle-did-more-for-the-individual-investor-than-anyone-hes-ever-known.html.

4. Como já vimos, meu índice IFREDS seleciona empresas com amor superior pelo cliente, como indicam suas pontuações do NPS superiores.

5. Será que, nos mercados maduros, *apenas* os líderes em NPS superam repetidamente o índice total do mercado de ações?

6. Concluímos o período de análise da Figura 5-2 em 2019 porque a T-Mobile adquiriu a Sprint em 2020.

7. Especificamos nossos modelos de regressão do TSR versus NPS usando logaritmos naturais do TSR porque esse valor constitui uma vantagem composta, o que implica em uma relação geométrica com o NPS ao longo do tempo.

8. Essas porcentagens foram retiradas dos relatórios anuais de 2019 das empresas.

9. Observe que a Chrysler não foi incluída nessa análise da indústria automotiva porque a empresa estava falida no início do período, o que impossibilitou o cálculo de um TSR significativo (e comparável). O NPS da Chrysler, de 46, era o mais baixo da indústria.

10. O período do estudo de restaurantes termina em 2019, e não em 2020, devido à ausência de dados disponíveis relativos a vendas nas mesmas lojas (*same store sales*) de alguns restaurantes no momento da escrita deste livro.

11. Khadeeja Safdar e Inti Pacheco, "The Dubious Management Fad Sweeping Corporate America", *Wall Street Journal*, 15 maio 2019, https://www.wsj.com/articles/the-dubious-management-fad-sweeping-corporate-america-11557932084.

12. Só para lembrar, um experimento duplo-cego é aquele no qual as identidades do pesquisador e do pesquisado são mantidas em segredo até a conclusão da pesquisa.

13. Visite o site NetPromoterSystem.com para ver mais explicações sobre os vários tipos de avaliações do NPS e suas utilizações apropriadas.

14. Essa foi a metodologia de amostragem utilizada no estudo Satmetrix NPS de 2010, que usamos para identificar os líderes dos setores em *A pergunta definitiva 2.0*.

15. Em um caso recente, a mera alteração da ordem na qual a escala de pontuação foi apresentada – com a escala indo de 0 a 10 (com o 0 à esquerda) versus 10 a 0 (com o 0 à direita) – mudou a pontuação resultante em mais de 10 pontos!

16. Como já vimos, essa abordagem não funcionaria porque o PRISM só conseguiria recrutar uma amostra grande o suficiente de clientes do First Republic Bank se usasse o nome do banco, o que resultaria em uma amostra superpopulada de Promotores.

17. Rob Markey, "Are You Undervaluing Your Customers?", *Harvard Business Review*, jan.–fev. 2020, https://hbr.org/2020/01/are-you-undervaluing-your-customers.

18. Para uma análise mais profunda, veja o relatório técnico da SaaS Capital, "Essential SaaS Metrics: Revenue Retention Fundamentals", 12 nov. 2015, https://www.saas-capital.com/blog-posts/essential-saas-metrics-revenue-retention-fundamentals/.

19. E você nem precisa monitorar todas essas métricas, como detalhado no apêndice B.

20. A maioria dos fundos de private equity usa uma taxa de corte de 8% (mais ou menos o retorno de um investimento no índice total do mercado de ações da Vanguard desde o início), que eles devem exceder antes de ganhar bônus substanciais. Uma estrutura semelhante deveria ser usada para remunerar executivos de empresas de capital aberto.

Capítulo 6

1. Segundo o evangelho de Mateus (7:12), Jesus disse: "Assim, em tudo, façam aos outros o que vocês querem que eles façam a vocês". E em Mateus (22:39): "Ama o seu próximo como a si mesmo".

2. *Analectos de Confúcio*.

3. Peço desculpas por isso, mas não resisti.

4. A ração alimentar (Meal, Ready to Eat) dos militares dos Estados Unidos é uma pasta nutritiva com algum sabor, como "Carne e Salsicha", e que vem em um sachê.

5. Quando os legisladores insistiram que os gerentes de investimento agissem em prol dos interesses de seus clientes – pelo menos nos planos de aposentadoria –, a resistência política foi tão intensa que a regra foi revertida.

6. O mesmo fenômeno ocorre em avaliações "360 graus" malconduzidas.

7. Adam Grant, *Give and Take: Why Helping Others Drives Our Success* (Nova York: Viking, 2013). No Brasil, *Dar e receber: uma abordagem revolucionária sobre sucesso, generosidade e influência* (Rio de Janeiro: Sextante, 2014).

8. Veja Deepa Seetharaman, "Jack Dorsey's Push to Clean Up Twitter Stalls, Researchers Say", *Wall Street Journal*, 15 mar. 2020.

Capítulo 7

1. Convém esclarecer esse ponto. A Amazon não desencoraja os vendedores independentes em seu site de usar a precificação dinâmica. Na verdade, a empresa encoraja a prática, mas de maneiras específicas e restritas. Se uma vendedora de óculos de sol puder aumentar o preço de seus produtos no verão, a Amazon não vê problema algum nisso. Veja a interessante "Política de precificação da Amazon", Feedvisor, https://feedvisor.com/university/amazon-pricing-policy/. "Se [o vendedor] não levar em conta as mudanças sazonais, a demanda do consumidor, a sazonalidade e outros fatores relevantes", a Amazon recomenda, "ele pode acabar perdendo lucros". Mas – e é um importante "mas" – *o seu preço na Amazon deve ser igual ou inferior ao preço que você cobra em outros mercados virtuais e todos os compradores devem receber a mesma oferta que qualquer outro cliente em um determinado momento.* Quanto à ampla variedade de produtos ofertados pela própria Amazon, em seus centros de distribuição gigantescos e cada vez mais numerosos, não encontrei evidências de envolvimento da empresa nas formas intrusivas e predatórias de precificação dinâmica descritas no texto.

2. Brad Stone, *The Everything Store* (Nova York: Little, Brown, 2014), 125–126. No Brasil, *A loja de tudo: Jeff Bezos e a era da Amazon* (Rio de Janeiro: Intrínseca, 2019).

3. Robert D. Hof, "The Wild World of E Commerce", Bloomberg, 14 dez. 1998, https://www.bloomberg.com/news/articles/1998-12-13/amazon-dot-com-the-wild-world-of-e-commerce.

4. Christina Animashaun, "The Making of Amazon Prime, the Internet's Most Successful and Devastating Membership Program", Vox, 3 maio 2019, https://www.vox.com/recode/2019/5/3/18511544/amazon-prime-oral-history-jeff-bezos-one-day-shipping.

5. Essa previsão resultou em parte do fato de que a rede de livrarias Barnes & Noble estava prestes a lançar um site que visava, em parte, a esmagar a Amazon, que tinha acabado de entrar em cena. Especialistas recomendaram que Bezos concentrasse suas forças em defender seu negócio central, uma recomendação que Bezos decidiu ignorar.

6. "Principles Underlying the Drucker Institute's Company Rankings", Drucker Institute, https://www.drucker.institute/principles-underlying-the-drucker-institutes-company-rankings/.

7. Pense na nova programação de TV todos os anos, os novos modelos lançados todos os anos na indústria automotiva, o fluxo constante de novos lançamentos de bebidas e relançamentos de sites em praticamente todos os setores, para citar apenas alguns exemplos. Chega a dar um pouco de vergonha de admitir, mas nós, seres humanos, adoramos coisas novas e brilhantes.

8. Os litígios de patentes em curso podem gerar receitas adicionais para a USAA. Veja Penny Crosman, "USAA Won $200M from Wells Fargo in Patent Fight. Will Others Be on the Hook?", American Banker, 18 nov. 2019, https://www.americanbanker.com/news/usaa-won-200m-from-wells-fargo-for-patent-infringement-will-it-stop-there.

9. Geoff Colvin, "The Simple Metric That's Taking Over Big Business", *Fortune*, 18 maio 2020, https://fortune.com/longform/net-promoter-score-fortune-500-customer-satisfaction-metric. "Blasfemo" foi o adjetivo usado por Colvin para falar do ponto de vista dos criadores dessas pesquisas intermináveis de cem perguntas que todos nós odiamos responder.

10. Mateus 5:41: "Se alguém o forçar a caminhar com ele uma milha, vá com ele duas". Para falar a verdade, eu não sabia que o termo "duas milhas" tinha raízes bíblicas, mas não me surpreendi.

11. É a vaca dos anúncios da Chick-fil-A que implora para as pessoas comerem mais frango.

12. Não é por acaso que a pontuação do NPS da Chewy supera a da Amazon em 28 pontos.

13. Malcolm Gladwell, *Blink: The Power of Thinking without Thinking* (Nova York: Time Warner Book Group, 2005). No Brasil, *Blink: a decisão num piscar de olhos* (Rio de Janeiro: Sextante, 2016).

14. "Manuais de instruções obsoletos, cheguem para lá que eu cuido disso", diz o site da BILT (https://biltapp.com/). Para os leitores mais técnicos, o app BILT converte o CAD dos fabricantes em instruções 3D interativas baseadas na nuvem. Adorei saber que a empresa nasceu da frustração de um executivo de vendas de software e sua esposa ao tentar montar uma mesa de cabeceira da IKEA. Nem vou falar nada sobre a IKEA.

Capítulo 8

1. Levítico 25:10.

2. Muito mais páginas são dedicadas a histórias de clientes e mensagens relacionadas ao valor central do que aos resultados financeiros.

3. O título formal deste livro é *Voices of Discover: The Stories and Culture of Our People*, publicado pela Discover Financial Services em 2012.

4. "Leadership Principles", Amazon, https://www.amazon.jobs/en/principles.

5. A empresa não entrou na lista dos cem melhores lugares para se trabalhar da Glassdoor em 2020, por exemplo. A título de comparação, o Google ficou no 11º lugar, a Microsoft ficou no 21º lugar e a Apple, no 84º lugar. "2021 Best Places to Work", Glassdoor, https://www.glassdoor.com/Award/Best-Places-to-Work-LST_KQ0,19.htm.

6. Carta do CEO aos acionistas, relatório anual da Amazon de 2020.

7. Dana Mattioli, Patience Haggin e Shane Shifflett, "Amazon Restricts How Rival Device Makers Buy Ads in Its Site", *Wall Street Journal*,

22 set. 2020, https://www.wsj.com/articles/amazon-restricts-advertising-competitor-device-makers-roku-arlo-11600786638.

8. Brad Stone, *The Everything Store* (Nova York: Little, Brown, 2014), 317. No Brasil, *A loja de tudo: Jeff Bezos e a era da Amazon* (Rio de Janeiro: Intrínseca, 2019

9. Relatório anual da Enron de 2000, 55.

10. Ken Brown e Ianthe Jeanne Dugan, "Arthur Andersen's Fall from Grace Is a Sad Tale of Greed and Miscues", *Wall Street Journal*, 7 jun. 2002.

11. Greg Ryan, "Tamar Dor-Ner Keeps a Keen Eye on Company Culture at Bain", *Boston Business Journal*, 3 jan. 2019, https://www.bizjournals.com/boston/news/2019/01/03/tamar-dor-ner-keeps-a-keen-eye-on-company-culture.html.

Capítulo 9

1. Mateus 5:5.

2. Jim Collins, *How the Mighty Fall: And Why Some Companies Never Give In* (Nova York: HarperCollins, 2009). No Brasil, *Como as gigantes caem: e por que algumas empresas jamais desistem* (Rio de Janeiro: Alta Books, 2018)

3. Tom Donahoe é o pai de John Donahoe, que escreveu o prefácio deste livro.

4. Espero que vocês estejam ouvindo, Amazon, Apple, Facebook, Alphabet et al.

5. Um checklist mais completo de ações e requisitos é apresentado no apêndice A.

6. Isabelle Lee, "Can You Trust That Amazon Review? 42% May Be Fake, Independent Monitor Says", *Chicago Tribune*, 20 out. 2020, https://www.chicagotribune.com/business/ct-biz-amazon-fake-reviews-unreliable-20201020-lfbjdq25azfdpa3iz6hn6zvtwq-story.html.

7. "Jay Hennick: From Pool Boy to Billionaire", *OPM Wars*, 8 set. 2020. O *OPM Wars* é um boletim informativo para gestores financeiros, investidores e magnatas canadenses.

8. A GE foi a infeliz garota-propaganda desse fenômeno, com seu ex-CEO, Jeff Immelt, embolsando centenas de milhões de dólares durante sua gestão como CEO enquanto a empresa entregava TSRs negativos aos acionistas.

9. A remuneração de Jay foi quase inteiramente baseada em ações, confirmando seu respeito pelos investidores.

10. Jay recentemente converteu suas ações com direito a supervoto em ações ordinárias, mas continua sendo o maior acionista da First-Service e da Colliers.

11. A CertaPro fecha vendas para mais de 80% dos clientes que chegam por recomendação.

12. Não revelei que participava do conselho da controladora.

13. Consegui lhe dar algumas notas de US$ 20 a título de agradecimento.

14. A palavra "humilde" provém da mesma raiz latina que "húmus" (o melhor amigo do jardineiro). Tanto humilde quanto húmus denotam "vindos da terra". Todos nós temos em comum a mesma humilde jornada – "porque você é pó, e ao pó voltará".

Apêndice A

1. O Fórum de Lealdade do NPS nasceu de um grupo que o precedeu, a Mesa Redonda da Lealdade, mencionada no Capítulo 9. Incluí a lista completa dos participantes do Fórum de Lealdade do NPS em meus agradecimentos.

Agradecimentos

Quando dei início à jornada de escrever um livro – mais de vinte e cinco anos atrás –, aprendi uma valiosa lição: mais do que eu jamais poderia imaginar, escrever um livro é um esporte em equipe.

E nunca paro de aprender essa lição. Este é meu quinto livro e todos os meus livros foram publicados pela Harvard Business Review Press. Gostaria de agradecer a toda a equipe da HBRP pelo apoio ao longo dos anos – em especial o editor executivo Jeff Kehoe, uma fonte leal de apoio e orientações valiosíssimas desde o início. Jeff também me apresentou a Jeff Cruikshank, que me deu uma assistência editorial espetacular e ajudou a moldar o livro desde os estágios iniciais.

Devo agradecimentos a muitos colegas da Bain, a começar pelas minhas coautoras, Darci Darnell e Maureen Burns, bem como os outros membros do conselho de revisão editorial da Bain: Fred Debruyne, Gerard du Toit, Eric Garton, Richard Hatherall, Paul Judge, Erika Serow e Rob Markey.

Rob merece agradecimentos especiais por sua liderança no Fórum de Lealdade do NPS desde sua criação, quinze anos atrás, e por sua dedicação inabalável em criar o conjunto de soluções do NPS da Bain. Ele tem trabalhado incansavelmente para espalhar o evangelho do Net Promoter nos nossos escritórios e clientes ao redor do mundo. Stu Berman, diretor do Fórum de Lealdade do NPS; Lisa-Clarke Wilson; Phil Sager; Tevia Segovia; Olga Glazkova; e Alastair Cox fizeram contribuições importantes. O feedback de Andrew Schwedel, Mark Bower e Simon Heap foi de grande utilidade. Maggie Locher e Kirti Yadav se ofereceram para fazer a checagem dos fatos. A coleta e a análise dos dados que corroboram os exemplos deste livro foram supervisionadas por Joanna Zhou.

Os sócios seniores e ex-sócios da Bain a quem me uni para revitalizar a empresa ajudaram muito a refrescar minha memória e aprofundar meu entendimento da experiência. Essas pessoas incluem Vernon Altman, Orit Gadiesh, Mark Gottfredson, Russ Hagey, Greg Hutchinson, Darrell Rigby, Harry Strachan e, finalmente, Tom Tierney, que também leu o manuscrito e fez muitas observações. Andy Noble e Chris Bierly forneceram perspectivas atualizadas sobre a Chick-fil-A e forneceram generosamente os dados que sustentam a análise do impacto do NPS sobre as vendas nas mesmas lojas (*same store sales*) dos restaurantes. Ron Kermisch e Herbert Blum forneceram os dados competitivos do NPS relativos ao setor de telefonia móvel nos Estados Unidos. Aaron Cheris forneceu dados históricos do NPS de varejistas, bem como seus insights como um especialista do setor.

Dan Brenner, da Bain, compartilhou lições que aprendeu nos anos que passou na Amazon, assim como Eugene Shapiro, da Robinhood. Kent Bennett, um ex-colega da Bain e hoje sócio da Bessemer Ventures, deu um feedback valioso sobre a Taxa de Crescimento Conquistado e sua aplicação em novos empreendimentos. Bill Wade me apresentou à BILT e me ajudou a calcular a Taxa de Crescimento Conquistado daquela empresa; ele também forneceu a análise por trás dos múltiplos das avaliações de empresas de SaaS da Figura 5-9. E, como se tudo isso não bastasse, foi ele quem criou a Calculadora de Crescimento Conquistado do nosso site, NetPromoter.System.com. Obrigado, Bill.

A equipe do NPS Prism – incluindo Jason Barro, Rahul Sethi e Quinn Aldrich – forneceu os dados do NPS absolutamente confiáveis que fundamentam grande parte das análises deste livro. Espero que o NPS Prism conquiste seu merecido lugar na missão de ajudar o mundo a entender a importância dos dados confiáveis do NPS – e permita que as empresas saibam com precisão como elas se comparam com os concorrentes em termos de amor pelo cliente. Estou mais do que convencido de que o NPS Prism terá um papel crucial no avanço da Revolução do Net Promoter.

A equipe da Medallia, especialmente Leslie Stretch, Elizabeth Carducci e Akash Bose, deram um enorme apoio a meu trabalho. Eles ajudaram a recrutar empresas para participar da versão beta do desenvolvimento e execução do questionário do Novo Cliente Conquistado, da análise da Taxa de Crescimento Conquistado e do nosso diagnóstico de cultura do cliente.

Muito obrigado pelas contribuições e pelo apoio dos executivos a seguir, que dedicaram um tempo valioso a entrevistas e trocas de e-mail comigo:

BILT: Nate Henderson

Charles Schwab: Walt Bettinger

Chick-fil-A: Mark Moraitakis, Alan Daniel

Discover: David Nelms, Roger Hochschild, Julie Loeger, Kate Manfred, Dennis Michel, Steve Bayans e Jon Drummond

FirstService: Jay Hennick, Scott Patterson, Charlie Chase, Chuck Fallon, Jeremy Rakusin, Mike Stone, Roger Thompson, Laurie Dietz, Bill Barton (ex-CEO da California Closets, atual CEO da Bob's Discount Furniture) e o membro do conselho Steve Grimshaw.

First Republic Bank: Jason Bender e Shannon Houston

Intuit: Scott Cook

Marriott: Stephanie Linnartz

Peloton: Brad Olson e Brenna Healy

PURE: Ross Buchmueller, Matt Schrebeis, Mary Loyal Springs

Qantas: Rob Marcolina, Alison Webster

T-Mobile: Callie Field

Vanguard: Al Weikel

Warby Parker: Dave Gilboa, Kaki Read Mackey

Geoff Colvin, da *Fortune*, fez a enorme gentileza de ler o manuscrito deste livro e me incentivou a me concentrar nos desafios morais enfrentados pelos líderes empresariais nos dias de hoje.

Cate Harding, da Apple, tem sido uma incansável defensora do meu trabalho e organizou muitas das minhas interações com sua empresa, incluindo minha visita à loja-âncora de Boston, que descrevi no Capítulo 1.

Max e Caitlin Hoblitzell compartilharam perspectivas interessantes sobre suas experiências trabalhando como funcionários relativamente novos na Bain e na Amazon, respectivamente.

Adam Grant – respeitado autor, professor e psicólogo organizacional – compartilhou sua pesquisa sobre o que ele chama de "tomadores" (ou aproveitadores) no mundo de hoje. Steve Kaplan, professor da Faculdade de Administração Booth da Universidade de Chicago, fez a gentileza de dar seu feedback sobre as ideias que apresentei no Capítulo 5 e dados sobre os retornos aos investidores de private equity.

O professor Boris Groysberg, da Harvard Business School, desenvolveu o estudo de caso da California Closet e me ajudou com insights importantes sobre os desafios de comunicar a mensagem do Net Promoter. Também sou grato a Boris por me apresentar ao First Republic Bank. A professora Zeynep Ton me apresentou a Jim Sinegal, da Costco, um líder verdadeiramente extraordinário (e amoroso). A oportunidade de assistir à aula de Zeynep e visitar a loja da Costco em Waltham com Jim não teria sido possível sem a generosa ajuda de Zeynep.

Já agradeci a Rob Markey por sua liderança no Fórum de Lealdade do NPS. Agora eu gostaria de estender meus agradecimentos aos integrantes desse grupo. Nossas reuniões trimestrais e conversas pelo Zoom me ajudaram enormemente a esclarecer minhas ideias sobre o NPS. Essas empresas pioneiras são responsáveis por desenvolver e compartilhar muitas das melhores práticas que compõem o "Net Promoter 3.0". Muitos integrantes do Fórum de Lealdade do NPS leram alguns capítulos do manuscrito e fizeram importantes sugestões de melhoria.

Gostaria de deixar meus agradecimentos especiais a Matt Smith, diretor-executivo do Property Group da Brookfield Asset Management, pela valiosa troca de ideias e pelos dados de quantificação dos fluxos de recomendação/indicação. Barbara Higgins, diretora de atendimento ao cliente da Duke Energy, foi extremamente generosa com seu tempo, lendo versões iniciais de capítulos e contribuindo com muitas excelentes sugestões de edição. Mais uma vez, meus sinceros agradecimentos a todas as empresas listadas abaixo, que participaram do Fórum de Lealdade do NPS e/ou o sediaram nos últimos quinze anos.

Participantes/organizadores do Fórum de Lealdade do NPS

24 Hour Fitness

Advance Auto Parts

Aggreko

Allianz

American Express

American Honda
Motor Co.

Archstone

Aristocrat Digital

Ascension Health

Asurion

Atlas Copco

Avid Technology

BBVA Bancomer

Belron Group

Brookfield Asset
Management

Cancer Treatment
Centers of America

CBRE

Charles Schwab

Chick-fil-A

Cintas

Cisco

Comcast

Cummins Inc.

Deliveroo

Desjardins

Deutsche Post (DHL)

Deutsche Telekom

Duke Energy

E.ON

eBay

Eli Lilly and Company

Ermenegildo Zegna

Experian Consumer
Division

Facebook

FirstService Corporation

FranklinCovey

GE Healthcare

General Electric
Company

Gilbane Building
Company

Grocery Outlet

Honeywell Aerospace

Humana

ING Group

Intuit

JetBlue Airways

Joie de Vivre

LEGO

LexisNexis

Lloyds Banking Group

Logitech

LPL Financial

Macy's

Medtronic

Michelin

NatWest Group	Rackspace	Teach For America
Nike	RSC Equipment	Tech Data
Nokia	Rental	Teleperformance
Oracle	Safelite	Thermo Fisher
Paul Davis	Schneider Electric	Scientific
Restoration	Sodexo	T-Mobile
Peloton	Stora Enso	TPG
Philips	SunTrust	University of Phoenix
PNC Bank	Swiss Reinsurance	Vanguard
PricewaterhouseCoopers	Company	Verizon
Progressive Insurance	Symantec Corporation	Volaris
Prologis	TD Bank	Westpac Group
Qantas	TD Canada Trust	Zappos

Também gostaria de agradecer à minha assistente executiva, Maura McNamee Dudas, por organizar minha agenda durante esse período caótico, com a pandemia mudando todos os nossos planos com frequência. Sou extremamente grato a seu otimismo inabalável.

Meus quatro filhos – Chris, Jenny, Bill e Jim – leram o manuscrito, deram muitas sugestões e generosamente me permitiram incluir suas histórias neste livro.

Minha esposa, Karen, teve um papel importantíssimo trocando ideias comigo e me dando conselhos em todos os meus projetos de livro. Mas, desta vez, ela também cuidou de mim depois das minhas cirurgias e na minha luta contra o câncer. Sem sua coragem, capacidade de tomar boas decisões, paciência, sabedoria, amor e lealdade, que me sustentaram ao longo do período mais difícil da minha vida, este livro não existiria.

Sobre os autores

FRED REICHHELD é o criador do Net Promoter System, fundador da Prática de Lealdade da Bain & Company e autor de cinco livros, incluindo *A pergunta definitiva 2.0*, um best-seller do *New York Times*. Hoje ele é um fellow e sócio sênior de consultoria da Bain, onde trabalha desde 1977. Fred é um palestrante muito requisitado em importantes conferências de negócios, e muitos artigos foram publicados no *Wall Street Journal*, *New York Times*, *Financial Times*, *Fortune*, *Businessweek* e *The Economist* sobre seu trabalho na área da lealdade do cliente. Ele tem quinze artigos publicados na *Harvard Business Review* e, em 2012, tornou-se um dos primeiros Influenciadores do LinkedIn, um grupo só para convidados composto de líderes corporativos e líderes proeminentes em seus respectivos campos. Em 2003, a *Consulting Magazine* nomeou Fred um dos "25 Consultores Mais Influentes" do mundo. De acordo com o *New York Times*, Fred "colocou os indicadores da lealdade no mapa". *The Economist* refere-se a ele como o "sumo sacerdote" da lealdade. Reichheld é bacharel pela Faculdade de Harvard (1974) e tem MBA pela Faculdade de Administração da Harvard (1978). Ele divide seu tempo entre Cape Cod e Miami.

DARCI DARNELL é a diretora global da Prática de Clientes da Bain, responsável pelas soluções de estratégia de clientes, lealdade, excelência comercial, precificação e marketing. Ela ocupou vários cargos de liderança global e hoje atua no principal comitê de governança nomeado pela empresa. Darci tem um MBA pela Faculdade de Administração

Tuck da Universidade de Dartmouth e é formada em contabilidade pela Universidade de Washington em St. Louis. Ela mora em Chicago.

MAUREEN BURNS é sócia sênior da Prática de Clientes da Bain. Ela é uma das mais proeminentes especialistas da Bain sobre o Net Promoter System e Lealdade do Cliente. Maureen liderou algumas das transformações digitais mais notáveis da Bain, ajudando seus clientes a alavancar a tecnologia e os dados para conquistar a fidelidade do cliente. Maureen tem um MBA pela Faculdade de Administração da Harvard e se formou em política externa pela Universidade de Georgetown. Ela mora em Boston.